Uma Teoria dos
Direitos Fundamentais

௹ *LumenJuris* | Editora

www.lumenjuris.com.br

Editores
João de Almeida
João Luiz da Silva Almeida

Conselho Editorial

Adriano Pilatti
Alexandre Morais da Rosa
Cezar Roberto Bitencourt
Diego Araujo Campos
Emerson Garcia
Firly Nascimento Filho
Flávio Ahmed
Frederico Price Grechi
Geraldo L. M. Prado
Gina Vidal Marcilio Pompeu.
Gustavo Noronha De Ávila

Gustavo Sénéchal de Goffredo
Helena Elias Pinto
Jean Carlos Fernandes
João Carlos Souto
João Marcelo de Lima Assafim
Lúcio Antônio Chamon Junior
Luigi Bonizzato
Luis Carlos Alcoforado
Manoel Messias Peixinho
João Theotonio M. de Almeida Jr.
José Emílio Medauar

Marcellus Polastri Lima
Marcelo Ribeiro Uchôa
Marco Aurélio Bezerra de Melo
Marcos Chut
Nilo Batista
Ricardo Lodi Ribeiro
Roberto Carlos do Vale Ferreira
Rodrigo Klippel
Salo de Carvalho
Sérgio André Rocha
Sidney Guerra
Victor Gameiro Drummond

Conselheiro benemérito: Marcos Juruena Villela Souto (*in memoriam*)

Conselho Consultivo

Andreya Mendes de Almeida Scherer
Navarro
Antonio Carlos Martins Soares
Artur de Brito Gueiros Souza

Caio de Oliveira Lima
Francisco de Assis M. Tavares
Gisele Cittadino
Ricardo Máximo Gomes Ferraz

Filiais

Sede: Rio de Janeiro
Centro – Rua da Assembléia, 36,
salas 201 a 204.
CEP: 20011-000 – Centro - RJ
Tel. (21) 2224-0305

Minas Gerais (Divulgação)
Sergio Ricardo de Souza
sergio@lumenjuris.com.br
Belo Horizonte - MG
Tel. (31) 9296-1764

São Paulo (Distribuidor)
Rua Correia Vasques, 48 –
CEP: 04038-010
Vila Clementino - São Paulo - SP
Telefax (11) 5908-0240

Santa Catarina (Divulgação)
Cristiano Alfama Mabilia
cristiano@lumenjuris.com.br
Florianópolis - SC
Tel. (48) 9981-9353

José Emílio Medauar Ommati

Uma Teoria dos Direitos Fundamentais

Editora Lumen Juris
Rio de Janeiro
2014

Copyright © 2014 *by* José Emílio Medauar Ommati

Categoria: Direito Constitucional

Produção Editorial
Livraria e Editora Lumen Juris Ltda.

Diagramação: Camila Cortez
Capa: Thyana Azevedo

A LIVRARIA E EDITORA LUMEN JURIS LTDA.
não se responsabiliza pela originalidade desta obra.

É proibida a reprodução total ou parcial, por qualquer meio
ou processo, inclusive quanto às características gráficas e/ou edito-
riais.
A violação de direitos autorais constitui crime
(Código Penal, art. 184 e §§, e Lei nº 10.695, de 1º/07/2003),
sujeitando-se à busca e apreensão e indenizações
diversas (Lei nº 9.610/98).

Todos os direitos desta edição reservados à
Livraria e Editora Lumen Juris Ltda.

Impresso no Brasil
Printed in Brazil

Dados internacionais de Catalogação-na-Publicação (CIP)

O55t
      Ommati, José Emílio Medauar
         Uma teoria dos direitos fundamentais / José Emílio
Medauar Ommati. – Rio de Janeiro : Lumen Juris, 2014.
         248 p. ; 21 cm.
         Bibliografia: p. 211-231.
         ISBN
         1. Direito constitucional – Brasil. 2. Direitos
fundamentais – Brasil. I. Título.

CDD- 342.81085

*"Nada é tão terrível, tão espantoso,
e até mesmo tão aterrador como um
canalha na posse de dons geniais."*

(Hans-Georg Gadamer)

Sumário

Apresentação IX

Prefácio 1

Introdução 13

Capítulo 1

Uma teoria dos direitos fundamentais 37

1.1. A tese das gerações ou dimensões dos
Direitos Fundamentais. Críticas. 42

1.2. As supostas características dos direitos
fundamentais e o seu caráter valorativo 45

1.3. A aplicação dos direitos fundamentais
nas relações entre particulares 51

1.4. A cláusula de abertura da Constituição de 1988 e os
tratados internacionais de direitos humanos no Brasil 58

Capítulo 2

Meio Ambiente, um Direito Fundamental 69

2.1 Os direitos de igualdade, liberdade e propriedade
na Constituição de 1988 70

2.2. A densificação constitucional do igual
respeito e consideração 75

2.2.1. As iguais liberdades de crença e de religião 78

2.2.2. Os direitos de liberdade de expressão,
de informação e de imprensa...82

2.2.3. Os direitos de aborto e eutanásia............................ 88

2.2.4. Os direitos dos casais homossexuais 99

2.2.5. Um direito à memória e à história?.......................103

2.3. As ações afirmativas e o direito de igualdade....................111

2.4. O direito de propriedade na Constituição de 1988............124

Capítulo 3

Os direitos processuais na Constituição de 1988 133

3.1. A distinção entre processo e procedimento...................... 136

3.2. Os direitos ao contraditório, isonomia e ampla defesa.......148

3.3. O devido processo legal, direito ao advogado
e juiz e promotor naturais 152

3.4. Os direitos à razoável duração dos
procedimentos e à celeridade procedimental.................... 161

3.5. Os direitos de publicidade e
fundamentação das decisões...165

3.6. A inafastabilidade da jurisdição....................................171

3.7. O direito ao recurso 174

3.8. Os direitos processuais penais.......................................178

3.9. As ações constitucionais 188

Capítulo 4

**A justiciabilidade dos direitos sociais na
Constituição de 1988** 199

Bibliografia..211

Apresentação

Após vários anos lecionando Teoria da Constituição no Curso de Direito da PUC Minas Serro, finalmente tomei coragem em apresentar ao público brasileiro a minha perspectiva dos direitos fundamentais.

Já há três anos que a Livraria e Editora Lumen Juris vêm publicando meu livro intitulado Teoria da Constituição, no qual apresento a primeira parte da disciplina Teoria da Constituição da forma como lecionada por mim no Curso de Direito da PUC Minas Serro. Contudo, tal disciplina, além de conter a teoria geral da Constituição, é complementada pela análise e discussão do sistema dos direitos fundamentais na Constituição de 1988. Relutei por muito tempo em escrever essa segunda parte, mas, finalmente, fui convencido pelos meus alunos e pela própria Editora da necessidade dessa obra. Espero que ela possa contribuir para o aprofundamento do debate acadêmico no país sobre tema tão relevante!

Tenho que explicar o motivo da minha relutância: Entendia que se fosse elaborar uma teoria dos direitos fundamentais com a análise dos direitos fundamentais constantes em nossa Constituição de 1988, eu teria que necessariamente acompanhar diuturnamente o trabalho do STF, o que, confesso, não me sinto habilitado a fazer, por falta de paciência e por compreender, nas pegadas do meu marco teórico, Ronald Dworkin, que o Direito não é necessariamente o que o STF diz que ele é!

Contudo, como mais uma vez me chamou a atenção meu amigo e brilhante professor maranhense Alonso Reis Siqueira Freire em sua dissertação de Mestrado[1], tanto a questão do significado da expressão

---

1   FREIRE, Alonso Reis Siqueira. **A Arguição de Descumprimento de Preceito Fundamental no Processo Constitucional Brasileiro: A Abertura Estrutural dos Parâmetros e a Determinação Processual do Objeto do Instituto.** Belo Horizonte: Programa de Pós-Graduação da Faculdade de Direito da UFMG, Dissertação de Mestrado, 2005, p. 12 a 13.

"preceitos fundamentais", no caso da dissertação de Mestrado dele, como "direitos fundamentais", para o caso da obra que agora apresento ao público brasileiro, estão fundados em perguntas equivocadas. Na verdade, a questão não é o que significam os "direitos fundamentais", mas sim como compreendê-los no sistema jurídico brasileiro.

Assim, com base em Dworkin, que coloca justamente essa questão[2], animei-me a apresentar como devem ser compreendidos os direitos fundamentais no sistema jurídico-constitucional brasileiro e, para isso, embora o STF, às vezes, tenha a última palavra sobre isso, sua palavra não será necessariamente a melhor![3] Não precisarei, portanto, ficar acompanhando o trabalho do STF diuturnamente, embora a citação de alguns julgados revela-se de fundamental importância, até mesmo para mostrar os acertos e erros de nossa Suprema Corte.

Uma outra advertência inicial também é importante: o leitor deve estar se perguntando a razão da epígrafe colocada nessa obra. Como estudioso da Filosofia Hermenêutica Gadameriana que encontra um eco no Direito nas obras de Ronald Dworkin, cada vez mais estou convencido que o problema do Direito não é meramente de técnica ou de aplicação de mecanismos previamente estabelecidos para a solução de um caso concreto. O problema jurídico, e os vários anos de docência cada vez mais têm me mostrado isso com muita clareza, é o da aplicação no sentido que Gadamer dá a essa expressão. Para o filósofo alemão, aplicação não é tornar algo abstrato concreto, mas é realizar uma atividade de fusão de horizontes de sentido em que as perspectivas do texto e do leitor possam dialogar e construir um significado atual que faça sentido para o momento histórico presente. Essa atividade, que já envolve compreensão e interpretação em um todo unitário, não pode descurar da ética.

---

2   Veja, por exemplo, na obra do referido autor: DWORKIN, Ronald. **O Império do Direito**. São Paulo: Martins Fontes, 1999. Nessa obra, Dworkin apresenta a ideia no sentido de que o Direito é um conceito eminentemente interpretativo, não se esgotando em concepções sintáticas ou semânticas.

3   Faço aqui uma adaptação de uma passagem da obra de Ronald Dworkin. Nesse sentido, vide: DWORKIN, Ronald. **O Império do Direito**. *Op.cit.*, p. 492.

Na verdade, a hermenêutica gadameriana pressupõe a ética, pois é diálogo, abertura para o outro, aprendizado. Não é por outro motivo que o mesmo Gadamer afirma que o bom hermeneuta é aquele que sabe que nunca tem a última palavra, pois está sempre aberto para aprender mais, para ter outras e melhores experiências. Por isso, tenho aprendido e tentado passar aos meus alunos e leitores que o problema do Direito não é apenas do domínio da técnica. O problema fundamental do Direito e o Brasil revela isso cotidianamente é o da aplicação! Daí porque, o papel dos juristas e professores de Direito no Brasil não é apenas o de repassar as técnicas jurídicas, mas tentar construir um ambiente ético de respeito aos direitos de todos. Não podemos mais nos dar o direito de formar profissionais terríveis, na expressão gadameriana, ou seja, extremamente hábeis tecnicamente para lidar com o Direito para produzir o não Direito!

Dessa forma, já advirto o leitor que a presente obra não servirá como um guia para concursos públicos ou para o Exame de Ordem. É um livro que se pretende interpretativo do nosso sistema de direitos fundamentais e que visa apresentar uma teoria de fundo que possa compreender esse sistema de modo a que nossa comunidade de princípios seja aprofundada e melhorada.

Além disso, a obra visa também facilitar o trabalho de docência na PUC Minas Serro na disciplina Teoria da Constituição, já que, apesar da importância e relevância do tema, os materiais que temos sobre o tema incorrem geralmente no erro denunciado tanto pelo Professor Alonso Reis Siqueira Freire quanto por Ronald Dworkin: compreendem o sistema dos direitos fundamentais como uma questão semântica ou sintática, de modo que um bom dicionário ou enciclopédia resolveria todos os problemas interpretativos!

Assim, como continuidade da obra anterior, dificilmente o leitor conseguirá compreender muitos pontos desse trabalho sem antes ter lido meu trabalho anterior: Teoria da Constituição que, atualmente, se encontra em sua terceira edição. Isso porque, se os direitos fundamentais devem ser compreendidos como conceitos interpretativos, o significado do Direito como conceito interpretativo foi desenvolvido no capítulo 5 da minha obra Teoria da Constituição.

Devo também explicar o porquê do título: Uma Teoria dos Direitos Fundamentais. Ora, se assumo que o Direito é um conceito interpretativo, de acordo com os ensinamentos de Ronald Dworkin, também os direitos fundamentais o são e, portanto, esboço uma teoria e não a teoria, já que as pessoas poderão divergir de boa fé sobre o conceito de Direito e, também, sobre a melhor interpretação dos direitos fundamentais.

O presente livro encontra-se dividido em Introdução e mais quatro capítulos.

Na Introdução, abordo o papel do preâmbulo na Constituição, bem como os princípios fundamentais da Constituição da República Federativa do Brasil.

No primeiro capítulo, passo a analisar a teoria dos direitos fundamentais, trabalhando desde a perspectiva terminológica, passando pela tese das gerações ou dimensões dos direitos fundamentais e as críticas que podem ser levantadas a essa perspectiva, as supostas características dos direitos fundamentais, a questão da cláusula de abertura constitucional para a incorporação de novos direitos fundamentais, finalizando o capítulo com a questão da aplicação dos direitos fundamentais nas relações entre particulares.

No segundo capítulo, desenvolvo os direitos de igualdade, liberdade e propriedade a partir da teoria do direito como integridade, mostrando que os direitos de igualdade, liberdade e propriedade não estão em conflito, para avançar uma tese ousada no sentido de que o direito de propriedade não seria um direito autônomo, mas um direito instrumental. Entendo que apenas quando se compreende o direito de propriedade nesse sentido, é possível compatibilizar o suposto direito individual de propriedade com sua função social.

Já no capítulo terceiro, desenvolvo os direitos processuais na Constituição de 1988.

E, por fim, no último capítulo, discuto a questão da justiciabilidade dos direitos sociais, ou seja, o problema de se saber se o Poder Judiciário pode, em toda e qualquer situação, implementar direitos sociais não implementados pelos Poderes Legislativo e Executivo.

Espero que esse livro encontre na comunidade acadêmica e entre os alunos a mesma receptividade das minhas obras anteriores publicadas pela Livraria e Editora Lumen Juris: Liberdade de Expressão e Discurso de Ódio na Constituição de 1988 e Teoria da Constituição. Um trabalho desse porte nunca é individual! Nenhum trabalho científico o é! Assim, agradeço a todos aqueles que contribuíram para o desenvolvimento das minhas ideias, para a ampla aceitação de minhas obras anteriores, de modo que eu me sentisse estimulado a propor uma teoria dos direitos fundamentais.

Dentre os professores, e espero não esquecer ninguém: Adalberto Antonio Batista Arcelo, Alonso Reis Siqueira Freire, Alexandre Reis Siqueira Freire, Alexandre Gustavo Melo Franco Bahia, Alexandre Morais da Rosa, Ana Paula Brandão Ribeiro, André Bragança Brant Vilanova, André Cordeiro Leal, Andrea Alves de Almeida, Bruno de Almeida Oliveira, Camila Anastácia, Cristiane Silva Kaitel, Cristiane Maria Campos, Dhenis Cruz Madeira, Douglas Eduardo Figueiredo, Emílio Peluso Neder Meyer, Érika de Cássia de Oliveira Caetano, Flávia de Carvalho Falcão, Flávio Barbosa Quinaud Pedron, Georges Abboud, Giltônio Maurílio Pereira Santos, Gil Ricardo Caldeira Hermenegildo, Herman Nébias Barreto, Igor Mauler Santiago, Jacinto Nélson de Miranda Coutinho, Jacques Trindade, José de Assis Santiago Neto, Jorge Patrício de Medeiros Almeida Filho, Júlio Pinheiro Faro Homem de Siqueira, Leana Mello, Lucas de Alvarenga Gontijo, Luís Carlos Martins Alves Júnior, Cônego Manuel Quitério, Maria Cristina Nunes Mesquita da Cunha Pereira, Matheus de Mendonça Gonçalves Leite, Paula Maria Nasser Cury, Rodrigo Alves Pinto Ruggio, Ronaldo Rajão Santiago, Vágner Araújo, Vanessa de Fátima Terrade, Vinícius Silva Bonfim, Vinícius Lott Thibau, Vítor Pfeilsticker, Waldicleide França.

Se eu esqueci de alguém, me cobrem para uma segunda edição!

Dentre os professores, um agradecimento especial é devido a Rosemiro Pereira Leal e Ronaldo Brêtas de Carvalho Dias, ambos ilustres professores do Curso de Direito na Graduação e no Mestrado e Doutorado da PUC Minas que adotaram minha obra Teoria da Constituição, embora tenhamos algumas divergências teóricas.

Não tenho palavras para exprimir meu reconhecimento e gratidão pelos dois que, posso dizer, também se tornaram grandes e diletos amigos. E ao Professor Marciano Seabra de Godói, professor do Curso de Direito na Graduação e Mestrado e Doutorado da PUC Minas, um dos mais brilhantes professores de Direito Tributário que conheci, também por ter adotado meus trabalhos e por ter me possibilitado uma abertura para dialogar com seus alunos do Mestrado e Doutorado da PUC Minas. Outro grande amigo que fiz ao longo de minha caminhada de aprendizado do e sobre o Direito.

Também um agradecimento especial é devido ao meu recente amigo Georges Abboud que aceitou meu convite para prefaciar a presente obra. Tenho aprendido bastante com o Professor Georges em nossas interlocuções!

Aos funcionários da PUC Minas Serro que possibilitam um ambiente agradável para o desenvolvimento acadêmico dos alunos e professores nas pessoas dos funcionários: Joseneyse Lílian Silva Reis, Sheila Campos Meirelles, Vágner Campos de Araújo(que foi, por algum tempo, brilhante professor de Economia no Curso de Direito da PUC Serro) e Ricardo Cícero Pinto.

Aos meus alunos da Pontifícia Universidade Católica de Minas Gerais, no Campus Serro, a ideia dessa obra nasceu da preocupação da falta de material sistematizado sobre uma teoria consistente dos direitos fundamentais adequada ao ordenamento jurídico-constitucional brasileiro para ser utilizado durante as aulas. Muito desse livro foi desenvolvido nas discussões em sala de aula com meus alunos.

À Livraria e Editora Lumen Juris, por ter, desde o início, acreditado em meu trabalho, publicando minhas obras e divulgando minhas ideias para todo o Brasil, especificamente na pessoa do meu editor, Sérgio Ricardo de Souza, que não mediu esforços para a realização e divulgação de minhas obras. Além de brilhante profissional, posso afirmar que nos tornamos amigos!

E sempre deixamos para o final o que nos é mais caro e mais importante. Aqui, não é diferente. Não posso encerrar essa apresentação sem agradecer à minha família, tanto biológica como por adoção. Na minha família biológica, referência fundamental para o meu percurso acadêmico é, sem dúvida, minha mãe, também professora de Direito e brilhante profissional: Fides Angélica de Castro Veloso Mendes Ommati. Tento todos os dias superá-la, mas, a cada dia que passa, vejo a impossibilidade desse projeto! Meu pai, José Emílio Ommati(*in memoriam*), que, apesar de ter nos deixado muito precocemente, sinto sua presença todos os dias em tudo o que faço! Além disso, meus irmãos, Larissa Veloso Mendes Ommati e Ricardo Emílio Veloso Mendes Medauar Ommati são estímulos permanentes para eu continuar na luta árdua e, muitas vezes, sem muito reconhecimento da docência em direito. Outra referência fundamental na minha vida pessoal e acadêmica encontro em minha madrinha, Jacy Mendes Veloso.

Quanto à minha família por adoção, eles são um caso a parte. Tremendamente especiais, pois me acolheram em Diamantina, me tratando como um filho. Posteriormente, vim a me casar com a filha deles. Trata-se de Moizés José Lopes e Gilda Maria Freire Lopes, bem como o meu cunhado, hoje brilhante estudante de Direito, Moizés José Lopes Filho.

Quanto à filha, minha esposa, Sarah Noeme Maria de Freire Lopes Ommati, as palavras não conseguem expressar tudo o que sinto por ela! Talvez a expressão freudiana se aproxime do que sinto: um sentimento oceânico![4] Mulher que escolhi para compartilhar toda a minha vida deu-me um filho maravilhoso: José Emílio Ommati Neto. Todo o meu trabalho e tudo o que faço é pensando na responsabilidade que tenho de entregar a ele um mundo melhor do que eu recebi! Para os dois, apenas três palavras podem, aproximadamente, descrever o que sinto: Eu os amo!

Serro, janeiro de 2014.

O AUTOR.

---

4   FREUD, Sigmund. **O Mal-Estar na Civilização**. 1ª edição, São Paulo: Penguin – Companhia das Letras, 2011.

PREFÁCIO

Direitos Fundamentais e Processo Civilizador

> *Só se pode definir o que não tem história*
> *Nietzsche – Genealogia da Moral*

Fiquei extremamente honrado quando o autor – José Emílio Medauar Ommati – fez convite para que eu prefaciasse a presente obra. Prefaciar uma obra deste quilate, além de ser uma grande honra, consiste em enorme responsabilidade a se enfrentar. Obviamente que o prefácio fará referência apenas ao livro, uma vez que o autor já é pesquisador consagrado com diversas obras publicadas, com grande parte delas já superando a primeira edição.[1]

Conforme a máxima *nietzschiana*, nada que tem história pode ser definido. A obra, ora prefaciada, dentre diversas qualidades, possui a de analisar os direitos fundamentais a partir de uma terceira via, não se limitando a optar tão somente pela dicotomia positivismo ou jusnaturalismo.

O autor não define ou conceitua direitos fundamentais, pelo contrário, ele os teoriza. Vale dizer, numa época em que há uma profusão de trabalhos simplificadores e panfletários, o autor confere ao tema a complexidade e a profundidade que a análise dos

---

1   Por exemplo: OMMATI, José Emílio Medauar. **A Igualdade no Paradigma do Estado Democrático de Direito.** Porto Alegre: Sérgio Antônio Fabris Editor, 2004; OMMATI, José Emílio Medauar. **Liberdade de Expressão e Discurso de Ódio na Constituição de 1988.** 2ª edição, Rio de Janeiro: Lumen Juris, 2014, no prelo; OMMATI, José Emílio Medauar. **Teoria da Constituição.** 3ª edição, Rio de Janeiro: Lumen Juris, 2014, no prelo.

direitos fundamentais merece. Nesse contexto, o autor com percuciência conclui que os direitos fundamentais representam produto da evolução histórica. Estamos concordes com essa assertiva; na realidade, direitos fundamentais relacionam-se com o processo civilizador das sociedades.

Contemporaneamente, a preservação dos direitos fundamentais não deve ocorrer tão somente porque, atualmente, eles gozam de status constitucional, mas porque eles constituem conquista histórica da formação política e jurídica dos Estados, cuja observância é obrigatória pelo Poder Público e pelos demais particulares.[2]

Assim, essa conquista histórica não representa o carreamento para dentro do texto constitucional da mera vontade do sujeito histórico que é o arquiteto de uma metanarrativa (o sujeito do iluminismo; do comunismo, etc).[3] Ao contrário, a positivação dos

---

2   Examinar os direitos fundamentais como conquista histórica da formação política e jurídica do Estado, contribui para se avaliar a correção e a legitimidade dos atos do poder público no que diz respeito à tutela dos direitos fundamentais. Giorgio AGAMBEN demonstra que em última instância o estágio mais teratológico de desrespeito aos direitos fundamentais está presente nos campos de concentração (*Auschwitz*. No campo de concentração todos os direitos fundamentais são suspensos, toda a dignidade do homem é retirada, transformando assim, o homem em um não homem. Ver: Giorgio AGAMBEN. *O que resta de Auschwitz: o arquivo e a testemunha*, São Paulo: Boitempo Editorial, 2008, n. 2.15, pp. 74/75.
Sobre a permanente suspensão dos direitos fundamentais merece destaque a seguinte passagem: "Quando se é livre – escreveu Améry, pensando em Heidegger – é possível pensar na morte não forçosamente pensar no morrer, sem estar angustiado pelo morrer. No campo, isso é impossível. E não é porque – como parece sugerir Améry – o pensamento sobre os modos de morrer (por injeção de fenol, por gás ou por golpes) tornasse supérfluo o pensamento sobre a morte como tal. Mas sim porque onde o pensamento da morte foi materialmente realizado, onde a morte era trivial, burocrática e cotidiana, tanto a morte como o morrer, tanto o morrer como seus modos, tanto a morte como a fabricação de cadáveres se tornam indiscerníveis". Giorgio AGAMBEN. *O que resta de Auschwitz: o arquivo e a testemunha*,cit., n. 2.20, p. 82.

3   O constitucionalista J. J. Gomes CANOTILHO, em artigo dedicado ao tema, afirma a morte das metanarrativas enquanto grandes receitas omnicompreensivas e totalizantes, que atribuem à história um significado certo e unívoco. São, fundamentalmente, três as metanarrativas expostas: a judaico-cristã, cuja promessa é a ressurreição e a salvação; a iluminista e positivista, que indica o progresso, e a marxista, que almeja a desalienação e emancipação do homem através da ditadura do proletariado. O que essas filosofias historicistas têm em comum é o fato de acreditarem num sentido irreversível da história. Cf. José Joaquim Gomes CANOTILHO.

direitos fundamentais nos textos constitucionais é que, de algum modo, espelham algo que é fruto de um processo histórico que não é nem racional (no sentido de ter sito planejado por um sujeito arquiteto das metanarrativas), nem irracional (no sentido de que tenham surgido de uma maneira incompreensível).

Outrossim, conceber os direitos fundamentais como conquista histórica da formação política e jurídica dos Estados, permite que se evite o ressurgimento de situações históricas que se caracterizam pela restrição ou suspensão dos direitos fundamentais. Quando os direitos fundamentais são colocados como produto histórico oriundo de processo civilizador, qualquer situação de restrição ou eliminação desses direitos poderá ser considerada ilegítima em virtude de evidente retrocesso social.

Na realidade, examinar os direitos fundamentais juntamente com o elemento histórico permite que se mantenha o melhor discernimento para avaliar a juridicidade e a legitimidade de qualquer ressurgimento ou nova situação histórica que pretenda violar direitos fundamentais.

Tal alerta é altamente importante. AGAMBEN é enfático em asseverar que *Auschwitz* ainda mantém seus efeitos perdurando no tempo. Ainda que *Auschwitz*, enquanto momento histórico, possa ser considerado encerrado do ponto de vista cronológico, seus efeitos perduram e se perpetuam no tempo, principalmente em virtude do testemunho de seus sobreviventes. Nas suas exatas

---

O Estado adjectivado e Teoria da Constituição, In: *Revista da Academia Brasileira de Direito Constitucional.* Curitiba, n. 3, 2003, p. 469.

Juntamente com as metanarrativas revolucionárias, o citado Constitucionalista expõe a morte do sujeito responsável pela concretização delas. *Verbis:*

"Compreender-se-á, assim, a relativização do dirigismo quanto em certos escritos afirmamos que a "constituição dirigente morreu". Entenda-se: morreu a "Constituição metanarrativa" da transição para o socialismo e para uma sociedade sem classes. O sujeito capaz de contar a récita e empenhar-se nela também não existe ("aliança entre o movimento das Forças Armadas e os partidos e organizações democráticas"). O sentido da "morte" fica, pois, esclarecido. Só esta "morte" estava no alvo da nossa pontaria". José Joaquim Gomes CANOTILHO. *O Estado adjectivado e Teoria da Constituição*, cit., p. 469. Sobre o tema, ver ainda: Jean François LYOTARD. *A Fenomenologia*, São Paulo: Difusão Européia do Livro, 1967, p. 121 *et seq.*

palavras: "Contudo, a impossibilidade de querer o eterno retorno de Auschwitz tem, para ele, outra e bem diversa raiz, que implica uma nova, inaudita consistência ontológica do acontecido. *Não se pode querer que Auschwitz retorne eternamente, porque, na verdade, nunca deixou de acontecer, já está se repetindo sempre*".[4]

Na verdade, essa positivação acontece na esteira daquilo que NOBERT ELIAS chamou de "processo civilizador".[5] Ou seja, eles nascem de uma espécie de *tecido básico* que sustenta o universo humano da cultura e que aponta para sua configuração enquanto verdadeiras conquistas civilizatórias.

Nessa mesma linha, merece destaque a obra de STEVEN PINKER que em sua obra *Os Anjos Bons da nossa Natureza*, expõe que o ser humano não possui uma bondade ou uma maldade inata. Logo, os marcos civilizatórios afirmados no decorrer dos tempos nos pressionam psicologicamente a sentir repulsa por atos que implicam violência, mas que eram tolerados em outros tempos históricos. Vale dizer, o processo civilizador tende a tornar o convívio gradualmente menos violento.[6]

---

4   Giorgio Agamben. *O que resta de Auschwitz: o arquivo e a testemunha*, cit., n. 3.7, p. 106.

5   Nas palavras do autor:
"O que aqui se coloca no tocante ao processo civilizador nada mais é do que o problema geral da *mudança histórica*. Tomado como um todo, essa mudança não foi *racionalmente* planejada, mas tampouco se reduziu ao aparecimento e desaparecimento aleatórios de modelos desordenados. Como teria sido isso possível? Como pode acontecer que surja no mundo humano formações sociais que nenhum ser isolado planejou e que, ainda assim, são tudo menos formações de nuvens, sem estabilidade ou estrutura? O estudo precedente, em especial as partes dedicadas ao problema da dinâmica social, tentou dar uma resposta a essas perguntas. E ela é muito simples: planos e ações, impulsos emocionais e racionais de pessoas isoladas constantemente se entrelaçam de um modo amistoso ou hostil. *Esse tecido básico, resultante de muitos planos e ações isoladas, pode dar origem a mudanças e modelos que nenhuma pessoa isolada planejou ou criou. Dessa interdependência de pessoas surge uma ordem sui generis, uma ordem mais irresistível e mais forte do que a vontade e a razão das pessoas isoladas que a compõem.* Essa ordem de impulsos e anelos humanos entrelaçados, essa ordem social, que determina o curso da mudança histórica, e que subjaz ao processo civilizador". Norbert ELIAS. *O Processo Civilizador. Formação do Estado e Civilização.* v. 2. Rio de Janeiro: Zahar, 1993, Parte II, n. I, p. 194.

6   Ver. Rafael Tomaz de OLIVEIRA. *Violência, Governo e Estado na obra de Steven Pinker*, artigo publicado no site Consultor Jurídico – http://www.conjur.com.

Desse modo, a atual positivação dos direitos fundamentais no texto constitucional lhes garante, de maneira inconteste, plena normatividade, o que é distinto de se afirmar que a sua existência está atrelada tão somente a sua positivação. Porque tal concepção retiraria todo o caráter de conquista histórica desses direitos e ficaríamos à mercê de, na ausência de um Texto Constitucional como o atual, não podermos invocar ou exercer qualquer um destes direitos. Vale dizer, nesta quadra da história, não podemos aceitar a máxima kelseniana[7] de que "qualquer conteúdo pode ser direito", na medida em que tal afirmação seria contrária ao processo civilizador, verdadeiro instituinte e instituidor dos direitos.

Numa palavra: quando afirmamos que os direitos fundamentais estão insertos no processo civilizador e que, portanto, constituem uma conquista histórica, estamos amparados em RENATO JANINE RIBEIRO que, analisando a obra de NORBERT ELIAS afirma que o processo civilizador carrega uma dimensão ética; a convicção de que o homem se civiliza, e de que isto constitui um valor positivo.[8]

A partir dessa historicidade, que é ínsita ao exame dos direitos fundamentais, a obra toda é bem escrita e fundamentada, tendo como pano de fundo teórico de cariz *dworkiniano*.

O autor assume a árdua tarefa de aplicar a teoria de DWORKIN no Brasil e o faz de forma primorosa, lançando mão de uma cuidadosa análise jurisprudencial, de uma profunda pesquisa teórica e elaborando conclusões que não incorrem em sincretismo teórico ou metodológico.

---

br/2013-nov-23/diario-classe-violencia-governo-estado-obra-steven-pinker, acesso realizado em 1.12.2013.

Do próprio autor, conferir, Steven PINKER. *Os Anjos Bons da Nossa Natureza: Por que a violência diminuiu*. São Paulo: Companhia das Letras, 2013, *passim*.

7   *Verbis*: "Uma norma jurídica não vale porque tem um determinado conteúdo, quer dizer, porque o seu conteúdo pode ser deduzido pela vida de um raciocínio lógico do de uma norma fundamental pressuposta, mas porque é criada por uma forma determinada – em última análise, por uma forma fixada por uma norma fundamental pressuposta. Por isso, e somente por isso, pertence ela à ordem jurídica cujas normas são criadas de conformidade com esta norma fundamental. Por isso, todo e qualquer conteúdo pode ser Direito". Hans KELSEN. *Teoria Pura do Direito*, São Paulo: Martins Fontes, 2009, Cap. V, n. 1 p. 229.

8   Cf. Renato JANINE RIBEIRO, prefácio, da obra de Norbert ELIAS. *O Processo Civilizador. Formação do Estado e Civilização*. v. 2. Rio de Janeiro: Zahar, 1993, p. 12.

Na realidade, o autor, em diversas passagens, evidencia diversos equívocos e errôneas mixagens teóricas em que nossa doutrina incorre. Pode-se afirmar que a obra trata dos direitos fundamentais no melhor estilo da navalha de *Occam*. A referência à metáfora de *Occam* não se refere à simplicidade da obra, que conforme dissemos alhures, é complexa. A navalha aparece em função da originalidade dada ao tema que não dissocia a teorização da própria realidade. O autor sabe que não há conhecimento fora da história e que se acesse sem a intermediação da linguagem. Daí que, tanto o direito quanto os próprios direitos fundamentais, são apresentados como conceitos interpretativos.

O livro é composto por uma introdução e quatro capítulos. No prefácio, não faremos um resumo de cada capítulo porque o autor já o faz na própria introdução da obra.

Todos os capítulos são dotados de originalidade e qualidade, passamos a elencar alguns pontos que, em nossa opinião, merecem figurar já no prefácio da obra.

A utilização da concepção de Dworkin de democracia como parceria. Em um paradigma *"nos vemos como membros de uma comunidade de princípios, profundamente divididos quanto aos projetos individuais de felicidade, mas unidos quanto a um projeto coletivo comum, qual seja, tentar tornar essa comunidade a melhor que ela pode ser, de modo a nos orgulharmos de fazer parte dessa comunidade, porque ela, inclusive, nos respeita, então temos que ser responsáveis uns pelos outros, devendo fiscalizar as ações estatais e as ações dos nossos parceiros de empreendimento comum"*.[9]

Crítica ao modo relativista e sincrético que nossa doutrina confere à dignidade humana, transformando-a em *flatus voci*. A crítica ao modo como diversos setores da doutrina tratam a dignidade humana é, com certeza, um dos pontos altos do livro.

Após realizar a crítica, a análise da dignidade humana é realizada considerando a visão de Dworkin. Portanto, nem a dignidade humana tampouco os direitos fundamentais colidem. A dignidade somente pode ser compreendida a partir da sacralidade da vida e da responsabilidade individual dos membros de uma comunidade.

---

9   Vide p. 17 da obra.

Antes de expor ao leitor sua concepção sobre direitos fundamentais, são apresentados alguns temas chaves da doutrina de DWORKIN e que, por sua vez, são essenciais para se compreender a teoria proposta por José Emílio.

Assim, é apresentada a diferenciação entre o que é política e o que é princípio. Isso porque os direitos fundamentais são princípios. Nas palavras do autor: "*os direitos fundamentais são princípios ou argumentos de princípio, devendo os juízes sempre decidir os casos a eles submetidos com base em princípios, de modo a afirmar os direitos dos cidadãos*".[10]

Outra conclusão importante do autor é a de que não há concretização de direitos que prescinda do Estado. Nessa perspectiva, a visão de eras e dimensões dos direitos é criticada pelo autor, "*essa ideia de gerações ou dimensões de direitos acaba por desconsiderar que o direito é um fenômeno interpretativo e que dependerá da argumentação processual a definição se um direito é de primeira, segunda ou terceira geração*".[11]

Feitas essas explanações, o autor apresenta sua audaciosa conclusão acerca dos direitos fundamentais, isto é, os "*direitos fundamentais são valores, não estão em colisão e são absolutos*".[12]

Desse modo, em sua cruzada contra o sincretismo, o autor demonstra porque a dimensão de peso que possui um princípio não pode ser confundida com a possibilidade de ponderação dele. Logo, apesar de serem valores, os direitos fundamentais não podem ser aplicados de forma gradual, na medida do possível.

A perspectiva da obra trata os direitos fundamentais como valores numa perspectiva de integridade, o que permite realizar uma crítica à parcela da doutrina nacional que considera ser possível a mecânica colisão de direito. O que esse segmento doutrinário não percebe é que no instante em que ele decide o que deve ser ponderado já se incorre em subjetivismo e arbitrariedade. Se somos subjetivos para escolher o que conflita, seremos ainda mais subjetivos para decidir quem vence o conflito.

---

10 P. 27.

11 P. 29

12 p. 31.

Outro ponto de destaque é o tratamento conferido à questão da liberdade e igualdade. O autor não contrapõe esses princípios, ele os concilia. Mais precisamente: apresenta a faceta complementar que um tem para o outro. Portanto, *"assegurar a igualdade a todos implica necessariamente assegurar as mesmas liberdades a todos".*[13]

A partir dessa conclusão do autor, torna-se impossível não relembrar de CASTORIADIS cujo ensinamento já era no sentido de que, *a exigência de igualdade implica também uma igualdade de nossas responsabilidades na formação de nossa vida coletiva.*[14]

Diversos outros pontos da obra merecem destaque, *v.g.*,: visão equilibrada sobre o que seria Estado Laico; a cuidadosa análise sobre liberdade de expressão e o risco de se instituir censura prévia; o tratamento da questão do aborto recorrendo inclusive ao direito comparado norte-americano para apresentar solução à questão; direito das minorias e as ações afirmativas; leitura do direito de propriedade etc.

A questão do direito de propriedade, efetivamente, merece destaque porque ele não a dissocia de sua função social ou faz análise de sua função em momento posterior. Na realidade, propriedade e função social não podem ser dissociadas.

De fato, o primeiro equívoco da dogmática jurídica tradicional, ao examinar a matéria, é analisar a propriedade (ente) enquanto propriedade, mergulhando no pensamento metafísico, negligenciando o velamento do ser, pois ao jurista *"importa pensar o ser velando-se sempre e não propriamente expô-lo à luz da objetivação, o que seria confundi-lo com o ente."*[15]. Privilegiar o estudo da matéria direcionando o enfoque sobre a propriedade enquanto ente, e esquecer que o ser se vela no próprio ente, acarretará que a razão se *instrumentalize* inteiramente, e, assim, acabe por perder a visão

---

13   P. 47.

14   Cornelius CASTORIADIS. *As Encruzilhadas do Labirinto II: os domínios do homem*, RJ: Paz e Terra, 1987, p. 331.

15   Martin HEIDEGGER. Nota introdutória. In: *Os pensadores*. São Paulo: Nova Cultural, 2005, p. 18.
      Para análise da filosofia de Heidegger numa perspectiva jurídica, ver: Rafael Tomaz de OLIVEIRA. *Decisão judicial e o conceito de princípio*, Porto Alegre: Livraria do Advogado, 2008, *passim*.

do todo, vez que *"em qualquer lugar e em qualquer amplitude em que a pesquisa explore o ente, em parte alguma, encontra ela o ser"*.[16]

Ignorando essa proposição que grande parte da dogmática nacional, ao discorrer sobre a propriedade, estuda apenas como ente, como se a subjetividade do jurista fundasse os objetos no mundo, visão presa à relação sujeito-objeto, na qual a linguagem tem função secundária, não levando em conta que, para uma investigação autêntica (constitucionalmente legítima) do ente propriedade, antes de tudo, faz-se necessário desvelarmos seu ser, *pois desvelamento do ser é o que primeiramente possibilita o grau de revelação do ente*[17].

Por isso, para HEIDEGGER, existência não significa apenas ser real, porque afirmar que somente o homem existe *de nenhum modo significa apenas que o homem é um ente real, e que todos os entes restantes são irreais e apenas uma aparência ou representação do homem*[18]. O que HEIDEGGER se propõe é esclarecer que as pedras, Deus e também a propriedade, não têm existência no sentido do termo; somente interpretando-se os seres existem.[19]

Diante do exposto, podemos concluir com o filósofo que da mesma forma que as pedras, anjos e deuses, a *propriedade é, mas não existe*, no sentido *heideggeriano* do termo. Pois, se a existência é um poder ser, no qual as coisas (propriedade) são utilizadas como instrumento, e apenas se revelam ao homem no momento em que este descobre para que elas servem, consideramos possível então asseverar que não há que se falar em propriedade cumpridora de uma função ou propriedade que descumpra função, pois *propriedade sem função é algo que não existe, propriedade é função, a única verdade do ser do ente da propriedade que pode revelar-se ao jurista é no momento em que este descobre qual a utilidade desta ou daquela propriedade, qual sua função. Ou melhor, qual propriedade.*

---

16   Martin HEIDEGGER. Que é metafísica?. In: *Os pensadores*. São Paulo: Nova Cultural, 2005, p. 69.

17   Martin HEIDEGGER. *Sobre a essência do fundamento*. In: *Os pensadores*. São Paulo: Nova Cultural, 2005, p. 118.

18   Ibid., p.83.

19   Sobre tema, ver: Lenio Luis Streck. *Hermenêutica jurídica e(m) crise*. 9.ª ed. Porto Alegre: Livraria do Advogado, 2009, *passim*.

Daí ser possível afirmar que, em nosso modelo constitucional, propriedade é função e sua funcionalização precisa ser consentânea com a principiologia constitucional. Sem nunca perder de vista que o sistema constitucional adotado é o do liberalismo regido pela livre iniciativa e alicerçado no direito de propriedade enquanto direito fundamental do indivíduo. Aliás, inexiste constitucionalismo sem liberalismo.[20] Logo, qualquer projeto que pretenda suplantar livre iniciativa ou a propriedade privada deve ser considerado inconstitucional, seja porque viola texto constitucional expresso, ou porque contraria todo o movimento liberal do próprio constitucionalismo.

O livro não se dedica apenas aos aspectos materiais. O terceiro capítulo é destinado ao exame dos direitos processuais na Constituição Brasileira. Nele, o autor faz uma profissão de fé entre a teoria institucionalista e a instrumentalista para se filiar à primeira com temperamentos. Nem precisava disso. A obra toda é pautada na hermenêutica e em Dworkin, consequência disso é que o mesmo paradigma teórico-filosófico também lastrearia a análise processual do autor. Ou seja, essa profissão de fé em nada retira o brilhantismo da obra.

A filosofia obviamente antecede o processo. Essa obviedade, no Brasil, ainda precisa ser desvelada. Se adotamos a hermenêutica filosófica como marco teórico, nossa análise do processo também será a mesma, com as vantagens e desvantagens de tal escolha. Se Dworkin é o referencial teórico da obra, no processo o referencial não se modifica. Em função disso, por exemplo, é pouco útil concordar com a diferenciação de texto e norma para em seguida alguém se filiar à instrumentalidade, com o consequente silogismo e o julgamento em abstrato das coisas. Porque nessa hipótese a superação da dicotomia texto e norma em nada irá alçar o teórico para além do positivismo.[21]

---

20 R. C. van Caenegem. *Uma introdução história ao direito constitucional ocidental*, Lisboa: Fundação Calouste Gulbenkian, 2009, p. 27.

21 Importante registrar que desde 2006 já realizamos críticas à Instrumentalidade do Processo a partir de um enfoque filosófico. Ver: Georges Abboud e Rafael Tomaz de Oliveira. *O dito e o não dito sobre a instrumentalidade do processo: críticas e projeções a partir de uma exploração hermenêutica da teoria processual*, In: *Revista de Processo*, n. 166, 2008.

Portanto, não dá para ser pós-positivista na teoria do direito e positivista no processo, isso cria uma incongruência. Destarte, é bastante complicado se tratar com "escolas" do processo que não sejam também as "escolas" da teoria do direito. Não há um paradigma ou modelo teórico para se ler o processo que não seja consectário de algum modelo teórico-filosófico. Não há dois corpos, o teórico e o processualista, ambos são o mesmo jurista (essa conclusão vale para penalista, civilista etc).

A obra se encerra com um rico quarto capítulo que tem por objeto os direitos sociais e sua justiciabilidade.

Enfim, estamos perante obra densa, original e que já surge como leitura obrigatória para quem quiser compreender os direitos fundamentais perante a realidade constitucional brasileira.

Parabéns à Editora Lumen Juris e ao autor José Emílio Medauar Ommati, por proporcionarem ao público leitor tão preciosa obra.

De São Paulo para Serro – MG com a admiração e a amizade do prefaciador Georges Abboud Dezembro de 2013

Advogado sócio no escritório "Nery Advogados". Mestre e doutor em direitos difusos e coletivos pela Pontifícia Universidade Católica de São Paulo. Professor do mestrado e doutorado da FADISP

Introdução

O papel do preâmbulo nos textos constitucionais e os princípios fundamentais da Constituição da República Federativa do Brasil

A Constituição de 1988 apresenta a seguinte dicção em seu preâmbulo:

> Nós, representantes do povo brasileiro, reunidos em Assembléia Nacional Constituinte para instituir um Estado Democrático, destinado a assegurar o exercício dos direitos sociais e individuais, a liberdade, a segurança, o bem-estar, o desenvolvimento, a igualdade e a justiça como valores supremos de uma sociedade fraterna, pluralista e sem preconceitos, fundada na harmonia social e comprometida, na ordem interna e internacional, com a solução pacífica das controvérsias, promulgamos, sob a proteção de Deus, a seguinte CONSTITUIÇÃO DA REPÚBLICA FEDERATIVA DO BRASIL.

Pode-se afirmar que todas as Constituições contemporâneas apresentam um preâmbulo, diferindo apenas no conteúdo e no tamanho dos mesmos. Assim, temos Constituições com preâmbulos mais extensos, outras com preâmbulos mais curtos. Duas perguntas, então, merecem ser feitas e respondidas: 1) Para que servem os preâmbulos?; 2) O preâmbulo apresenta alguma força normativa?

Inicialmente, pode-se afirmar que o preâmbulo é um texto introdutório à Constituição que visa justamente apresentar a ideologia constitucional que se pretende assegurar.[1] Assim, podemos compreender o preâmbulo como um texto de abertura que pretende apresentar de forma sucinta os valores constitucionais, variando seu tamanho de país para país, bem como em função do movimento vitorioso que originou o documento constitucional.

Na história constitucional brasileira, todas as nossas Constituições vieram precedidas por preâmbulos, algumas com preâmbulos mais extensos, como, por exemplo, da nossa Constituição atualmente em vigor, outras extremamente sucintas, como as de 1824, 1937, 1967 e 1969 que apenas se limitavam a justificar os golpes desferidos contra a democracia em nome de uma suposta defesa da democracia.[2]

E quanto à força normativa? Os preâmbulos apresentam força normativa?

Mais uma vez, a questão recebe tratamento diverso a depender do país de que se trate. Na França, por exemplo, em decisão de 16 de julho de 1971, o Conselho Constitucional Francês, órgão responsável por realizar o controle de constitucionalidade das leis naquele país[3], atribuiu força normativa ao preâmbulo da Constituição, atribuindo, ainda estatuto constitucional à Declaração dos Direitos do Homem e do Cidadão de 1789 e ao Preâmbulo da Constituição de 1946. Em relação ao preâmbulo da Constituição Francesa de 1958, atualmente em vigor, o Conselho Constitucional reconheceu a natureza constitucional de alguns princípios da Re-

---

1   Nesse sentido: MENDES, Gilmar Ferreira, COELHO, Inocêncio Mártires e BRANCO, Paulo Gustavo Gonet. **Curso de Direito Constitucional.** 5ª edição, São Paulo: Saraiva, 2010, p. 72 a 74. No mesmo sentido: WEINGARTNER NETO, Jayme. **Liberdade Religiosa na Constituição.** Porto Alegre: Livraria do Advogado, 2007, p. 181 a 185.

2   MENDES, Gilmar Ferreira, COELHO, Inocêncio Mártires e BRANCO, Paulo Gustavo Gonet. *Op.cit.*, p. 81 a 82.

3   Sobre essa questão, vide: OMMATI, José Emílio Medauar. **Teoria da Constituição.** 2ª edição, Rio de Janeiro: Lumen Juris, 2013.

pública, tornando, assim, inconstitucionais alterações legislativas produzidas pelo Parlamento francês a partir de uma lei de 1º de julho de 1901 que dispunha sobre a liberdade de associação. Foi uma verdadeira revolução no Direito Constitucional francês, fazendo com que o texto constitucional daquele país dobrasse de tamanho.[4]

O que para nós pode parecer estranho no caso francês, para eles se justifica exatamente porque até hoje os franceses não possuem um catálogo exaustivo em sua Constituição de direitos fundamentais. Assim, eles passaram a entender que textos históricos que afirmavam direitos teriam sido incorporados ao ordenamento jurídico francês para a garantia de direitos dos cidadãos. É o que a doutrina e jurisprudência na França denominam de bloco de constitucionalidade.[5]

A França, contudo, é uma exceção, pois há um consenso no Direito Europeu quanto ao fato de que os preâmbulos não possuírem força normativa, pois deles não é possível se extrair direitos e obrigações. Assim, exemplificativamente, o Tribunal Constitucional Espanhol já assentou o entendimento no sentido de que o preâmbulo não tem valor normativo.[6]

E quanto ao preâmbulo da Constituição de 1988? Apresenta ele força normativa?

Há três teses doutrinárias sobre a questão: a que afirma a irrelevância jurídica do preâmbulo; a que defende a plena eficácia jurídica e a tese da relevância jurídica indireta, não confundindo o preâmbulo com preceitos normativos, tese essa adotada por Jorge Miranda, em Portugal, e no Brasil, por Paulino Jacques, Sérgio Araújo, Manoel Gonçalves Ferreira e Filho e José Wilson Ferreira Sobrinho.[7]

---

4   SÁNCHEZ, José Acosta. **Formación de la Constitución y Jurisdicción Constitucional.** Madrid: Tecnos, 1998, p. 186 e 311.

5   Sobre isso, vide: FAVOREU, Louis e LLORENTE, Francisco Rubio. **El Bloque de la Constitucionalidad.** 1ª edição, Madrid: Editorial Civitas, 1991.

6   MENDES, Gilmar Ferreira, COELHO, Inocêncio Mártires e BRANCO, Paulo Gustavo Gonet. *Op.cit.*, p. 78 a 79. No mesmo sentido: TEJADA, Javier Tajadura. **El Preâmbulo Constitucional.** Granada: Editorial Somares, 1997.

7   WEINGARTNER NETO, Jayme. *Op.cit.*, p. 185.

Contudo, a tese adotada pelo Supremo Tribunal Federal, apesar de pouquíssimos julgados sobre a matéria, é no sentido de que o preâmbulo não apresenta força normativa, posição com a qual concordamos, pois, de fato, pela simples leitura do texto do preâmbulo, se torna realmente muito difícil, para não dizer impossível, retirar direitos e obrigações do que ali consta. Além do mais, se o preâmbulo fosse norma jurídica, teríamos que concluir por uma radical incompatibilidade entre o preâmbulo e as normas constitucionais, já que no texto preambular diz-se que a Constituição foi promulgada sob a proteção de Deus. Contudo, como mostrarei mais a frente, a Constituição de 1988 estabelece como princípio fundamental e direito de todo e qualquer cidadão a laicidade estatal. Assim, como compatibilizar laicidade do Estado e uma Constituição promulgada sob a proteção de Deus?

Exemplo de decisão do STF sobre a questão, temos o Mandado de Segurança 24645-MC/DF, no qual o Ministro Celso de Mello deixou consignado:

> Sob tal aspecto, verifica-se que a alegada ofensa ao preâmbulo da Constituição não tem o condão de conferir substância à pretensão mandamental ora deduzida pelos impetrantes, eis que, como já assinalado, o conteúdo do preâmbulo não impõe qualquer limitação de ordem material ao poder reformador outorgado ao Congresso Nacional.[8]

No mesmo sentido, foi a decisão proferida pelo STF, ao julgar improcedente a ADIN 2076-5/AC, em 15/08/2002, tendo sido Relator o Ministro Carlos Velloso. A ação foi impetrada pelo Partido Social Liberal(PSL) contra a Assembléia Legislativa do Estado do Acre, por ter a Constituição do Acre omitido a expressão "sob a

---

8   BRASIL. **SUPREMO TRIBUNAL FEDERAL.** Mandado de Segurança n. 24645-MC/DF, Relator Ministro CELSO DE MELLO.

proteção de Deus" do seu preâmbulo. O STF julgou improcedente a ação, assentando que o preâmbulo não possui força normativa, não sendo obrigatória a repetição da expressão "sob a proteção de Deus" nas Constituições Estaduais e Leis Orgânicas Municipais. Segundo o Relator, o preâmbulo não teria relevância jurídica.[9]

Passarei agora a analisar os princípios fundamentais estabelecidos pela Constituição de 1988 em seus primeiros quatro artigos. São eles: Estado de Direito; República; Dignidade da Pessoa Humana; Democracia

1. Os princípios do Estado de Direito, República, dignidade da pessoa humana e democracia interligados e reconciliados

Embora explicitamente a Constituição de 1988 não estabeleça o princípio do Estado de Direito, podemos inferir tal princípio e torná-lo explícito a partir de uma série de outros textos explícitos na própria Constituição.[10] Assim, quando o artigo 1º do Texto Constitucional afirma que a República Federativa do Brasil se constitui em Estado Democrático de Direito, já temos o princípio do Estado de Direito aqui pressuposto e posto. Além disso, princípios e fundamentos tais como separação de poderes, cidadania, democracia, república, pluralismo político, além do próprio princípio da legalidade, já nos demonstram a afirmação do Estado de Direito entre nós.

Mas, como compreender o princípio do Estado de Direito?

Há, pelo menos, três matrizes históricas e conceituais dessa ideia de Estado de Direito. São as matrizes do **Rechtssta-**

---

9   BRASIL. **SUPREMO TRIBUNAL FEDERAL.** ADIN 2076-5/AC, Relator Ministro CARLOS VELLOSO. No mesmo sentido, vide: WEINGARTNER NETO, Jayme. *Op.cit.*, p. 184.

10   Sobre essas noções de inferência e de tornar explícito algo implícito, vide: BRANDOM, Robert. **Hacerlo Explícito.** 1ª edição, Madrid: Herder, 2005; BRANDOM, Robert. **La Articulación de las Razones: Una Introducción al Inferencialismo.** 1ª edição, Madrid: Siglo XXI, 2002.

at alemão, do *État de Droit* francês e do *Rule of Law* inglês e norte-americano.[11] Mas, se quisermos simplificar ainda mais, sem perda de consistência, podemos agrupar os modelos alemão e francês em um único modelo e contrapô-lo ao modelo inglês e norte-americano.[12] Isso porque esse modelo continental(alemão e francês) apresenta características bastante semelhantes que o diferencia bastante do modelo de Common Law.

Assim, segundo o modelo continental, o Estado de Direito foi compreendido, pelo menos até 1945, como um Estado Legislativo de Direito. Significa dizer que o Legislativo foi, nos países que seguiram essa tradição, o Poder central do Estado, pois apenas ele poderia estabelecer direitos e obrigações. Embora houvesse Constituições formais e rígidas nesses países, a centralidade estava voltada para os Códigos e para a legislação infraconstitucional, em virtude, talvez, do modelo paradigmático adotado de Estado Liberal.[13]

O surgimento do Estado Social nesses países não teve o condão de modificar tal situação, pois esses povos foram assolados por regimes autoritários ou totalitários que impediram o real desenvolvimento da Constituição Social. Portanto, apenas depois de 1945 que esses países passam a discutir uma materialização do Estado de Direito centrado agora não mais no Legislativo, mas na Constituição. De Estado Legislativo de Direito passamos para um Estado Constitucional de Direito.[14]

Para essa tradição, apesar do surgimento ou descoberta recente dos princípios do e no Direito, ainda se afirma que a lei é o único instrumento de criação e estabelecimento de direitos e obrigações. Ainda não se percebe o Direito como fruto de uma história cole-

---

11 Para mais detalhes, vide: ZOLO, Danilo e COSTA, Pietro.(Organizadores). **O Estado de Direito: História, Teoria, Crítica.** 1ª edição, São Paulo: Martins Fontes, 2006.

12 Nesse sentido, vide: CHEVALLIER, Jacques. **O Estado de Direito.** 1ª edição, Belo Horizonte: Fórum, 2013.

13 Essa é a tese que eu levanto em minha obra Teoria da Constituição. Sobre isso, vide: OMMATI, José Emílio Medauar. **Teoria da Constituição.** *Op.cit.*, capítulo 5.

14 ZOLO, Danilo e COSTA, Pietro.(Organizadores). *Op.cit.*

tiva desenvolvida pelos próprios participantes e, embora a lei seja considerada em sentido amplo para também abarcar os textos constitucionais, ainda há uma dificuldade hermenêutica gigantesca em se entender que a vinculação à lei e ao Direito, como estabelecido na Lei Fundamental de Bonn, da Alemanha, e na Lei do Processo Administrativo Federal Brasileiro, significa a vinculação a toda uma história institucional, àquilo que Ronald Dworkin denominou de romance em cadeia que caracteriza o Direito como Integridade.[15]

Já as versões inglesa e norte-americana desde o início se centraram nos princípios, em um desenvolvimento histórico do Estado de Direito, na ideia de que somos governados por leis e não por caprichos humanos. Nesse sentido, essa versão do Estado de Direito ou da legalidade, se quisermos, relaciona-se com o fato de que os indivíduos em geral e o Estado, em particular, deve se submeter aos comandos emanados da comunidade. A legitimidade dos atos estatais está vinculada às razões estabelecidas e dadas por todos que justificam determinada decisão e não outra. Nessa perspectiva, o texto jurídico nunca esgota a questão, pois ele é sempre o ponto de partida. Aqui, o Estado de Direito visa a assegurar que somos governados por nós mesmos e não pelos caprichos de quem quer que seja. Fundamos, assim, um autogoverno coletivo, baseado no igual respeito e consideração por todos. Portanto, os atos estatais devem ser justificados com base em razões que encontramos em nossas próprias práticas e em textos jurídicos(pouco importa se implícitos ou explícitos) que justificam à sua melhor luz tais práticas.[16]

Tendo em vista tais modelos e possibilidades de Estado de Direito, convém que se pergunte se a Constituição de 1988 acatou alguma concepção de Estado de Direito em especial.

---

15   Sobre isso, vide: DWORKIN, Ronald. **O Império do Direito.** São Paulo: Martins Fontes, 1999; DWORKIN, Ronald. **Uma Questão de Princípio.** São Paulo: Martins Fontes, 2000.

16   DWORKIN, Ronald. **A Virtude Soberana: A Teoria e a Prática da Igualdade.** São Paulo: Martins Fontes, 2005; DWORKIN, Ronald. **A Justiça de Toga.** São Paulo: Martins Fontes, 2010.

Ora, parece-me que a Constituição de 1988 acabou por incorporar esse modelo mais rico do Estado de Direito, o modelo da integridade. Assim, afirma, por exemplo, que todo poder emana do povo, que o exerce por meio de representantes eleitos ou diretamente, nos termos desta Constituição(Parágrafo único do artigo 1º, CF/88); além disso, afirmou textualmente que nos constituímos em Estado Democrático de Direito(*caput* do artigo 1º da CF/88); estabeleceu como fundamentos dessa República Federativa a dignidade humana, cidadania, pluralismo político(incisos II, III e V, do artigo 1º, CF/88), afirmou a interdependência, controles recíprocos e harmonia entre as funções do Estado em seu artigo 2º, sem contar nos próprios objetivos fundamentais da República Federativa do Brasil estabelecidos no artigo 3º do Texto Constitucional que visam, justamente, a construir uma comunidade de princípios entre nós, tal como teorizado por Ronald Dworkin.

Por fim, a própria centralidade da legalidade, enquanto direito fundamental, entendida não apenas como legalidade em si mesma, mas fundamentalmente como constitucionalidade, nos leva a concluir pela defesa desse modelo principiológico do Estado de Direito.

Portanto, se o Estado de Direito requer que os poderes públicos nos trate com igual respeito e consideração, de modo a desenvolver a democracia e cidadania, outros princípios são fundamentais para a consolidação do Estado de Direito. O primeiro é a ideia básica de que todos os poderes públicos estão submetidos ao Direito. Isso significa que nem mesmo o Judiciário, responsável pela interpretação, compreensão, aplicação e defesa do Direito produzido democraticamente pelo povo pode se colocar acima do próprio Direito! Há, ainda, aquilo que Friedrich Müller certa vez denominou de elemento textual do Estado de Direito, querendo significar com essa expressão o fato de que em um Estado de Direito digno desse nome todos os atos estatais precisam não apenas ser justificados com base no Direito vigente, mas que essas justificativas devem ser racionais, consistentes e não podem surpreender os indivíduos.[17]

---

17 Sobre a estrutura textual do Estado de Direito, vide: MÜLLER, Friedrich. **Discours de la Méthode Juridique**. 1ª edição, Paris: PUF, 1996; MÜLLER, Friedrich.

Essa estrutura textual do Estado de Direito requer a segurança jurídica, que, segundo José Joaquim Gomes Canotilho, se divide em segurança jurídica e proteção da confiança.[18]

As exigências de segurança e proteção da confiança exigem, ainda de acordo com Canotilho:

> (...) (1) fiabilidade, clareza, racionalidade e transparência dos actos do poder; (2) de forma que em relação a eles o cidadão veja garantida a segurança nas suas disposições pessoais e nos efeitos jurídicos dos seus próprios actos. Deduz-se já que os postulados da segurança jurídica e da protecção da confiança são exigíveis perante *qualquer acto de qualquer poder* – legislativo, executivo e judicial.[19]

As principais decorrências do princípio da segurança jurídica são a proibição da retroatividade das normas, a não ser em situações excepcionais, sempre a favorecer o cidadão; a proteção à coisa julgada em relação aos atos jurisdicionais; por fim, quanto aos atos administrativos, tendencial estabilidade dos casos decididos através de atos administrativos constitutivos de direitos.[20]

Quem é o Povo? A Questão Fundamental da Democracia. São Paulo: Max Limonad, 2003; MÜLLER, Friedrich. **Fragmento(Sobre) o Poder Constituinte do Povo.** São Paulo: Editora Revista dos Tribunais, 2004; MÜLLER, Friedrich. **Métodos de Trabalho do Direito Constitucional.** 3ª edição, Rio de Janeiro: Renovar, 2005; MÜLLER, Friedrich. **O Novo Paradigma do Direito: Introdução à Teoria e Metódica Estruturantes do Direito.** São Paulo: Editora Revista dos Tribunais, 2007. No mesmo sentido, mas sem utilizar a expressão "estrutura textual do Estado de Direito", vide: GARCÍA DE ENTERRÍA, Eduardo. **Democracia, Jueces y Control de la Administración.** 6ª edição, Navarra: Civitas, 2009.

18   CANOTILHO, José Joaquim Gomes. **Direito Constitucional e Teoria da Constituição.** 2ª edição, Coimbra: Almedina, 1998, p. 250.

19   CANOTILHO, José Joaquim Gomes. *Op.cit.*, p. 250.

20   CANOTILHO, José Joaquim Gomes. *Op.cit.*, p. 250.

Para a realização da segurança jurídica e do próprio Estado de Direito, também é de fundamental importância que todos os poderes públicos justifiquem e expliquem racionalmente suas decisões, exigência constante em nosso Texto Constitucional no artigo 93, inciso IX, como também a partir do princípio constitucional da fundamentação(motivação) dos atos administrativos.

Além disso, um Estado de Direito digno desse nome deve fundar o princípio republicano, compreendido como princípio segundo o qual a coisa pública é de todos.

O ideal republicano tem uma longa história na tradição ocidental. Iniciado em Roma, passou pela Idade Média e Renascimento, chegando à Modernidade através de vários pensadores, tanto na Inglaterra quanto nos Estados Unidos e França.[21] Segundo essa tradição, uma comunidade precisa construir um ideal de virtude política, de modo a que a população possa se autogovernar e impedir a corrupção e, consequentemente, a destruição da própria comunidade. Nesse sentido, o ideal republicano almeja uma maior participação dos cidadãos no destino da cidade, justamente para que a cidade possa ser bem governada e os governantes possam defender o projeto coletivo de felicidade de toda a comunidade.

Portanto, ao contrário do que muitos pensam[22], o republicanismo ou princípio republicano não exige que todos os membros da comunidade partilhem dos mesmos valores. A virtude referenciada pelos republicanos é em seu aspecto político e não moral ou ético. Não há, a meu ver, qualquer incompatibilidade entre ideal

---

21   Para a recuperação dessa longa história, vide, dentre tantos: BIGNOTTO, Newton. **As Aventuras da Virtude: As Ideias Republicanas na França do Século XVIII.** São Paulo: Companhia das Letras, 2010; BIGNOTTO, Newton. **Pensar a República.** Belo Horizonte: Editora da UFMG, 2002; BIGNOTTO, Newton. **Matrizes do Republicanismo.** Belo Horizonte: Editora da UFMG, 2013; POCOCK, J.G.A. **Linguagens do Ideário Político.** São Paulo: Edusp, 2003; POCOCK, J.G.A. **El Momento Maquiavélico: El Pensamiento Político Florentino y La Tradición Republicana Atlantica.** Madrid: Tecnos, 2008.

22   Dentre tantos que cometem tal equívoco, vide: HABERMAS, Jürgen. **Facticidad y Validez.** *Op.cit.*

republicano e princípios liberais democráticos, como bem demonstra Ronald Dworkin em sua teoria.[23]

Isso porque, para Dworkin, se todos estamos em comunidade e nos vemos como membros de uma comunidade de princípios, profundamente divididos quanto aos projetos individuais de felicidade, mas unidos quanto a um projeto coletivo comum, qual seja, tentar tornar essa comunidade a melhor que ela pode ser, de modo a nos orgulharmos de fazer parte dessa comunidade, porque ela, inclusive, nos respeita, então temos que ser responsáveis uns pelos outros, devendo fiscalizar as ações estatais e as ações dos nossos parceiros de empreendimento comum.[24] Essa é a ideia, já defendida por mim em outro trabalho[25], a partir da teoria de Ronald Dworkin, de democracia como parceria, a melhor concepção existente de democracia. Não é por outro motivo que a Constituição de 1988 estabelece mecanismos processuais nas mãos do povo para a fiscalização e controle dos agentes estatais: ação popular, mandado de segurança coletivo, etc. Destarte, Estado de Direito, sem República e democracia é um engodo. República sem Estado de Direito e democracia também não se realiza.

Nesse sentido, a República requer os princípios de fiscalização permanente dos órgãos públicos, responsabilização dos agentes públicos, publicidade e transparência estatais, transitoriedade e eletividade dos cargos políticos, exigindo, portanto, o reconhecimento e garantia de uma série de direitos políticos ativos(votar) e passivos(ser votado) ao conjunto dos cidadãos, além dos direitos de liberdade de associação e formação de partidos estabelecidos,

---

23   Também compatibilizando princípios liberais democráticos com o republicanismo, vide a excelente obra: PETTIT, Philip. **Republicanismo: Una Teoría sobre la Libertad y el Gobierno.** Madrid: Paidós, 1999;PETTIT, Philip. **Teoria da Liberdade.** Belo Horizonte: Del Rey, 2006.

24   Para o maior desenvolvimento da ideia de democracia como parceria, de Ronald Dworkin, vide: DWORKIN, Ronald. **O Direito da Liberdade.** *Op.cit.*; DWORKIN, Ronald. **A Virtude Soberana.** *Op.cit.*; OMMATI, José Emílio Medauar. **Teoria da Constituição.** *Op.cit.*

25   OMMATI, José Emílio Medauar. **Teoria da Constituição.** *Op.cit.*

em nosso Texto Constitucional, nos artigos 12 a 17, como também no artigo 5º da Constituição, prefigurando aquilo que o nosso Constituinte estabeleceu como um dos fundamentos da República Federativa do Brasil, logo no artigo 1º: o pluralismo político. Da mesma forma, o princípio republicano exigirá, como uma outra face do Estado de Direito e da democracia, que os agentes públicos e políticos justifiquem racionalmente e de acordo com o Direito vigente todas as suas ações perante o povo.[26]

Da mesma forma, Estado de Direito requer exercício permanente de cidadania(princípio republicano) e da democracia, entendida como parceria.[27] Em outras palavras, o princípio do Estado de Direito exige a afirmação, defesa e realização dos direitos fundamentais!

Por fim, mas sem pretender esgotar o princípio do Estado de Direito, tal princípio requer uma atuação imparcial do Estado em relação às manifestações das pessoas que estão sob o Império do Direito. Aquilo que se estabeleceu na Constituição de 1988 como direitos de liberdade de expressão, crença e manifestação do pensamento.

Estado de Direito sem laicidade é uma fraude. Resta, então, discutir como compreender a laicidade do Estado como princípio fundamental de uma democracia constitucional.

Como afirmei acima, o Estado deve atuar de modo imparcial e não neutro. Isso porque a neutralidade é impossível. Laicidade do Estado que se encontra positivado em nossa Constituição em várias passagens, como por exemplo, no artigo 5º, incisos VI e VIII, como também no artigo 19, significa que o Estado deve proteger igualmente todas as religiões, bem como aqueles que não professam religião alguma. Laicidade não significa que o Estado não possa travar relações com as religiões. Significa que o Estado não pode privilegiar determinada religião, crença ou seita, em detrimento de todas as outras

---

26 FERNANDES, Bernardo Gonçalves. **Curso de Direito Constitucional. 4ª** edição, revista, ampliada e atualizada. Salvador: JusPodium, 2012, p. 283 a 284.

27 Essa é mais uma ideia de Ronald Dworkin. Para mais detalhes, vide: DWORKIN, Ronald. **O Direito da Liberdade: A Leitura Moral da Constituição Norte-Americana.** São Paulo: Martins Fontes, 2006; DWORKIN, Ronald. **A Virtude Soberana: A Teoria e a Prática da Igualdade.** *Op.cit.* Explicando tais ideias: OMMATI, José Emílio Medauar. **Teoria da Constituição.** *Op.cit.*, cap. 6.

formas de crença da população. Isso porque o Estado deve reconhecer o pluralismo das formas de vida da comunidade para a qual ele foi criado e respeitá-la. Portanto, a ideia de que laicidade significa que se deve construir um muro de proteção que separe completamente Estado das diversas crenças é inviável e completamente irreal.[28]

E aqui já visualizamos uma série de distorções do nosso Estado de Direito: símbolos religiosos em prédios públicos; ensino facultativo de religião nas escolas públicas; os poderes públicos se colocando acima da Constituição e do Direito; decisões públicas carentes de fundamentação; pouca fiscalização e pouca transparência dos atos estatais; criminalização de práticas religiosas e sexuais consideradas diferentes da suposta "normalidade"![29]

Mas, como diz Dworkin, se a teoria é boa e é, pois tenta concretizar os comandos constitucionais de modo a que as pessoas se respeitem e fundem uma comunidade mais harmônica, mais fraterna, realizando os objetivos fundamentais da República Federativa do Brasil constantes do artigo 3º da Constituição, mas a prática é ruim, que se mude a prática![30]

Resta analisar como o Estado de Direito realiza a dignidade humana ou seria o contrário? Todos os demais princípios já elencados e discutidos nessa introdução na verdade realizam a dignidade da pessoa humana? Afinal, como compreender corretamente a dignidade da pessoa humana como princípio jurídico-constitucional?

Até hoje, a doutrina e jurisprudência brasileiras são bastante confusas sobre a correta compreensão da dignidade da pessoa humana, servindo tal princípio, muitas vezes, para justificar o injustificável.[31]

---

28   Sobre isso, vide o excelente trabalho de Martha C. Nussbaum: NUSSBAUM, Martha C. **Libertad de Conciencia: Contra los Fanatismos.** 1ª edição, Barcelona: Tusquets Editores, 2009.

29   Para a construção social do conceito de normalidade, vide: FOUCAULT, Michel. **Os Anormais.** 2ª edição, São Paulo: Martins Fontes, 2010.

30   Sobre isso, vide: DWORKIN, Ronald. **A Virtude Soberana: A Teoria e a Prática da Igualdade.** *Op.cit.*

31   A propósito, veja a crítica bastante consistente de Marcelo Neves não apenas sobre os equívocos da aplicação do princípio da dignidade da pessoa humana em nosso país, como também da distinção entre regras e princípios constitucionais.

A doutrina brasileira, dizendo-se partidária dos ensinamentos de Robert Alexy, na verdade, criou uma grande confusão sobre o sentido e alcance da dignidade da pessoa humana no ordenamento jurídico pátrio. Vamos analisar, então, algumas visões nacionais sobre a dignidade da pessoa humana. Aqui, não terei a pretensão de esgotar o tema, até porque a dignidade da pessoa humana virou um princípio tão fluido que o sentido da dignidade dependerá do autor a que se está a analisar. Assim, abordarei a idéia de dignidade da pessoa humana em três juristas de destaque nacional, bem como o posicionamento do Ministro César Peluso, nos autos da Questão de Ordem na ADPF 54 e, com isso, será possível visualizar o tamanho da confusão criada.

De acordo com a perspectiva de Gilmar Mendes, Inocêncio Mártires Coelho e Paulo Gustavo Gonet Branco, a dignidade da pessoa humana não é um princípio jurídico, tal como entendido por Alexy, já que não pode ser passível de ponderação com qualquer outro princípio do Direito. A dignidade da pessoa humana estaria acima de todos os demais princípios jurídicos. Mas, aqui, já cabe perguntar, existiria algo acima da Constituição em termos jurídicos? Essa perspectiva não levaria a que se retornasse ao velho Direito Natural que tantas confusões e males já criou na história da humanidade?

Para os autores, contudo:

> Numa palavra, se bem entendemos, a dignidade da pessoa humana, porque sobreposta a todos os bens, valores ou princípios constitucionais, em nenhuma hipótese é suscetível de confrontar-se com eles, mas tão-somente consigo mesma, naqueles casos-limite em que dois ou mais indivíduos – ontologicamente dotados de igual dignidade – entrem em conflitos capazes de causar lesões mútuas a esse valor supremo.[32]

NEVES, Marcelo. **Entre Hidra e Hércules: Princípios e Regras Constitucionais.** São Paulo: Martins Fontes, 2013.

32   MENDES, Gilmar Ferreira, COELHO, Inocêncio Mártires e BRANCO, Paulo Gustavo Gonet. *Op.cit.*, p. 152.

Se a aproximação com o Direito Natural é indireta na obra de Gilmar Mendes, Paulo Branco e Inocêncio Coelho, já em Uadi Bulos é direta e clara, chegando o autor a afirmar, inclusive que a dignidade humana é inata ao homem. Nesse sentido, escreve o autor:

> Este vetor agrega em torno de si a unanimidade dos direitos e garantias fundamentais do homem, expressos na Constituição de 1988. Quando o Texto Maior proclama a dignidade da pessoa humana, está consagrando um imperativo de justiça social, um valor constitucional supremo.[...] A dignidade humana reflete, portanto, um conjunto de valores civilizatórios incorporados ao patrimônio do homem. Seu conteúdo jurídico interliga-se às liberdades públicas, em sentido amplo, abarcando aspectos individuais, coletivos, políticos e sociais do direito à vida, dos direitos pessoais tradicionais, dos direitos metaindividuais(difusos, coletivos e individuais homogêneos), dos direitos econômicos, dos direitos educacionais, dos direitos culturais etc. Abarca uma variedade de bens, sem os quais o homem não subsistiria. A força jurídica do pórtico da dignidade começa a espargir efeitos desde o ventre materno, perdurando até a morte, sendo inata ao homem.[33]

Aqui, deve-se apontar uma contradição interna no pensamento do autor. Se o autor reconhece que a dignidade humana reflete um conjunto de valores civilizatórios incorporados ao patrimônio do homem, isso significa dizer que a dignidade humana foi fruto de uma construção histórica, já que somente se pode

---

33   BULOS, Uadi Lâmmego. **Curso de Direito Constitucional.** 2ª edição, São Paulo: Saraiva, 2008, p. 392.

incorporar algo a algo se esse algo a ser incorporado antes não existia. Então, das duas uma: ou a dignidade humana é uma construção histórica no sentido de incorporar um conjunto de valores civilizatórios do homem ou é algo inato ao homem.

Por fim, para Ana Paula de Barcellos, a dignidade humana tem o caráter de regra, e não de princípio. Para a autora:

> A conclusão, portanto, é que há um núcleo de condições materiais que compõe a noção de dignidade de maneira tão fundamental que sua existência impõe-se como uma regra, um comando biunívoco, e não como um princípio. Ou seja: se tais condições não existirem, não há o que ponderar ou otimizar, ao modo de princípios; a dignidade terá sido violada, da mesma forma como as regras o são. [...] Note-se que um Estado democrático e pluralista é conveniente que seja assim, já que há diversas concepções da dignidade que poderão ser implementadas de acordo com a vontade popular manifestada a cada eleição. Nenhuma delas, todavia, poderá deixar de estar comprometida com essas condições elementares necessárias à existência humana(mínimo existencial), sob pena de violação de sua dignidade que, além de fundamento e fim da ordem jurídica, é pressuposto da igualdade real de todos os homens e da própria democracia.[34]

Se é verdade, como aponta Ana Paula de Barcellos, que existem várias concepções de dignidade, no entanto, o que seria igual-

---

34   BARCELLOS, Ana Paula de. **A eficácia jurídica dos princípios constitucionais: O princípio da dignidade da pessoa humana.** 1ª edição, Rio de Janeiro: Renovar, 2002, p. 193 a 194.

dade real? Outro ponto interessante é que Ana Paula de Barcellos aproxima a dignidade da pessoa humana com a categoria de regra jurídica. Mas, afinal, será que essa diferença ainda faz diferença? Será que ainda se pode continuar a insistir em uma distinção morfológica, sintática, semântica ou de qualquer espécie que seja entre regras e princípios? Mostrarei que não e que existe uma forma mais simples e elegante de se conceber a dignidade da pessoa humana. Essa perspectiva será a defendida por Ronald Dworkin em seus trabalhos.

Mas, antes de se adentrar na obra de Ronald Dworkin, convém, mesmo que rapidamente, assinalar o pensamento de César Peluso, Ministro do Supremo Tribunal Federal, nos autos da Questão de Ordem na ADPF 54. Durante esse julgamento e sem qualquer fundamentação, o Ministro César Peluso afirmou:

> O sofrimento humano não fere em si a dignidade da pessoa humana.

Convém ressaltar que a afirmação foi proferida quando da discussão sobre a possibilidade de interrupção da gravidez quando fosse diagnosticada a anencefalia do feto. Discutia-se, ainda que de maneira perfunctória, pois em sede de confirmação ou não da liminar deferida pelo Relator, Ministro Marco Aurélio, se haveria ou não o ferimento do princípio da dignidade da pessoa humana, no caso, da mãe, a proibição de interromper terapeuticamente o parto em casos de anencefalia. E foi nesse contexto que o Ministro César Peluso entendeu que não haveria problema algum em a mulher, futura e, ao mesmo tempo, não mais futura, mãe continuar uma gestação em que já sabia de antemão que não vingaria. Parece que, para o Ministro, em uma verdadeira confusão entre Direito e Religião, não há problema nenhum em se sofrer um pouco na vida. Mas, uma pergunta fica: em sociedades plurais e complexas como as nossas, pode um Juiz impor a sua visão de vida boa aos demais membros da sociedade?

Aqui, agoniza a dignidade da pessoa humana.

Mais recentemente, Luís Roberto Barroso apresentou uma interessante reflexão sobre a dignidade da pessoa humana. Para o professor do Rio de Janeiro, a dignidade humana apresentaria três dimensões fundamentais: a dimensão da sacralidade da vida, da responsabilidade individual e uma dimensão comunitária.[35] Se Luís Roberto Barroso acerta ao afirmar as dimensões de sacralidade da vida e de responsabilidade individual, é um pouco confuso compreender o significado dessa dimensão comunitária. Afinal, a dimensão comunitária significaria que maiorias morais poderiam impor um sentido de vida boa para mim? Caso afirmativo, isso não seria uma violação da melhor concepção de democracia compreendida como parceria de indivíduos livres e iguais? Então, para mim, a dimensão comunitária não faz qualquer sentido.

É chegada a hora de uma proposta mais consistente para o entendimento do Direito e da dignidade da pessoa humana, a partir dos ensinamentos de Ronald Dworkin.

A partir da perspectiva do Direito como Integridade, Ronald Dworkin trabalhará a melhor concepção de dignidade da pessoa humana. De acordo com o autor norte-americano:

> Quero agora sugerir que o direito de uma pessoa a ser tratada com dignidade é o direito a que os outros reconheçam seus verdadeiros interesses críticos: que reconheçam que ela é o tipo de criatura cuja posição moral torna intrínseca e objetivamente importante o modo como sua vida transcorre. A dignidade é um aspecto central do valor que examinamos ao longo de todo este livro: a importância intrínseca da vida humana.[36]

---

35   BARROSO, Luís Roberto. **A Dignidade da Pessoa Humana no Direito Constitucional Contemporâneo: A Construção de um Conceito Jurídico à Luz da Jurisprudência Mundial.** Belo Horizonte: Fórum, 2012.

36   DWORKIN, Ronald. **O domínio da vida : Aborto, eutanásia e liberdades individuais.** São Paulo: Martins Fontes, 2003, p. 337.

Em outra obra, Dworkin explicita melhor o que seria a dignidade da pessoa humana. A dignidade humana teria duas dimensões: a primeira ressalta a igual importância que todos temos que assegurar a toda e qualquer vida; a segunda ressalta a idéia de responsabilidade individual. De acordo com o autor, apesar das divergências sobre o sentido de dignidade, todos poderíamos concordar com esses dois conteúdos mínimos. Repise-se: Toda vida merece ser vivida e respeitada e que os indivíduos devem se responsabilizar pela vida que levam. Assim, em uma passagem longa, mas que merece ser citada por sua clareza, afirma o norte-americano:

> O primeiro princípio – que denominarei o 'princípio do valor intrínseco' – sustenta que toda vida humana tem um tipo especial de valor objetivo. Tem valor como potencialidade; uma vez que uma vida humana começou a se desenvolver, é importante como ela evolui. É bom que essa vida tenha êxito e que seu potencial se realize, e é ruim que fracasse e que não desenvolva seu potencial. Essa é uma questão de valor objetivo, e não meramente subjetivo; quero dizer que o fato de que uma vida humana tenha êxito ou fracasse não é apenas importante para a pessoa de cuja vida se trata, ou somente importante se, e porque, isso é o que ela quer. O êxito ou fracasso de qualquer vida humana é algo importante em si mesmo, é algo que todos temos razões para querer ou deplorar.[...]
>
> O segundo princípio – o 'princípio da responsabilidade pessoal' – sustenta que cada pessoa tem uma responsabilidade especial na consecução do sucesso de sua própria vida, uma responsabilidade que inclui o emprego de seu juízo para esti-

> mar que classe de vida seria para ela uma vida bem sucedida. A pessoa não deve aceitar que nenhuma outra pessoa tenha o direito de lhe ditar esses valores pessoais ou impô-los sem seu consentimento. Pode respeitar os valores codificados em uma tradição religiosa específica, ou as opiniões defendidas por líderes ou textos religiosos ou, ainda, os valores de gurus morais ou éticos laicos. Mas, esse respeito deve ser fruto de sua própria decisão; tem que refletir seu juízo mais profundo sobre como desempenhar sua responsabilidade soberana por sua própria vida.[37]

Mais recentemente, em sua última obra antes de seu falecimento, Dworkin reconsidera e reformula sua concepção de dignidade da pessoa humana. Assumindo a perspectiva de um ouriço na filosofia, ou seja, o ponto de vista segundo o qual os valores são interdependentes(não entram em conflito) e independentes do que nós achemos dos valores(a tese da verdade na moralidade), Dworkin

---

37 DWORKIN, Ronald. **La democracia posible: Principios para un nuevo debate político**. Barcelona: Paidós, 2008, p. 24 a 25. De acordo com a versão espanhola: « *El primer principio – al que llamaré el 'principio del valor intrínseco' – sostiene que toda vida humana tiene un tipo especial de valor objetivo. Tiene valor como potencialidad ; una vez que una vida humana ha empezado, es importante cómo evoluciona. Es algo bueno que esa vida tenga éxito y que su potencial se realice, y es algo malo que fracase y que su potencial se malogre. Ésta es una cuestión de valor objetivo, no meramente subjetivo; quiero decir que el hecho de que una vida humana tenga éxito o fracase no es sólo importante para la persona de cuya vida se trata, o sólo importante si, y porque, eso es lo que ella quiere. El éxito o fracaso de cualquier vida humana es algo importante en sí mismo, es algo que todos tenemos razones para querer, o deplorar.[...] El segundo principio – el 'principio de la responsabilidad personal' – sostiene que cada persona tiene una responsabilidad especial en la consecución del logro de su propia vida, una responsabilidad que incluye el empleo de su juicio para estimar qué clase de vida sería para ella una vida lograda. No debe aceptar que ninguna otra persona tenga derecho a dictarle esos valores personales ni a imponérselos sin su consentimiento. Puede respetar las valoraciones codificadas en una tradición religiosa particular, o las opiniones defendidas por líderes o textos religiosos e incluso las valoraciones de maestros morales o éticos laicos. Pero ese respeto ha de ser fruto de su propia decisión ; ha de reflejar su juicio más profundo sobre cómo desempeñar su responsabilidad soberana por su propia vida. »*

afirma que o raciocínio moral de um ouriço funciona no modelo de uma árvore. A raiz dessa árvore é a ideia de dignidade humana que vai unificar os domínios da Ética, Moral, Moral Política e Direito, como se esses domínios fossem os ramos e galhos dessa árvore.[38]

Dessa forma, a Ética é o domínio da busca da felicidade. Afinal, o que significa viver bem e ser feliz? Essas questões não podem ser respondidas por ninguém a não ser o próprio sujeito que as levanta. Mas, ao contrário do que pode parecer, a busca da felicidade individual necessariamente passa por uma outra questão: O que é uma vida boa? Ou, o que eu devo aos outros? A resposta a essas duas questões encontra-se no domínio da Moral. Essa relação se dá justamente porque não vivemos isoladamente; vivemos em comunidade, de modo que não é possível buscar a felicidade sem se relacionar com outros membros da comunidade. Dworkin, para tentar explicar essa relação, usa uma imagem muito interessante: a de uma piscina olímpica com raias. Cada competidor deve ficar em sua raia(domínio da Ética); contudo, em algumas situações, ele é compelido a atravessar sua raia e interferir na raia de outro competidor. No entanto, essa interferência apenas é justificável se for para tentar ajudar o outro competidor, de modo a não prejudicar nenhum dos dois(domínio da Moral).

Justamente o que nos faz ver essa relação é a ideia de dignidade da pessoa humana. A dignidade humana, portanto, requer os dois princípios anteriormente esboçados por Dworkin: sacralidade da vida e responsabilidade individual. No entanto, tais princípios são agora reformulados pelo autor. A sacralidade da vida, agora é vista como respeito próprio. De acordo com esse princípio, não basta defender uma vida custe o que custar. É importante que essa vida que será vivida frutifique, que seja uma vida bem sucedida. Já o princípio da responsabilidade individual se transforma no princípio da autenticidade, significando que cada pessoa tem a responsabilidade especial e pessoal de criar essa vida por meio de uma narrativa ou de um estilo coerente que ela própria aprova.[39]

---

38 DWORKIN, Ronald. **Justiça para Ouriços.** Coimbra: Almedina, 2011.

39 DWORKIN, Ronald. **Justiça para Ouriços.** *Op.cit.*, p. 211.

Assim, pela interligação entre Ética e Moral, somos responsáveis não apenas pela nossa própria vida, mas também pela vida de nossos concidadãos, se isso for possível. Temos a responsabilidade moral de tentarmos tornar a vida dos nossos concidadãos tão boa quanto as nossas próprias vidas. Temos o dever de evitar, sempre que possível, que uma vida se desperdice! Nesse aspecto, como afirma Dworkin, às vezes um pouco de paternalismo é inevitável e necessário.[40]

E aqui me parece que entra a dignidade da pessoa humana como fundamento do Estado de Direito.

Na verdade, a partir dessa perspectiva integrada dos valores, o Estado de Direito é um arranjo institucional que deve servir para a realização da dignidade das pessoas, de modo a defender a vida de todos os cidadãos, mas não apenas em um sentido biológico, mas nessa perspectiva de sucesso ético e moral. Para isso, o Estado deve deixar a cargo dos indivíduos a responsabilidade ética e moral pelo cuidado com sua vida, interferindo apenas em situações excepcionais. Deve dar as condições para que as pessoas levem suas vidas com responsabilidade construindo uma história de sucesso, evitando paternalismos desnecessários. Assim, percebe-se que não há uma fórmula pronta e acabada que nos diga quando o Estado violou ou protegeu a dignidade dos seus membros. É uma questão que requer raciocínio ético e moral e bons argumentos sempre em face da situação concreta.

Finalizo essa introdução com um longo trecho da mais nova obra de Ronald Dworkin que serve justamente para termos uma ideia da importância da dignidade para uma comunidade democrática:

> A injustiça grave – uma nação dividida entre a abundância e a pobreza desesperada – tem consequências ainda mais dramáticas para os relativamente ricos: torna difícil que a maioria deles viva uma vida tão boa quanto poderia em condições menos

---

40   DWORKIN, Ronald. **Justiça para Ouriços. Op.cit.**

injustas. Alguns deles, com talento notável em alguma coisa, podem usar a sua riqueza de forma mais efetiva para seguirem vidas de realização genuína. Para eles, a questão ética é se o podem fazer com dignidade. Para os outros – os ricos sem talentos -, o impacto da injustiça nas suas vidas é profundo, porque viver com o dinheiro de outras pessoas vai contra o valor de uma vida, e nada do que possam fazer com a sua riqueza pode compensar essa falta de valor. Os ricos sofrem tanto quanto os pobres, apesar de os pobres terem, geralmente, mais consciência da sua infelicidade.

As culturas têm tentado ensinar uma mentira maligna e aparentemente convincente: que o sistema de avaliação mais importante de uma vida boa é a riqueza e o luxo e o poder que ela cria. Os ricos pensam que viverão melhor se forem ainda mais ricos. Nos Estados Unidos e em muitos outros países, usam a sua riqueza politicamente, para convencerem o público a eleger ou a aceitar líderes que farão isso por eles. Dizem que a justiça que imaginamos é socialista, que ameaça a nossa liberdade. Nem toda a gente é ingênua; muitas pessoas contentam-se com vidas sem riqueza. Mas muitas outras deixam--se convencer; votam por impostos baixos para manterem o *jackpot* alto no caso de também o ganharem, ainda que se trate de uma loteria que estão quase condenadas a perder. Nada melhor ilustra a tragédia de uma vida não examinada: não há vencedores nesta dança macabra de ganância e ilusão. Nenhuma teoria respeitável ou até inteligível do valor pressupõe que ganhar e gastar dinheiro tenha algum valor ou importância intrínseca, e quase tudo o que as pessoas compram com esse dinheiro também não tem qualquer importância. O sonho ridículo de uma vida principesca é mantido vivo por sonâmbulos éticos. E estes, por sua vez, mantêm viva a injustiça, porque o desprezo por si próprios alimenta uma política de desprezo pelos outros. A dignidade é indivisível.

Mas temos de nos lembrar da verdade, bem como da sua corrupção. A justiça que imaginamos começa naquilo que parece ser uma proposição indisputável: o governo tem de tratar aqueles que estão sob o seu domínio com preocupação e respeito iguais. Esta justiça não ameaça – mas expande – a nossa liberdade. Não troca a liberdade por igualdade ou o contrário. Não prejudica o empreendedorismo em nome de balelas. Não favorece nem o pequeno nem o grande governo, mas apenas o governo justo. Decorre da dignidade e visa a dignidade. Torna mais fácil e mais provável que todos possamos ter uma vida boa. Lembremos, também, que aquilo que está em jogo é mais do que mortal. Sem dignidade, as nossas vidas são meros lampejos de duração. No entanto, se conseguirmos viver uma vida boa, criamos algo mais. Escrevemos um subscrito para a nossa mortalidade. Transformamos as nossas vidas em pequenos diamantes nas areias cósmicas.[41]

---

41 DWORKIN, Ronald. **Justiça para Ouriços**. *Op.cit.*, p. 429 a 430.

CAPÍTULO 1

Uma teoria dos direitos fundamentais

Na Introdução, apresentei o papel e função do preâmbulo, bem como os princípios fundamentais e estruturantes de nosso Estado Democrático de Direito: Estado de Direito, democracia, república, dignidade da pessoa humana.

Na verdade, se compreendermos o Direito a partir da ideia de que é um conceito interpretativo, já ficará claro que tais princípios estruturantes se organizam enquanto direitos fundamentais de todos os cidadãos brasileiros. Então, fica uma pergunta que o presente capítulo pretende discutir e desenvolver: O que são direitos fundamentais?

Mais uma vez, essa pergunta formulada por a quase totalidade de nossos manuais de Direito Constitucional[1], encerra um equívoco na própria pergunta. Para dizer com Ludwig Wittgenstein, nós juristas continuamos a compartilhar o mesmo mal da Filosofia vislumbrado à época por Wittgenstein. Estamos sempre a fazer perguntas sem sentido e equivocadas.[2] Assim, a pergunta não é o que significam os direitos fundamentais, mas como devemos compreendê-los?[3] E é justamente nesse sentido que José Adércio Leite Sampaio nos mostra que os direitos fundamentais encerram

---

1   Apenas exemplificativamente, vide: MENDES, Gilmar Ferreira, COELHO, Inocêncio Mártires e BRANCO, Paulo Gustavo Gonet. *Op.cit.*; FERNANDES, Bernardo Gonçalves. *Op.cit.*; SILVA, José Afonso da. **Curso de Direito Constitucional Positivo.** 25ª edição, revista e atualizada, São Paulo: Malheiros, 2005.

2   Para mais detalhes, vide: WITTGENSTEIN, Ludwig. **Investigações Filosóficas.** 2ª edição, Petrópolis: Vozes, 1996; OMMATI, José Emílio Medauar. **Teoria da Constituição.** *Op.cit.*, capítulo 5.

3   DWORKIN, Ronald. **O Império do Direito.** *Op.cit.*

um conceito com muitas concepções. Como demonstra o referido autor, há ainda uma disputa terminológica longe de ser pacificada.[4]

Nesse sentido, sem a pretensão de esgotar a questão, na França, por exemplo, há uma tendência a se utilizar a expressão "liberdades públicas" para se referir aos direitos fundamentais. Já nos Estados Unidos, em geral, o termo preferido é "direitos civis". Os documentos internacionais preferem a expressão "direitos humanos". Por fim, no Brasil, resolveu-se adotar preferencialmente a expressão "direitos fundamentais".[5]

Mas, afinal, como melhor compreendê-los?

Inicialmente, refuto veementemente qualquer concepção que indique que os direitos fundamentais são direitos inatos, inerentes à pessoa humana. Como afirma Dworkin, isso cheira a um "jusnaturalismo aventureiro".[6] Isso porque os direitos fundamentais são construções históricas específicas, datadas, criadas a partir das Revoluções Burguesas, com o intuito de defender os indivíduos dos possíveis desmandos do Estado e da Política em geral. Portanto, também devemos fugir de toda e qualquer perspectiva que veja continuidade de direitos fundamentais desde a Antiguidade, passando pela Idade Média e chegando ao período atual.[7]

Na verdade, tal como ocorreu com o surgimento da Constituição formal e rígida e com o controle de constitucionalidade, os direitos fundamentais são uma aquisição evolutiva tipicamente moderna e pretenderam responder a uma nova necessidade de uma sociedade que se afirmava como diferente das anteriores e, portanto, moderna.[8]

---

4   SAMPAIO, José Adércio Leite. **Direitos Fundamentais: Retórica e Historicidade.** Belo Horizonte: Del Rey, 2004.

5   SAMPAIO, José Adércio Leite. *Op.cit.*, p. 7 a 22.

6   DWORKIN, Ronald. **O Império do Direito.** *Op.cit.*

7   Incorreta, nesse sentido, a perspectiva de Tatiana Stroppa, que consegue remontar os direitos fundamentais desde a Antiguidade Greco-Romana. Sobre isso, vide: STROPPA, Tatiana. **As Dimensões Constitucionais do Direito de Informação e o Exercício da Liberdade de Informação Jornalística.** Belo Horizonte: Fórum, 2010.

8   Sobre isso, vide: LUHMANN, Niklas. **La Costituzione como Acquisizione Evolutiva.** *IN:* ZAGREBELSKI, Gustavo, PORTINARO, Pier Paolo e LUTHER, Jörg. **Il Futuro**

Como mostrei em obra anterior[9], da mesma forma que a Constituição formal e rígida representou uma aquisição evolutiva fundamental para o desenvolvimento da sociedade moderna, pode-se afirmar que também os direitos fundamentais apresentaram tal papel. Mas, que papel ou função foi essa?

Os direitos fundamentais foram e são responsáveis pela manutenção da própria diferenciação funcional da sociedade, impedindo que haja uma confusão entre os diversos sistemas da sociedade diferenciada. Assim, por exemplo, os direitos de igualdade e liberdade, permitem uma troca de informações entre os sistemas do Direito, da Política e da Economia, de modo que não haja uma desdiferenciação da Economia, da Política e do Direito. Os direitos fundamentais, nessa perspectiva, são compreendidos como instituições fundamentais para o próprio funcionamento da sociedade moderna.[10] Eles possibilitam que as informações do ambiente do Direito sejam recebidas pelo Direito e tratadas de acordo com o código do Direito, mantendo a diferença sistema/ambiente, de modo a que as alternativas para decisão sempre se mantenham em número elevado. Assim, ao mesmo tempo em que reduzem a complexidade, os direitos fundamentais são fator de incremento de complexidade.[11]

Isso não impede que os direitos fundamentais também cumpram um papel essencial no interior do sistema jurídico. Eles são mecanismos indispensáveis para que o direito humano fundamental e univer-

---

della Costituzione. Torino: Einaudi, 1996, p. 83 a 128. No mesmo sentido: PAIXÃO, Cristiano e BIGLIAZZI, Renato. **História Constitucional Inglesa e Norte-Americana: Do Surgimento à Estabilização da Forma Constitucional.** Brasília: Editora UnB, 2008.

9   OMMATI, José Emílio Medauar. **Teoria da Constituição.** *Op.cit.*, capítulo 2.

10   LUHMANN, Niklas. **Los Derechos Fundamentales como Institución (Aportaciones a la Sociología Política).** México: Universidad Iberoamericana, 2010. No mesmo sentido, vide: TRINDADE, André Fernando dos Reis. **Os Direitos Fundamentais em uma Perspectiva Autopoiética.** Porto Alegre: Livraria do Advogado, 2007.

11   Para maiores informações sobre a teoria de Niklas Luhmann, vide: OMMATI, José Emílio Medauar. **Teoria da Constituição.** *Op.cit.*, capítulo 2.

sal de qualquer pessoa ser tratada com igual respeito e consideração possa ser desenvolvido em cada ordenamento jurídico particular.[12]

Nesse sentido, é possível compreender os direitos fundamentais como princípios em contraposição às políticas, tal como elaborado por Ronald Dworkin. Segundo o autor:

> Denomino "política" aquele tipo de padrão que estabelece um objetivo a ser alcançado, em geral uma melhoria em algum aspecto econômico, político ou social da comunidade(ainda que certos objetivos sejam negativos pelo fato de estipular que algum estado atual deve ser protegido contra mudanças adversas). Denomino "princípio" um padrão que deve ser observado, não porque vá promover ou assegurar uma situação econômica, política ou social considerada desejável, mas porque é uma exigência de justiça ou equidade ou alguma outra dimensão da moralidade.[13]

Assim:

> Os argumentos de política justificam uma decisão política, mostrando que a decisão fomenta ou protege algum objetivo coletivo da comunidade como um todo. O argumento em favor de um subsídio para a indústria aeronáutica, que apregoa que tal subvenção irá proteger a defesa na-

---

12 É justamente nesse sentido que Ronald Dworkin afirmará a universalidade dos direitos humanos, já que tais direitos afirmam um direito mais básico de qualquer ser humano em qualquer lugar do planeta a ter um determinado tratamento por parte dos poderes públicos e de sua comunidade: o direito a ser tratado com igual respeito e consideração. Sobre isso, vide: DWORKIN, Ronald. **Justiça para Ouriços.** *Op.cit.*, capítulo 15 e, mais especificamente, p. 340 a 352.

13 DWORKIN, Ronald. **Levando os Direitos a Sério.** São Paulo: Martins Fontes, 2002, p. 36.

cional, é um argumento de política. Os argumentos de princípio justificam uma decisão política, mostrando que a decisão respeita ou garante um direito de um indivíduo ou de um grupo. O argumento em favor das leis contra a discriminação, aquele segundo o qual uma minoria tem direito à igualdade de consideração e respeito, é um argumento de princípio.[14]

Um esclarecimento antes de continuar para que não haja incompreensões. Quando Dworkin se refere à equidade, não está a se referir à ideia de que o juiz ou outro intérprete do Direito possa decidir à revelia da lei, como se fosse um legislador. O termo equidade aqui é utilizado pelo autor norte-americano em um sentido bastante peculiar. Significa, no âmbito político, que o poder político deve ser distribuído equitativamente, ou seja, igualitariamente, de modo a que as pessoas tenham a mesma importância na hora das deliberações políticas. Já no âmbito do Judiciário, a equidade é a exigência no sentido de que a estrutura do Poder Judiciário seja construída de tal forma que garanta a todos os envolvidos em um processo os mesmos direitos e obrigações, aquilo que na tradição brasileira conhecemos como os direitos processuais, tais como, e fundamentalmente, contraditório, ampla defesa, isonomia e devido processo legal.[15]

Portanto, com base em Ronald Dworkin, compreendo que os direitos fundamentais são princípios ou argumentos de princípio, devendo os juízes sempre decidir os casos a eles submetidos com base em princípios, de modo a afirmar os direitos dos cidadãos. As políticas ou argumentos de política servem, nessa ótica, para a realização dos princípios, dos direitos fundamentais. Nesse sentido, tendo em vista a Constituição da República Federativa do Brasil de 1988, os artigos 3º e 4º devem realizar os direitos fundamentais. Em outras palavras, exemplificativamente, a construção de uma socie-

---

14 DWORKIN, Ronald. **Levando os Direitos a Sério.** *Op.cit.*, p. 129 a 130.

15 DWORKIN, Ronald. **O Império do Direito.** *Op.cit.*, capítulos VI e VII.

dade livre, justa e solidária apenas é possível se forem respeitados os direitos fundamentais de todos os cidadãos brasileiros. Ainda: a erradicação da pobreza e a redução das desigualdades sociais e regionais, outro objetivo da República Federativa do Brasil, constante no artigo 3º do Texto Constitucional Brasileiro, somente é legítima se forem respeitados os direitos fundamentais de todos os brasileiros.

Contudo, a própria compreensão do que um princípio ou uma política exige é alvo de enormes disputas e controvérsias. É justamente nesse sentido que cada direito fundamental poderá comportar várias concepções distintas. Só para ficarmos com um exemplo, no qual será trabalhado no capítulo seguinte: qual a melhor concepção de igualdade? Igualdade perante a lei apenas? Tratar igualmente os iguais e desigualmente os desiguais na medida de sua desigualdade? Ou nenhuma das anteriores?[16]

Se os direitos fundamentais surgiram apenas com a Modernidade, ou seja, com as revoluções burguesas, esse processo de afirmação de tais direitos ocorreu de uma única vez ou tal processo continua a ocorrer?

Para responder a tais questionamentos, discutirei a tese das gerações ou dimensões dos direitos fundamentais e as críticas que podem ser feitas a essa tese.

1.1. A tese das gerações ou dimensões dos Direitos Fundamentais. Críticas.

Em 1979, Karel Vasak difundiu a ideia de que os direitos fundamentais não nasceram de uma vez por todas, mas foram sendo afirmados ao longo da evolução social. Assim, para esse teórico, poderíamos dividir os direitos fundamentais em gerações, a partir da evolução e acréscimo de direitos fundamentais ao longo da história.

Coube, contudo, a Norberto Bobbio, em obra mundialmente famosa, popularizar tal ideia. Segundo o autor italiano, essas gera-

---

16 OMMATI, José Emílio Medauar. **A Igualdade no Paradigma do Estado Democrático de Direito.** Porto Alegre: Sérgio Antônio Fabris Editor, 2004.

ções de direitos fundamentais se reduziriam a três gerações e poderiam ser relacionadas ao lema da Revolução Francesa: os direitos de primeira geração ligados aos direitos de liberdade; os de segunda geração relacionados com os direitos de igualdade; e os direitos de terceira geração vinculados aos direitos de fraternidade.[17]

Ainda para Bobbio, os direitos de primeira geração são direitos caracterizados pelo caráter negativo deles, ou seja, eles implicam que o Estado deve se abster de agir e suportar o direito dos cidadãos; já os direitos de segunda geração, conhecidos como direitos sociais e coletivos, implicam uma ação positiva do Estado, sendo, portanto, denominados de direitos prestacionais, já que para que os seus titulares possam exercitá-los, o Estado precisa realizar algo, tal como construir um hospital para o exercício do direito a saúde, creches e escolas para o direito à educação. Esses direitos exigem dinheiro e implicam custos econômicos por parte do Estado. Por fim, os direitos de terceira geração, também conhecidos como direitos difusos, pertencem a um número indeterminado de pessoas e o dano a esse direito também tem a potencialidade de afetar um número indeterminado de pessoas.[18]

Outros autores, todavia, preferem falar em dimensões dos direitos fundamentais ao invés de gerações. Isso porque, segundo esses autores, e, como exemplo, temos Paulo Bonavides, a ideia de gerações leva a uma noção equivocada de que os direitos de segunda geração seriam mais importantes do que os de primeira ou os de terceira seriam mais importantes do que os de segunda ou primeira. A lógica da dimensão visa ressaltar justamente que não haveria uma separação estanque entre os diversos direitos.[19] Assim, os direitos fundamentais seriam interdependentes e indivisíveis.[20]

---

17   BOBBIO, Norberto. **A Era dos Direitos**. 2ª tiragem, Rio de Janeiro: Elsevier, 2004.

18   BOBBIO, Norberto. *Op.cit.* No mesmo sentido: SAMPAIO, José Adércio Leite. *Op.cit.*

19   BONAVIDES, Paulo. **Curso de Direito Constitucional**. 10ª edição, revista, atualizada e ampliada. São Paulo: Malheiros, 2000. No mesmo sentido: BONAVIDES, Paulo. **Do Estado Liberal ao Estado Social**. 11ª edição, São Paulo: Malheiros, 2013; PIOVESAN, Flávia. **Direitos Humanos e Justiça Internacional**. 4ª edição, revista, ampliada e atualizada. São Paulo: Saraiva, 2013.

20   PIOVESAN, Flávia. **Direitos Humanos e Justiça Internacional**. *Op.cit.*

No entanto, tanto a tese das gerações ou das dimensões dos direitos fundamentais quanto da interdependência e indivisibilidade merecem ser criticadas e superadas, pois não conseguem compreender o caráter interpretativo de todo o Direito e também dos direitos fundamentais.

Quanto à ideia de geração ou de dimensão, não se atenta para o fato de que não seria possível classificar de modo antecipado o direito fundamental em questão. Assim, não é pelo fato de a Constituição de 1988 se referir a um direito a saúde que tal direito seja necessariamente de segunda geração. Ou a referência a um direito de igualdade não leva necessariamente que se entenda que o Estado deva apenas se abster de praticar determinado ato. Além do mais, a tese da geração ou dimensão dos direitos desconsidera algo hoje comprovado: direitos custam dinheiro! Todos eles.[21]

Dessa forma, não se pode afirmar que haveria direitos prestacionais e outros que exigiriam mera abstenção por parte do Estado. A realização de todos os direitos fundamentais exige atuação do Estado. Pense-se, apenas para exemplificar, na realização do direito de propriedade: o Estado precisa criar todo um aparato policial e de justiça para que as pessoas não invadam a propriedade dos outros.

Além disso, a tese das gerações ou dimensões desconsidera o fato de que não existem direitos fundamentais mais importantes do que outros. Tal tese levaria talvez a se supor que os direitos difusos sempre prevaleceriam em relação aos direitos individuais, já que de terceira geração, o que também não é correto. Assim, essa ideia de gerações ou dimensões de direitos acaba por desconsiderar que o direito é um fenômeno interpretativo e que dependerá da argumentação processual a definição se um direito é de primeira, segunda ou terceira geração.[22]

---

21 HOLMES, Stephen e SUNSTEIN, Cass R. **El Costo de los Derechos: Por Qué la Libertad Depende de los Impuestos.** Madrid: Siglo XXI Editores, 2011. No mesmo sentido: AMARAL, Gustavo. **Direito, Escassez & Escolha: Critérios Jurídicos para Lidar com a Escassez de Recursos e as Decisões Trágicas.** 2ª edição, Rio de Janeiro: Lumen Juris, 2010.

22 OLIVEIRA, Marcelo Andrade Cattoni de. **Teoria Discursiva da Argumentação Jurídica de Aplicação e Garantia Processual Jurisdicional dos Direitos Fun-**

Já a tese da interdependência acaba por cair no mesmo erro: ao entender que os direitos fundamentais seriam um todo unitário, tal compreensão acaba por desconsiderar que a distinção entre os diversos direitos fundamentais pode ser realizada processualmente através da argumentação jurídica das partes. Nesse sentido, um direito pode ser compreendido como individual, social, coletivo ou difuso, dependendo da argumentação processual, estabelecendo, inclusive, o ordenamento jurídico brasileiro meios processuais para a defesa de todos os direitos, devendo os cidadãos manejarem tais instrumentos a partir da argumentação desenvolvida no curso de um procedimento.[23]

E quais seriam as características dos direitos fundamentais? Eles apresentariam características especiais que os diferenciariam dos demais direitos? Além disso, os direitos fundamentais são relativos ou absolutos? Seriam os direitos fundamentais valores ou normas deontológicas? É o que pretendo discutir a seguir.

1.2. As supostas características dos direitos fundamentais e o seu caráter valorativo

Tem se apresentado como um certo consenso na doutrina constitucional brasileira a afirmação no sentido de que os direitos fundamentais são relativos. Não há direitos fundamentais absolutos e tais direitos podem entrar em colisão, devendo o intérprete solucionar tal colisão através do método da proporcionalidade. Isso porque os direitos fundamentais se apresentam como uma ordem concreta de valores. Tais ideias chegaram ao Brasil através da teoria dos direitos fundamentais de Robert Alexy.[24] Dessas

---

damentais. **IN:** CATTONI, Marcelo.(Coordenação). **Jurisdição e Hermenêutica Constitucional.** Belo Horizonte: Mandamentos, 2004, p. 189 a 225.

23 OLIVEIRA, Marcelo Andrade Cattoni de. **Teoria Discursiva da Argumentação Jurídica de Aplicação e Garantia Processual Jurisdicional dos Direitos Fundamentais. *Op.cit.***

24 ALEXY, Robert. **Teoria dos Direitos Fundamentais.** São Paulo: Malheiros, 2008.

afirmações complexas, já teríamos duas características dos direitos fundamentais: são valores e são relativos.

Além dessas duas características iniciais, a doutrina majoritária também tem afirmado que os direitos fundamentais seriam inalienáveis, imprescritíveis e irrenunciáveis.[25] Os direitos fundamentais seriam inalienáveis, pois seria impossível negociá-los. Imprescritíveis, pois seria possível defendê-los a qualquer momento, além de não ser possível contra eles a situação da prescrição aquisitiva ou usucapião. Por fim, irrenunciáveis já que não se pode renunciar a tais direitos.[26]

No entanto, se analisarmos com mais vagar, perceberemos que tais características não podem ser aplicadas aos direitos fundamentais. Ora, no sistema constitucional brasileiro é completamente possível e juridicamente válido que alguém negocie um seu direito fundamental. Pense-se, por exemplo, nos direitos à imagem, privacidade e vida privada, constantes do artigo 5º, inciso X, da CF/88. Qualquer pessoa pode muito bem trocar tais direitos por dinheiro, quando, por exemplo, aceitam participar dos famosos *reality shows*. Dessa forma, não se pode afirmar que a inalienabilidade seja uma característica dos direitos fundamentais.

Do mesmo modo, não se pode compreender que os direitos fundamentais em nosso sistema constitucional sejam imprescritíveis. Na verdade, quase todos os direitos fundamentais estão sujeitos a um prazo processual para sua defesa. Inclusive, com exceção da propriedade pública, em geral, o não uso e não defesa da propriedade por algum período pode levar à perda do direito de propriedade. Além disso, a Constituição de 1988 até facilitou a aquisição de propriedade por meio do usucapião, criando regras especiais para o usucapião urbano e rural, denominados pela doutrina de usucapião especial constitucional.[27]

Por fim, quanto à irrenunciabilidade, cabe fazer algumas distinções.

---

25 Por todos, vide: SILVA, José Afonso da. *Op.cit.*

26 SILVA, José Afonso da. *Op.cit.*

27 Veja os artigos 183 e 191, ambos da Constituição de 1988.

De fato, em geral, não posso renunciar a um direito fundamental, mas posso perfeitamente renunciar ao exercício de determinado direito fundamental. Renunciar ao exercício do direito fundamental em determinado momento não levará a que eu perca completamente esse direito fundamental. Posso voltar a exercitá-lo no futuro.[28]

Afirmei que em geral é assim, já que, pelo menos em relação a um direito, o direito à vida, renunciar ao exercício desse direito já implica na renúncia completa do próprio direito. Quanto ao direito à vida, tem-se que o cidadão não é obrigado a viver, podendo decidir o momento de não mais viver, desde que com liberdade e responsabilidade.[29]

Portanto, não se pode afirmar que os direitos fundamentais apresentariam características específicas que os diferenciariam dos demais direitos em geral.

Seriam tais direitos valores ou normas deontológicas? E mais: direitos relativos e, portanto, em colisão, ou direitos absolutos?

Farei agora uma afirmação ousada e contrária a toda a doutrina de Direito Constitucional no Brasil: **Os direitos fundamentais são valores, não estão em colisão e são absolutos.**

Explico. O debate sobre o caráter dos direitos fundamentais se valores ou normas deontológicas chegou até nós, mais uma vez, através da Alemanha. Lá, após a publicação da obra seminal de Robert Alexy, **Teoria dos Direitos Fundamentais**[30], e por força da própria jurisprudência do Tribunal Constitucional Federal Alemão que trata os direitos fundamentais como valores[31], houve e ainda há um intenso debate sobre a metodologia da Corte Constitucional Alemã. De acordo com Alexy, que fez uma leitura deturpada da teoria de Ronald Dworkin e sob a influência da ju-

---

28 SILVA, Virgílio Afonso da. **A Constitucionalização do Direito: Os Direitos Fundamentais nas Relações entre Particulares.** São Paulo: Malheiros, 2005; STANCIOLI, Brunello. **Renúncia ao Exercício de Direitos da Personalidade Ou Como Alguém se Torna o que Quiser.** Belo Horizonte: Del Rey, 2010.

29 DWORKIN, Ronald. **O Domínio da Vida: Aborto, Eutanásia e Liberdades Individuais.** *Op.cit.*

30 ALEXY, Robert. **Teoria dos Direitos Fundamentais.** *Op.cit.*

31 Para mais detalhes, vide: OMMATI, José Emílio Medauar. **Liberdade de Expressão e Discurso de Ódio na Constituição de 1988.** Rio de Janeiro: Lumen Juris, 2012.

risprudência da Corte Constitucional Federal alemã, os direitos fundamentais são valores que entram em colisão. E a colisão deve ser resolvida por meio de uma ponderação, juridicamente realizada através da proporcionalidade.

Isso ocorre, porque, para Alexy, os direitos fundamentais são basicamente princípios e, enquanto tais, apresentam a dimensão do peso que os diferencia das regras. Eis aí o equívoco da leitura de Alexy da obra de Ronald Dworkin, equívoco, diga-se de passagem, também cometido por Habermas ao debater com Hilary Putnam sobre o caráter binário ou não dos valores.[32]

Ora, tanto para Dworkin quanto para Putnam, quando se afirma que normas são valores ou que não haveria mais como separar normas de valores, isso não significará que as normas perderão seu caráter binário. O que tais autores pretendem mostrar é que os valores podem ser aplicados como normas. Assim, ou realizo tal valor ou não realizo. É nesse sentido que Dworkin entende a dimensão do peso dos princípios. O peso aqui é argumentativo. Se determinado princípio é o mais pesado, significa que ele e apenas ele deverá ser utilizado. A ponderação em Dworkin significa que o responsável pela decisão deverá raciocinar, medir, pesar os argumentos, para que possa decidir por aquele conjunto de argumentos mais consistentes em face de todo o ordenamento jurídico e da história institucional do Direito. Ponderação aqui não é método, de modo a aplicar os princípios de forma gradual, na medida do possível, em seu grau ótimo, como pretende Robert Alexy.

Para autores do porte de Jürgen Habermas[33], Ingeborg Maus[34] e Friedrich Müller[35], tratar os direitos como valores leva

---

32 HABERMAS, Jürgen e PUTNAM, Hilary. **Normas y Valores.** 1ª edição, Madrid: Trotta, 2008.

33 HABERMAS, Jürgen. **Facticidad y Validez: Sobre el Derecho y el Estado Democrático de Derecho en Términos de Teoría del Discurso.** 4ª edição, Madrid: Editorial Trotta, 1998.

34 MAUS, Ingeborg. **O Judiciário como Superego da Sociedade.** Rio de Janeiro: Lumen Juris, 2010.

35 MÜLLER, Friedrich. **Discours de la Méthode Juridique.** *Op.cit.*; MÜLLER, Friedrich. **Métodos de Trabalho do Direito Constitucional.** *Op.cit.*; MÜLLER,

a um enorme subjetivismo judicial e irracionalidade das decisões, de modo que o "muro de fogo" dos direitos fundamentais cai, não possibilitando a defesa do cidadão contra possíveis arbítrios estatais. Tratar direitos fundamentais como valores pode levar, paradoxalmente, à sua desvalorização.

No Brasil, autores ligados à Escola Mineira de Direito Constitucional, centrados basicamente na Faculdade de Direito da UFMG e na Faculdade Mineira de Direito, da PUC Minas, aceitaram as críticas dos autores alemães e também passaram a se insurgir contra a jurisprudência dos valores praticada no Brasil pelos juízes, tribunais e o próprio Supremo Tribunal Federal.[36]

Também nos Estados Unidos o debate é acirrado, com algumas matizações.[37]

Contudo, embora eu mesmo tenha defendido a posição de que direitos são normas e, portanto, comandos deontológicos, em obra anterior[38], já não compartilho dessa posição. Para mim, e cheguei a essa conclusão graças ao debate franco e aberto com meu amigo Alonso Reis Siqueira Freire, o problema não é tratar os direitos fundamentais como valores. O grande problema é compreender que, pelo fato de serem valores, os direitos fundamentais são relativos, passíveis de ponderação e estão em colisão, devendo as supostas colisões serem resolvidas por meio de um método chamado de proporcionalidade.

Friedrich. **O Novo Paradigma do Direito: Introdução à Teoria e Metódica Estruturantes do Direito.** *Op.cit.*; MÜLLER, Friedrich. **Teoria e Interpretação dos Direitos Humanos Nacionais e Internacionais – Especialmente na Ótica da Teoria Estruturante do Direito. IN:** CLÈVE, Clèmerson Merlin, SARLET, Ingo Wolfgang e PAGLIARINI, Alexandre Coutinho. Coordenadores. **Direitos Humanos e Democracia.** Rio de Janeiro: Forense, 2007, p. 45 a 52.

36   Dentre tantos autores que podemos citar, temos: Álvaro Ricardo de Souza Cruz, Menelick de Carvalho Netto, Marcelo Andrade Cattoni de Oliveira, Lúcio Antônio Chamon Júnior, Emílio Peluso Neder Meyer, Flávio Barbosa Quinaud Pedron, etc.

37   Sobre o debate americano, vide: ALEINIKOFF, T. Alexander. **El Derecho Constitucional en la Era de la Ponderación.** Lima: Palestra Editores, 2010.

38   OMMATI, José Emílio Medauar. **Liberdade de Expressão e Discurso de Ódio na Constituição de 1988.** *Op.cit.*

É possível, como nos mostra Dworkin, construir uma teoria consistente e unificada dos valores, de modo que eles não entrem em colisão. Trazendo essa ideia para os direitos fundamentais, pode-se perceber que, na verdade, as colisões entre direitos fundamentais sempre são aparentes, pois, na situação concreta é possível perceber quem tem o direito e quem não tem. Portanto, ao contrário do que se afirma majoritariamente, direitos fundamentais somente farão sentido em um ordenamento democrático se forem absolutos, pois se afirmo ter um direito fundamental, tal direito não pode ser restringido de forma alguma. É nesse sentido que tem toda razão, mais uma vez, Ronald Dworkin ao defender a ideia de que direitos fundamentais são trunfos que funcionam contra tudo e contra todos, contra as maiorias.[39]

Um exemplo pode ajudar a esclarecer a perspectiva adotada. A Constituição assegura a todos a livre expressão do pensamento. Contudo, ao mesmo tempo, criminaliza práticas discriminatórias. Estariam tais direitos em conflito? Minha resposta é pela negativa: na verdade, há uma delimitação do direito fundamental de livre expressão. É dizer: as pessoas podem falar o que quiser, desde que sua expressão não viole a igual dignidade dos demais membros da comunidade. A dificuldade se encontra pelo fato de que somente após o proferimento do discurso é que se poderá visualizar se o falante exerceu legitimamente seu direito ou foi além do que devia, já que a Constituição de 1988 proíbe a censura prévia. Portanto, ao contrário do que decidido pelo STF, não se pode afirmar que proibição de racismo ou de práticas discriminatórias esteja em colisão com a liberdade de expressão.[40]

Portanto, o grande problema da perspectiva teórica de Robert Alexy não é compreender os direitos como valores: eles assim o são. O problema é achar que, por serem valores, os direitos fundamentais devem ser aplicados de forma gradual, na medida

---

39   DWORKIN, Ronald. **Levando os Direitos a Sério.** São Paulo: Martins Fontes, 2002.

40   OMMATI, José Emílio Medauar. **Liberdade de Expressão e Discurso de Ódio na Constituição de 1988.** *Op.cit.*

do possível, a partir de uma otimização realizada por meio do postulado da proporcionalidade. Essa perspectiva é problemática, já que abre possibilidades de decisionismo judicial, de decisões arbitrárias, não fundamentadas e, portanto, inconstitucionais.

Por isso que afirmei acima exatamente que os **direitos fundamentais são valores, não entram em conflito e, portanto, são absolutos.**

Aceitando-se essa conclusão, tornamos, inclusive, o estudo dos direitos fundamentais na Constituição de 1988 mais simples, pois algumas categorias importadas da Alemanha para a dogmática dos direitos fundamentais no Brasil deixam de ter sentido.

Assim, não faz sentido se falar em limites dos direitos fundamentais ou limites dos limites dos direitos fundamentais. Ou, ainda, da proteção do núcleo ou conteúdo essencial dos direitos fundamentais, como teimam em fazer os principais autores do Direito Constitucional Brasileiro.[41]

1.3. A aplicação dos direitos fundamentais nas relações entre particulares

Como mostrei nos tópicos anteriores, os direitos fundamentais não nasceram de uma única vez. Foram sendo afirmados a partir de necessidades históricas e em função da cada vez maior complexidade da sociedade moderna.

Quando surgiram com as revoluções burguesas, os direitos fundamentais eram pensados em seu aspecto negativo, ou seja, sua função primordial era a defesa do cidadão contra possíveis arbitrariedades do Estado. Assim, os direitos fundamentais eram pensa-

---

41 Para mais detalhes sobre essas categorias, vide: MENDES, Gilmar Ferreira, COELHO, Inocêncio Mártires e BRANCO, Paulo Gustavo Gonet. **Op.cit.**; FERNANDES, Bernardo Gonçalves. **Op.cit.**; SILVA, Virgílio Afonso da. **Direitos Fundamentais: Conteúdo Essencial, Restrições e Eficácia.** 1ª edição, São Paulo: Malheiros, 2009; SARLET, Ingo Wolfgang. **A Eficácia dos Direitos Fundamentais: Uma Teoria Geral dos Direitos Fundamentais na Perspectiva Constitucional.** 11ª edição, revista e atualizada, Porto Alegre: Livraria do Advogado, 2012.

dos e exercitados em relações verticais, já que, nessa perspectiva, o cidadão era a parte mais fraca da relação, ocupando o Estado uma posição de supremacia e superioridade.

Todavia, após a Segunda Guerra Mundial, começou-se a perceber que não apenas o Estado poderia violar direitos fundamentais. Particulares também poderiam violar direitos fundamentais de outros particulares sob a desculpa do exercício da autonomia privada. A partir desse momento, fundamentalmente na Europa, passa-se a discutir a possibilidade de aplicação dos direitos fundamentais não mais apenas quando um dos lados da relação fosse o Estado, é dizer em relações verticais, assimétricas, mas também em uma relação jurídica envolvendo particulares, ou seja, em relações de suposta simetria de poder, em relações horizontais.[42]

Na Alemanha, a discussão se inicia com o famoso caso Lüth. Em 1950, Eric Lüth, presidente de uma associação de imprensa em Hamburgo, Alemanha, em uma conferência na presença de diversos produtores e distribuidores de filmes para cinema, defendeu um boicote ao filme *Unsterbliche Geliebte(Amantes Imortais)*, do diretor Veit Harlan, que, na época do regime nazista, havia dirigido filmes anti-semitas e de cunho propagandístico para o regime em vigor. O produtor do filme ajuizou ação, considerada procedente pelas instâncias inferiores, contra Lüth, com o intuito de exigir indenização e proibi-lo de continuar defendendo o boicote, com base no Código Civil Alemão. Lüth, então, recorreu ao Tribunal Constitucional Federal Alemão, que anulou as decisões inferiores, sustentando que elas feriam a livre manifestação do pensamento de Lüth. Contudo, ao contrário do que possa parecer, a decisão do Tribunal Constitucional Alemão não se fundou em uma aplicabilidade direta do direito à manifestação do pensamento no caso concreto, mas em uma

---

42   No Brasil, a bibliografia sobre o assunto tem crescido assustadoramente. Dentre tantos, vide: SILVA, Virgílio Afonso da. **A Constitucionalização do Direito: Os Direitos Fundamentais nas Relações entre Particulares.** *Op.cit.*; STEINMETZ, Wilson. **A Vinculação dos Particulares a Direitos Fundamentais.** São Paulo: Malheiros, 2004; SARLET, Ingo Wolfgang. **A Eficácia dos Direitos Fundamentais: Uma Teoria Geral dos Direitos Fundamentais na Perspectiva Constitucional.** 11ª edição, Porto Alegre: Livraria do Advogado, 2012.

exigência de interpretação do dispositivo legal do Código Civil Alemão, pois, segundo o referido Tribunal, toda disposição de direito privado deve ser interpretada sob a luz dos direitos fundamentais.[43]

Esse modelo, utilizado pelo Tribunal Constitucional Alemão na decisão Lüth, denominado de **modelo de efeitos indiretos**, é o mais aceito em praticamente todos os países em que o problema da aplicabilidade dos direitos fundamentais nas relações entre particulares é estudado de forma sistemática. Além da Alemanha, também a Suíça adota tal modelo, que é alvo de duras críticas, já que adota como principal corolário a noção de constituição e direitos fundamentais como ordem objetiva de valores.[44] Não farei a crítica à noção de constituição e direitos fundamentais como ordem objetiva de valores, algo já fartamente feito por mim em obras anteriores.[45] Apresentarei outras críticas ao modelo dos efeitos indiretos dos direitos fundamentais.

A primeira crítica se centra no fato de que o modelo de eficácia indireta dos direitos fundamentais nas relações entre particulares se baseia na possibilidade de proteção ineficaz dos direitos fundamentais nessas relações se seus efeitos puderem a elas chegar apenas por meio das chamadas cláusulas gerais. Isso porque é difícil imaginar que tais cláusulas sejam sempre suficientes para servir de "porta de entrada" para os direitos fundamentais nas relações entre particulares.[46]

Outra crítica que se faz a esse modelo de efeitos indiretos diz respeito à autonomia do direito privado e se refere mais a um problema jurisdicional do que a um problema teórico. Isso porque a autonomia do direito privado é, no caso do modelo em análise, ameaçada não por uma dominação de um ramo de um direito por outro, mas por uma dominação da jurisdição ordinária por parte do tri-

---

43   SILVA, Virgílio Afonso da. **A Constitucionalização do Direito**. *Op.cit.*, p. 80.

44   SILVA, Virgílio Afonso da. **A Constitucionalização do Direito**. *Op.cit.*, p. 81 a 83.

45   OMMATI, José Emílio Medauar. **Teoria da Constituição**. *Op.cit.*; OMMATI, José Emílio Medauar. **Liberdade de Expressão e Discurso de Ódio na Constituição de 1988**. *Op.cit.*

46   SILVA, Virgílio Afonso da. **A Constitucionalização do Direito**. *Op.cit.*, p. 85.

bunal constitucional ou de uma corte suprema similar. A crítica se explica pela necessidade de interpretação do material normativo do direito privado com base nos preceitos constitucionais e, em alguns casos, até mesmo de uma infiltração desses nas relações privadas por meio das chamadas "portas de entrada", que seriam as cláusulas gerais. De acordo com os críticos, essa necessidade teria o condão de transformar todo e qualquer caso de direito privado em um caso de direito constitucional, transformando o tribunal constitucional em uma superinstância revisora de toda a jurisdição ordinária.[47]

O outro modelo é o da **aplicabilidade direta** dos direitos fundamentais nas relações entre particulares. Para este modelo, os direitos fundamentais nas relações entre particulares devem ser aplicados da mesma forma em que são aplicados quando em um dos polos da relação se encontra o Estado.[48] Embora a Constituição Brasileira de 1988, adote expressão diversa, parece-me que foi este o modelo escolhido por nós. Vejamos:

> Art. 5º.(...)
>
> §1º - As normas definidoras dos direitos e garantias fundamentais têm aplicação imediata.

É bem verdade que a Constituição de 1988 não se refere no dispositivo citado a aplicação dos direitos fundamentais entre os particulares, mas seria, no mínimo, estranho, pensarmos em um Estado Democrático de Direito no qual os direitos fundamentais seriam aplicados apenas nas relações entre Estado e particulares quando hoje é perceptível que particulares também podem e violam direitos fundamentais de outros particulares. A questão é saber se essa aplicabilidade direta se dá através de efeitos absolutos ou através de uma ponderação de valores em conflito, como pretendem Robert Alexy e Virgílio Afonso da Silva.

---

47 SILVA, Virgílio Afonso da. **A Constitucionalização do Direito**. *Op.cit.*, p. 85 a 86.

48 SILVA, Virgílio Afonso da. **A Constitucionalização do Direito**. *Op.cit.*, p. 86 a 87.

Mas, antes de adentrarmos nessa controvérsia, falta ainda abordar um último modelo, adotado nos Estados Unidos, denominado de *state action doctrine*, ou doutrina da ação do Estado ou ação estatal. Por essa doutrina, apenas se aplicam os direitos fundamentais nas relações horizontais ou entre particulares quando a ação de um particular puder ser reenviada para uma ação do Estado, é dizer, quando um particular agiu em lugar do Estado, substituindo-o.[49] O grande problema dessa teoria é sua artificialidade na transformação de um ato particular em ato estatal. Vejamos um exemplo.

No caso *Shelley v. Kramer*, os proprietários de imóveis de um determinado loteamento haviam se comprometido contratualmente a não vender os imóveis a indivíduos não brancos. Quando um deles, a despeito da cláusula, resolve vender seu imóvel a um comprador negro, os demais ajuízam uma ação contra ele. A ação, considerada procedente por uma corte inferior, chegou à Suprema Corte que, ao contrário, decidiu pela nulidade da cláusula e pela validade da venda.

De acordo com a argumentação da Suprema Corte, a nulidade da cláusula do contrato não decorria de uma violação da Emenda XIV – igualdade de direitos – por parte dos particulares que celebraram o contrato, mas de uma ação estatal, que seria a própria decisão da jurisdição inferior a favor da discriminação.[50] Como ressalta Virgílio Afonso da Silva, criticando a referida teoria:

> Ora aqui há um problema argumentativo que não pode ser ignorado. Não é possível que a inconstitucionalidade surja somente com a decisão judicial inferior, já que ela nada mais fez do que fazer valer uma cláusula contratual. Se a cláusula contratual é constitucional, a decisão de manter seus efeitos também deve ser. E a recíproca tem que ser verdadeira.[51]

---

49 SILVA, Virgílio Afonso da. **A Constitucionalização do Direito.** *Op.cit.*, p. 98 a 102.

50 SILVA, Virgílio Afonso da. **A Constitucionalização do Direito.** *Op.cit.*, p. 100 a 101.

51 SILVA, Virgílio Afonso da. **A Constitucionalização do Direito.** *Op.cit.*, p. 101.

Voltemos, então, à teoria da aplicabilidade direta dos direitos fundamentais, adotada pela Constituição de 1988.

Nesse modelo, teríamos duas possibilidades interpretativas: uma que confere efeitos absolutos aos direitos fundamentais, mesmo nas relações entre particulares, defendida por Nipperdey e outra que defende a necessidade de uma ponderação entre direitos fundamentais envolvidos, já que a aplicação direta dos direitos fundamentais nas relações entre particulares não é tão simples assim, como pretende a teoria de Nipperdey, pois esbarraríamos na colisão entre um direito fundamental supostamente violado e outro que poderia ser violado(autonomia privada, direitos da personalidade, livre desenvolvimento da personalidade) caso se aplicassem os direitos fundamentais nessa relação de direito privado. Essa última teoria é defendida por Robert Alexy e por Virgílio Afonso da Silva.

Com alguns exemplos, acredito que fique mais fácil perceber a distinção entre os enfoques e o porquê da teoria de Nipperdey, relida a partir da integridade do Direito, ser a mais acertada.

Imaginemos o caso de um diretor de uma grande empresa passe a assediar sexualmente sua secretária e, em troca de favores sexuais, diga a ela que aumentará bastante seu salário. Diante da recusa da secretária em ceder à violência do seu chefe, ela é demitida. Pergunta-se: pode a secretária intentar ação judicial para retornar ao emprego e, alternativamente, reverter essa demissão em indenização por danos materiais e morais?

Para a teoria dos efeitos absolutos, relida a partir da integridade do Direito, é óbvio que sim. O problema aqui não é de uma suposta ponderação de valores entre o direito do diretor da empresa admitir e demitir seus funcionários e o direito da secretária de ter sua incolumidade sexual e suas escolhas pessoais respeitadas. A questão é que o diretor da empresa não pode, segundo a legislação vigente no Brasil, condicionar o aumento de salário de sua subordinada em troca de favores sexuais ou de qualquer outra espécie. O problema aqui é de argumentação e prova durante o procedimento jurisdicional.

Já para a teoria defendida por Robert Alexy[52] e Virgílio Afonso da Silva[53], haveria uma colisão de direitos fundamentais, devendo-se realizar um teste de proporcionalidade para se decidir pelo valor mais importante no caso.

Outra situação igualmente hipotética: Em uma seleção para vaga de estagiário em Direito de um grande escritório de advocacia, aberta por meio de processo seletivo público, através de edital, em que consta que o candidato escolhido será aquele que obtiver maior nota em prova escrita e em entrevista, é legítimo juridicamente que o escritório contrate um estagiário branco em detrimento de um negro, simplesmente em virtude da cor da pele? Mais uma vez, a resposta é negativa, a partir da teoria da integridade. Não há que se falar em ponderação de valores e proporcionalidade, mas sim em condições de prova e argumentação durante o procedimento jurisdicional cabível para a revisão da decisão.

Ao contrário do que defendem Robert Alexy, Virgílio Afonso da Silva e o próprio STF, a questão não é de ponderação entre autonomia privada e direito do candidato melhor classificado a ser chamado para o estágio. Não há que se falar em autonomia privada, já que a autonomia privada não pode servir para o descumprimento dos direitos, quaisquer que sejam eles. Autonomia privada aqui está sendo desvirtuada para egoísmo privado!

Nesse sentido, uma leitura adequada da teoria do direito como integridade defenderá a aplicação dos direitos fundamentais em toda e qualquer situação, inclusive quando envolver um conflito entre particulares.

---

52 ALEXY, Robert. **Teoria dos Direitos Fundamentais.** *Op.cit.*

53 SILVA, Virgílio Afonso da. **A Constitucionalização do Direito.** *Op.cit.*

1.4. A cláusula de abertura da Constituição de 1988 e os tratados internacionais de direitos humanos no Brasil

A Constituição de 1988, seguindo uma tradição das Constituições anteriores e da Constituição dos Estados Unidos da América[54], introduziu uma cláusula de abertura constitucional, nos seguintes termos:

> Art. 5º(...)
>
> §2º - Os direitos e garantias expressos nesta Constituição não excluem outros decorrentes do regime e dos princípios por ela adotados, ou dos tratados internacionais em que a República Federativa do Brasil seja parte.

A doutrina majoritária tem interpretado esse dispositivo de modo a concluir que a Constituição de 1988 teria introduzido a doutrina do bloco de constitucionalidade criado na França.[55] Contudo, essa posição é equivocada, como passarei a demonstrar.

Como mostrei na Introdução da presente obra, a criação jurisprudencial na França da teoria do bloco de constitucionalidade serviu para dar maior efetividade a uma série de direitos não expressos no Texto Constitucional, embora de envergadura de direitos fundamentais. Isso ocorreu justamente porque na França nunca se desenvolveu, como no Brasil, uma história de ampliação de direitos fundamentais nos diversos textos constitucionais franceses. Assim, para maior proteção dos cidadãos franceses contra possíveis arbítrios estatais, o Conselho Constitucional francês teve de "inventar" a ideia do bloco de constitucionalidade.

---

54 Por exemplo, as Constituições de 1891 e 1934. No caso norte-americano, trata-se da Emenda IX.

55 Dentre vários autores que defendem tal posicionamento, vide: SARLET, Ingo Wolfgang. **A Eficácia dos Direitos Fundamentais. *Op.cit.***; SARLET, Ingo Wolfgang. **Direitos Fundamentais, Reforma do Judiciário e Tratados Internacionais de Direitos Humanos.** *IN:* CLÈVE, Clèmerson Merlin, SARLET, Ingo Wolfgang e PAGLIARINI, Alexandre Coutinho.(Coordenadores). **Direitos Humanos e Democracia.** Rio de Janeiro: Forense, 2007, p. 331 a 360; MAZZUOLI, Valério de Oliveira. **Tratados Internacionais de Direitos Humanos e Direito Interno.** São Paulo: Saraiva, 2010.

Uma Teoria dos Direitos Fundamentais

Todavia, no Brasil, tal ideia, se aceita, ficaria completamente fora do lugar.[56] Isso porque já temos uma tradição de catálogo de direitos fundamentais constante nos nossos diversos textos constitucionais. O nosso problema não é de afirmação no Texto Constitucional de direitos fundamentais; para nós, problemática é a realização desse catálogo!

Além disso, de acordo com o dispositivo constitucional citado, esses direitos e garantias se expandem para além do que estiver escrito na Constituição, pois englobam também aqueles decorrentes do regime e dos princípios adotados pela Constituição. A questão, como quer fazer crer essa doutrina majoritária, não é de conferir caráter constitucional a normas constantes em documentos infraconstitucionais, mas sim de desenvolver o documento constitucional de modo a tornar explícito algo que é implícito, decorrente, portanto. Não devemos também, como nos alerta Ronald Dworkin, perder tempo na discussão de direitos explícitos(enumerados) *versus* direitos implícitos(não enumerados), já que tanto lá quanto cá essa distinção, por expressa previsão constitucional, não faz sentido.[57]

Mas, o grande debate doutrinário e jurisprudencial no Brasil ocorreu em relação à segunda parte do dispositivo em análise. De acordo com ele, os tratados internacionais em que a República Federativa do Brasil for parte também se incorporam como direitos e garantias constitucionais. Nenhuma dúvida, portanto, de que os tratados mencionados serão apenas aqueles relacionados aos direitos humanos. Mas, como eles serão incorporados e em qual hierarquia?

A doutrina se dividiu sobre a questão. Para alguns, os tratados e convenções em matéria de direitos humanos teria natureza supraconstitucional; já outros, e esses foram a maioria da doutrina brasileira até o advento da EC 45/2004, os tratados e convenções em matéria de direitos humanos teriam caráter constitucional[58]; o

---

56   Faço aqui referência à tese das ideias fora do lugar defendida por Roberto Schwartz: SCHWARTZ, Roberto. **Ao Vencedor as Batatas.** 5ª edição, São Paulo: Editora 34, 2000.

57   Sobre o debate norte-americano, vide: DWORKIN, Ronald. **O Direito da Liberdade: A Leitura Moral da Constituição Norte-Americana. Op.cit.**

58   Dentre os que reconheciam o caráter constitucional dos tratados e convenções de direitos humanos em que o Brasil fosse parte, temos, exemplificativamente: PIOVE-

| 59 |

Supremo Tribunal Federal reconheceu o caráter de lei ordinária para os tratados e convenções de direitos humanos; por fim, há ainda aqueles que reconhecem o caráter supralegal aos tratados e convenções sobre direitos humanos.[59]

Como afirmado, mesmo após o advento da Constituição de 1988 que parecia claramente definir que os tratados e convenções de direitos humanos em que a República Federativa do Brasil fosse parte teriam o estatuto de normas constitucionais, o Supremo Tribunal Federal continuou a defender sua antiga tese de que os tratados internacionais adentrariam como normas ordinárias e poderiam sofrer o controle de constitucionalidade, podendo ser declarado inconstitucional se o tratado ou convenção estivesse em contrariedade com o Texto Constitucional. Exemplo disso foi o RHC 79.785/RJ, Relator Ministro Sepúlveda Pertence, DJ de 22/11/2002, quando deixa consignado:

> [...] assim como não o afirma em relação às leis, a Constituição não precisou dizer-se sobreposta aos tratados: a hierarquia está ínsita em preceitos inequívocos seus, como os que submetem a aprovação e promulgação das convenções ao processo legislativo ditado pela Constituição(...) e aquele que, em consequência, explicitamente admite o controle da constitucionalidade dos tratados(CF, art. 102, III, b).

SAN, Flávia. **Temas de Direitos Humanos.** 6ª edição, São Paulo: Saraiva, 2013; PIOVESAN, Flávia. **Direitos Humanos e Justiça Internacional.** *Op.cit.*; SARLET, Ingo Wolfgang. **Direitos Fundamentais, Reforma do Judiciário e Tratados Internacionais de Direitos Humanos.** *Op.cit.*

59   FERNANDES, Bernardo Gonçalves. **Curso de Direito Constitucional.** *Op.cit.*; MENDES, Gilmar Ferreira, COELHO, Inocêncio Mártires e BRANCO, Paulo Gustavo Gonet. **Curso de Direito Constitucional.** *Op.cit.*; Ver, ainda, o substancioso voto do Ministro GILMAR MENDES nos autos do RE 466.343/SP, Relator Ministro CEZAR PELUSO, j. 03/12/2008, p. DJe 05/06/2009.

Contudo, o que a tese vencedora no STF não percebia e a doutrina majoritária e mais abalizada teimava em afirmar era que a própria Constituição de 1988 explicitamente colocava os tratados e convenções de direitos humanos no mesmo patamar das normas constitucionais de direitos fundamentais, o que os tornava normas constitucionais assim que a República Federativa do Brasil fizesse parte de tal tratado, o que tornava desnecessário, inclusive, o processo de ratificação do tratado ou convenção por parte do Congresso Nacional, como também trazia a consequência de que o Brasil não poderia mais denunciar um tratado ou convenção de direitos humanos que fizesse parte, já que passava a se incorporar aos direitos e garantias individuais e, portanto, protegido pelo artigo 60, §4º, IV, da Constituição de 1988.

Nesse sentido, Ingo Wolfgang Sarlet, em longa passagem que merece ser citada:

> No que diz com a hipótese específica dos direitos humanos consagrados no plano do direito internacional, que, por via da abertura propiciada pelo art. 5º, §2º, da nossa Carta, passam a integrar – na condição de direitos fundamentais – o nosso catálogo(não importando aqui se de forma automática, ou não), a solução adotada pelo STF e seguida, ainda, por parte da doutrina e jurisprudência, não se revela constitucionalmente adequada. Na realidade, desde o advento da CF, parece viável concluir que os direitos fundamentais oriundos do direito internacional – embora não tenham sido formalmente consagrados no texto da Constituição – se aglutinam à Constituição material e, por esta razão, acabam tendo *status* equivalente. Caso contrário, a regra do art. 5º, §2º, também neste ponto, teria o seu sentido parcialmente desvirtuado. Não fosse assim, virtualmente não haveria

diferença(ao menos sob o aspecto da hierarquia das normas) entre qualquer outra regra de direito internacional incorporada ao direito nacional e os direitos fundamentais do homem consagrados nos textos internacionais. Apenas para citar um exemplo, um dispositivo de um tratado internacional qualquer(por que não, como ironicamente e com sua habitual acuidade observa Cançado Trindade, um pacto sobre a exportação de laranjas?!) poderia, em tese, ter o mesmo valor hierárquico de um direito fundamental reconhecido pela Convenção Americana sobre Direitos Humanos. Certamente não é este o sentido que o constituinte quis atribuir ao art. 5º, §2º de nossa Carta, ao nele referir expressamente os tratados internacionais. Além disso, a condição de direitos com hierarquia meramente legal encontra-se em flagrante contradição com a já referida dupla fundamentalidade formal e material dos direitos fundamentais, que pressupõe justamente que tais direitos comunguem – pelo menos – da supremacia normativa da Constituição, vinculando os poderes constituídos de tal sorte que não podem tais direitos estar à disposição plena das maiorias legislativas ocasionais.[60]

A única ressalva que faço à passagem citada de Ingo Sarlet é que, para mim, a Constituição teria inclusive definido que a inclusão dos tratados internacionais de direitos humanos seria automática, pois apenas explicita que basta o Brasil fazer parte do tratado

---

60 SARLET, Ingo Wolfgang. **Direitos Fundamentais, Reforma do Judiciário e Tratados Internacionais de Direitos Humanos. Op.cit.**, p. 344 a 345.

ou convenção sobre direitos humanos. Não há qualquer outro requisito. Ora, fazer parte significa assinar o tratado, assinatura essa realizada pelo Chefe de Estado brasileiro, o Presidente da República. E foi justamente em virtude da teimosia do STF em afirmar a tese ultrapassada em termos constitucionais no sentido de que os tratados internacionais de direitos humanos adentravam no ordenamento jurídico brasileiro como norma infraconstitucional, é dizer, como simples lei ordinária, que foi precisa a atuação do constituinte derivado para inserir um parágrafo 3º ao artigo 5º da Constituição.

No entanto, se a atuação do constituinte derivado poderia resolver a controvérsia e esclarecer o significado do parágrafo 2º do artigo 5º de nosso documento constitucional, o texto do parágrafo 3º do artigo 5º da Constituição, introduzido pela EC 45/2004, parece-me ter desvirtuado completamente o parágrafo anterior, tendendo a aboli-lo, devendo, portanto, ser declarado inconstitucional.

Vejamos o que diz esse dispositivo introduzido pela EC 45/2004:

> Art. 5º(...)
>
> §3º - Os tratados e convenções internacionais sobre direitos humanos que forem aprovados, em cada Casa do Congresso Nacional, em dois turnos, por três quintos dos votos dos respectivos membros, serão equivalentes às emendas constitucionais.

De início, não nos parece correta a posição de Ingo Wolfgang Sarlet ao defender que, a partir da introdução desse novo parágrafo ao artigo 5º da Constituição, em nome de uma interpretação teleológica e sistemática, o procedimento das emendas constitucionais seria compulsório para a introdução dos tratados internacionais de direitos humanos no Brasil.[61] Isso porque o pró-

---

61 SARLET, Ingo Wolfgang. **Direitos Fundamentais, Reforma do Judiciário e Tratados Internacionais de Direitos Humanos.** *Op.cit.*, p. 350.

prio texto do referido parágrafo desmente a posição de Ingo Sarlet. O dispositivo não afirma que todos os tratados e convenções internacionais sobre direitos humanos deverão ser aprovados com o procedimento de emenda, apresentando, após tal aprovação, tal estatuto normativo. O dispositivo afirma que aqueles tratados e convenções internacionais de direitos humanos **que** forem aprovados sob o procedimento de emenda terão tal estatuto normativo. E os que não forem? Serão simples lei ordinária?

Perceba-se que o dispositivo criou uma violação ao princípio da igualdade, pois será possível imaginar dois tratados internacionais de direitos humanos com estatuto normativo diverso. Além disso, outra inconstitucionalidade se refere ao fato de que o dispositivo criou procedimento mais gravoso para a incorporação dos tratados internacionais de direitos humanos, algo não previsto no texto permanente da Constituição, pois, como mostrei, o parágrafo 2º do artigo 5º da Constituição apenas exigia a assinatura do Presidente da República para que o tratado ou convenção de direitos humanos fosse incorporado com a hierarquia de norma constitucional. Não precisava nem mesmo decisão posterior do Congresso Nacional, como que o Constituinte a revelar que tais tratados nunca são gravosos ao interesse nacional, já que, segundo o artigo 49, I, do Texto Constitucional, é da competência exclusiva do Congresso Nacional resolver definitivamente sobre tratados, acordos ou atos internacionais que acarretem encargos ou compromissos gravosos ao patrimônio nacional.

Da mesma forma, o artigo 102, III, b, da Constituição de 1988 deve receber uma interpretação que o compatibilize com o próprio artigo 5º, §2º, do Texto Constitucional. Segundo o artigo 102, III, b, da Constituição, compete ao Supremo Tribunal Federal julgar, mediante recurso extraordinário, as causas decididas em única ou última instância, quando a decisão recorrida declarar a inconstitucionalidade de tratado ou lei federal. Na verdade, como, de acordo com o artigo 5º, §2º, da Constituição, os tratados ou convenções de direitos humanos adentram no ordenamento jurídico como norma constitucional e sendo norma posterior à Constituição de 1988, acabam por revogar dispositivos da Constituição se posteriores a ela. Ao contrário do que defendido por Valério de Oliveira Mazzuoli, não consigo aplicar a norma mais favorável para solucionar o conflito entre normas constitucionais e tratados internacionais de direitos humanos assinados pelo Brasil.[62] Isso porque se o tratado for menos benéfico do que a Constituição de 1988, por óbvio que não haverá a assinatura por parte do Presidente da República. Nesse sentido, o dispositivo do artigo 102, III, b, da Constituição de 1988 deve ser interpretado para englobar apenas aqueles tratados internacionais que não se referem a direitos humanos.

Após a EC 45/2004, que introduziu o parágrafo 3º ao artigo 5º da Constituição de 1988, mais uma vez o STF foi chamado a se pronunciar sobre a antiga questão da prisão civil do depositário infiel, questão que, após a Constituição de 1988 e antes da EC 45/2004, havia sido resolvida pelo STF declarando a inconstitucionalidade do artigo 7º, nº 7 da Convenção Americana sobre Direitos Humanos – Pacto de San José da Costa Rica, de 1969, ratificado pelo Brasil em 1992, na medida em que o Pacto impede a prisão civil por dívidas, com exceção da obrigação alimentícia, enquanto o artigo 5º, LXVII, da Constituição de 1988, possibilita a prisão civil por dívida nos casos de inadimplemento voluntário e inescusável de obrigação alimentícia e a do depositário infiel.

Ora, se o §2º fosse compreendido em seus corretos termos, o STF teria que ter declarado a revogação parcial do artigo 5º, LXVII, da Constituição, em função da ratificação em 1992 pelo Brasil do Pacto de San José da Costa Rica que só permite prisão civil em questões de natureza alimentar. Contudo, como já mostrei, o STF manteve a posição de que o Pacto de San José da Costa Rica teria adentrado no direito brasileiro como lei ordinária e, portanto, continuava válida a previsão constitucional da prisão civil do depositário infiel.

Foi no RE 466.343/SP, julgado pelo STF em 2008, com acórdão publicado em 2009, que o Tribunal mudou de perspectiva em face inclusive da introdução do parágrafo 3º ao artigo 5º da Constituição, promovida pela EC 45/2004. Na verdade, foi o voto do Mi-

---

62   MAZZUOLI, Valério de Oliveira. *Op.cit.*

nistro Gilmar Mendes que promoveu a mudança. Contudo, a modificação de entendimento do STF ainda não conseguiu levar a sério a Constituição, pois não enxergou a inconstitucionalidade do §3º do artigo 5º da Constituição, como ainda criou uma categoria normativa hierárquica no direito brasileiro: segundo Gilmar Mendes, alguns tratados internacionais de direitos humanos apresentariam estatuto supralegal, ou seja, estariam acima das leis, mas abaixo da Constituição. Nesse sentido, afirmou Gilmar Mendes em seu voto:

> Por conseguinte, parece mais consistente a interpretação que atribui a característica de *supralegalidade* aos tratados e convenções de direitos humanos. Essa tese pugna pelo argumento de que os tratados sobre direitos humanos seriam infraconstitucionais, porém, diante de seu caráter especial em relação aos demais atos normativos internacionais, também seriam dotados de um atributo de *supralegalidade*.

Em outros termos, os tratados sobre direitos humanos não poderiam afrontar a supremacia da Constituição, mas teriam lugar especial reservado no ordenamento jurídico. Equipará-los à legislação ordinária seria subestimar o seu valor especial no contexto do sistema de proteção dos direitos da pessoa humana.[63]

Adotando-se essa perspectiva, segundo o Ministro Gilmar Mendes, o tratado internacional de direitos humanos teria o condão de paralisar a eficácia jurídica de toda e qualquer disciplina normativa infraconstitucional com ela conflitante. Para daí concluir sobre a prisão do depositário infiel:

> Nesse sentido, é possível concluir que, diante da supremacia da Constituição sobre os atos normativos internacionais, **a previsão constitucional da prisão civil do depositário infiel**(art. 5º, inciso LXVII) **não foi revogada** pelo ato de adesão do Brasil ao Pacto Internacional dos Direitos Civis e Políticos(art. 11) e à Convenção Americana sobre Direitos Humanos – Pacto de San José da Costa Rica(art. 7º, 7), **mas deixou**

---

63 Voto do Ministro GILMAR MENDES, nos autos do RE 466.343/SP, Relator Ministro CEZAR PELUSO, j. 03/12/2008, p. DJe 05/06/2009.

de ter aplicabilidade diante do efeito paralisante desses tratados em relação à legislação infraconstitucional que disciplina a matéria, incluídos o art. 1.287 do Código Civil de 1916 e o Decreto-Lei nº 911, de 1º de outubro de 1969.

Tendo em vista o **caráter supralegal** desses diplomas normativos internacionais, **a legislação infraconstitucional posterior que com eles seja conflitante também tem sua eficácia paralisada.** É o que ocorre, por exemplo, com o **art. 652 do Novo Código Civil**(Lei nº 10.406/2002), que reproduz disposição idêntica ao art. 1.287 do Código Civil de 1916.

Enfim, **desde a adesão** do Brasil, no ano de 1992, ao Pacto Internacional dos Direitos Civis e Políticos(art. 11) e à Convenção Americana sobre Direitos Humanos – Pacto de San José da Costa Rica(art. 7º, 7), **não há base legal para aplicação da parte final do art. 5º, inciso LXVII, da Constituição, ou seja, para a prisão civil do depositário infiel.**

De qualquer forma, o legislador constitucional não fica impedido de **submeter** o Pacto Internacional dos Direitos Civis e Políticos e a Convenção Americana sobre Direitos Humanos – Pacto de San José da Costa Rica, além de outros tratados de direitos humanos, **ao procedimento especial de aprovação previsto no art. 5º, §3º,** da Constituição, tal como definido pela EC 45/2004, **conferindo-lhes** *status* **de emenda constitucional.**[64](Negrito no original)

---

64   Voto do Ministro GILMAR MENDES, nos autos do RE 466.343/SP, Relator Ministro CEZAR PELUSO, j. 03/12/2008, p. DJe 05/06/2009.

Pela decisão do STF, embora expressamente assim não tenha afirmado o Tribunal, os tratados internacionais de direitos humanos todos eles, sejam anteriores ou não à EC 45/2004, passariam a ter estatuto supralegal, o que é que isso possa significar! Caso o Poder Legislativo Federal assim o queira, pode submeter os tratados e convenções de direitos humanos, também independente da data em que foram introduzidos no direito brasileiro, ao procedimento do artigo 5º, §3º, da Constituição de 1988, introduzido pela EC 45/2004, criando uma assimetria em termos de hierarquia normativa entre tratados internacionais de direitos humanos, em decorrência da boa ou má vontade do Poder Legislativo.

Não conseguiu perceber o STF a inconstitucionalidade da EC 45/2004, ao ter inserido o §3º ao artigo 5º da Constituição, na medida em que dificultou, ou, para utilizar a dicção do nosso Texto Constitucional, tendeu a abolir um direito ou garantia individual, justamente o §2º do artigo 5º da Constituição que assegura a todo e qualquer brasileiro o estatuto de norma de direito fundamental e a ampliação permanente de seus direitos fundamentais por meio dos tratados e convenções internacionais sobre direitos humanos em que a República Federativa do Brasil seja parte. Uma pena!

Espero que em um futuro próximo o STF possa rever sua posição.

Capítulo 2

Os direitos de igualdade, liberdade e propriedade na Constituição de 1988

Embora o Texto Constitucional Brasileiro de 1988 abra o catálogo dos direitos fundamentais apenas a partir do artigo 5º, nos capítulos anteriores, deve ter ficado claro que, na verdade, os princípios fundamentais estabelecidos nos artigos 1º e 2º da Constituição já se revelam como verdadeiros direitos fundamentais.

Nesse capítulo, ligarei os princípios do Estado de Direito, República, dignidade da pessoa humana com os direitos fundamentais de igualdade e liberdade, mostrando, ainda, que tais direitos, ao contrário do que muitos pensam, não estão em conflito. Em um segundo momento, mostrarei o que é requerido em termos jurídicos para a realização dos direitos de igualdade e liberdade. Defenderei uma posição ousada: a proteção constitucional à vida, estabelecida no artigo 5º da Constituição de 1988 apenas faz sentido em função da realização dos direitos de igualdade e liberdade. Dessa forma, ao contrário do que normalmente se pensa, a inviolabilidade do direito à vida, tal como expresso em nosso documento constitucional, não leva a que se defenda apenas um direito à existência biológica, mas requer, sobretudo, a defesa dos direitos de igualdade e liberdade de modo a que o indivíduo possa construir uma vida biográfica digna, da qual ele mesmo seja capaz de se orgulhar.[65]

---

65 SILVA, José Afonso da. **Curso de Direito Constitucional Positivo.** 36ª edição, São Paulo: Malheiros, 2013. Embora José Afonso da Silva faça essa distinção entre vida biológica e vida biográfica, para defender que a inviolabilidade do direito à vida estabelecida na Constituição de 1988 se refere não apenas à vida biológica, mas também à biográfica, acaba, de modo paradoxal e contraditório, assim me parece, por defender a criminalização do aborto.

Analisarei, então, alguns direitos fundamentais decorrentes desses direitos de igualdade e liberdade, tais como liberdade de expressão e de imprensa, liberdade religiosa, direito ao aborto e eutanásia, as políticas de ação afirmativa, etc.

Ao final do presente capítulo, tento demonstrar que o direito de propriedade está intimamente relacionado aos direitos de igualdade e liberdade, de modo que se pode afirmar que não existe um direito autônomo de propriedade, sendo apenas um direito instrumental. Daí, a partir daquela ideia estabelecida no capítulo anterior no sentido de que direitos fundamentais estão vazados em argumentos de princípio, pode-se afirmar que, como é permitida restrição ao direito de propriedade a partir de sua função social, não haveria um direito de propriedade independente. Farei também uma crítica ao dispositivo constitucional que assegura o direito de herança como direito fundamental. Nesse momento, discuto a função social da propriedade, bem como os direitos ambientais e do patrimônio histórico e cultural, apresentando uma decisão do STF que me parece extremamente equivocada sobre o tema.

2.1. Os direitos de igualdade e liberdade na Constituição de 1988

A Constituição de 1988 abre o seu Título II, intitulado Dos Direitos e Garantias Fundamentais e o seu capítulo I, denominado Dos Direitos e Deveres Individuais e Coletivos, com o artigo 5º, que apresenta o seguinte teor:

> Art. 5º Todos são iguais perante a lei, sem distinção de qualquer natureza, garantindo-se aos brasileiros e aos estrangeiros residentes no País a inviolabilidade do direito à vida, à liberdade, à igualdade, à segurança e à propriedade, nos termos seguintes:

Interessante observar que o princípio ou direito de igualdade, como prefiro denominar, aparece nesse dispositivo duas vezes. Logo no início, quando se afirma que todos são iguais perante a lei, sem distinção de qualquer natureza e na parte final, ao se afirmar a inviolabilidade do direito à vida, à liberdade, à igualdade, à segurança e à propriedade. Não se contentando com essa repetição, o Texto Constitucional ainda afirma no inciso I, do artigo 5º, que homens e mulheres são iguais em direitos e obrigações, nos termos desta Constituição.

Mas, como compreender o direito de igualdade? Esse direito entra em conflito com o direito de liberdade, também afirmado no dispositivo constitucional em comento?

Comumente se afirma que a igualdade se divide em igualdade formal e igualdade material. Assim, a igualdade formal seria aquela que reconhece que todos são iguais perante a lei. Assim, para essa perspectiva, pouco importam as diferenças fáticas entre os indivíduos. O Direito, nessa perspectiva, seria cego às diferenças.[66] Essa igualdade formal foi construída durante a fase do Estado Liberal de Direito.[67] Contudo, essa compreensão da igualdade, por não considerar as diferenças fáticas entre os indivíduos, acabou por produzir mais desigualdade e opressão, sendo substituída, durante o Estado Social de Direito, pela denominada igualdade material, na qual passa a se entender que não basta mais tratar todos igualmente perante a lei, mas que se deve atentar para as diferenças reais, de modo que os iguais sejam tratados igualmente e os desiguais desigualmente na medida de sua desigualdade.[68] Contudo, essa fórmula para compreender a igualdade, embora sedutora, é vazia de significado e traz uma série de questões que não

---

66 Essas afirmações são recorrentes na doutrina e jurisprudência brasileiras. Dentre tantos, vide: SILVA, José Afonso da. **Curso de Direito Constitucional Positivo.** *Op.cit.*; BANDEIRA DE MELLO, Celso Antônio. **Curso de Direito Administrativo.** 30ª edição, São Paulo: Malheiros, 2013.

67 OMMATI, José Emílio Medauar. **A Igualdade no Paradigma do Estado Democrático de Direito.** Porto Alegre: Sérgio Antônio Fabris Editor, 2004.

68 Ainda hoje doutrina e jurisprudência pátrias insistem nessa fórmula vazia!

podem ser resolvidas *a priori*. Quem são os iguais? Quem são os desiguais? E que medida é essa que permite a desigualdade?[69]

Além de todos esses problemas, essa compreensão da igualdade em que une a igualdade formal e a material permite também que se produza violação à liberdade das pessoas, de modo que corriqueiramente se defenda o ponto de vista de que esses valores estão em colisão. Nesse sentido, é a afirmação de Norberto Bobbio em obra clássica[70] no sentido de que a história do Direito Ocidental já teria comprovado que toda vez que se tenta realizar a igualdade, a liberdade sai diminuída, como também toda vez em que se tenta realizar a liberdade, é a vez da igualdade sair diminuída. E os momentos históricos utilizados por Bobbio para comprovar sua afirmação são justamente os momentos do Estado Liberal de Direito e do Estado Social de Direito.

Nesse sentido, de acordo com o autor italiano, no Estado Liberal pretendeu-se afirmar a liberdade. Assim, o capitalismo interpretou que a igualdade deveria ser apenas formal, para permitir que as pessoas fossem as mais livres possíveis. Ao Estado não era dado intervir na economia, devendo apenas garantir a segurança das pessoas. Daí a expressão para caracterizar esse Estado como Estado-Polícia ou Estado *Gendarme*.[71] Contudo, a maior liberdade possível do Estado Liberal levou a uma tremenda desigualdade e opressão entre as pessoas. Já no Estado Social, continua Bobbio, buscou-se realizar a maior igualdade possível, seja através do modelo socialista de Estado, seja através dos Estados Nazi-Fascistas, ou ainda nas nascentes democracias sociais. Todavia, essa busca por igualdade material, levou a uma enorme diminuição na liberdade dos indivíduos, já que o Estado pretendeu regular praticamente todos os domínios da

---

69   OMMATI, José Emílio Medauar. **A Igualdade no Paradigma do Estado Democrático de Direito.** *Op.cit.*; Tentando construir parâmetros operativos para trabalhar com essa fórmula, mas sem sucesso, vide: BANDEIRA DE MELLO, Celso Antônio. **O Conteúdo Jurídico do Princípio da Igualdade.** 3ª edição, São Paulo: Malheiros, 2012.

70   BOBBIO, Norberto. **A Era dos Direitos.** *Op.cit.*

71   BOBBIO, Norberto. **A Era dos Direitos.** *Op.cit.*

sociedade, criando-se, inclusive, nos modelos nazi-fascistas, verdadeiros regimes totalitários, que produziram o verdadeiro horror dos campos de concentração e de extermínio. Aqui, a maior igualdade produziu a praticamente completa eliminação da liberdade.[72]

Essa leitura é sedutora, mas apresenta um erro fundamental: na verdade, liberdade e igualdade não estão em conflito, mas são princípios que se complementam, se pressupõem mutuamente.[73] E isso porque, seja histórica, seja normativamente, tais princípios nunca estiveram em colisão, desde o nascimento do constitucionalismo moderno. A leitura histórica de Bobbio é equivocada, pois, se no Estado Liberal de Direito, houve uma preocupação com a liberdade, contudo essa preocupação se deu apenas para com os ricos, com os proprietários, já que os demais indivíduos eram livres para aceitar contratos de trabalho que os levavam à miséria e à quase eliminação física! Assim, não se pode dizer que todos eram livres, pois todos não eram iguais! Por outro lado, a preocupação com a igualdade no Estado Social de Direito levou a que a humanidade cometesse as maiores atrocidades para com seus semelhantes. Nesse sentido, também não se pode afirmar que houve afirmação de igualdade, já que a liberdade foi violada. Mais uma vez, sem igualdade não há que se falar em liberdade e vice-versa.[74]

Já normativamente os direitos de igualdade e liberdade não estão em conflito, pois igualdade não significa tratar igualmente os iguais e desigualmente os desiguais na medida em que se desigualam, mas tratar a todos como iguais.[75] E tratar a todos como iguais significa que o Estado e os indivíduos devem tratar a todos com o

---

72 BOBBIO, Norberto. **A Era dos Direitos.** *Op.cit.*

73 OMMATI, José Emílio Medauar. **A Igualdade no Paradigma do Estado Democrático de Direito.** *Op.cit.*; OMMATI, José Emílio Medauar. **Liberdade de Expressão e Discurso de Ódio na Constituição de 1988.** *Op.cit.*; OMMATI, José Emílio Medauar. **Teoria da Constituição.** *Op.cit.*

74 OMMATI, José Emílio Medauar. **A Igualdade no Paradigma do Estado Democrático de Direito.** *Op.cit.*

75 DWORKIN, Ronald. **A Virtude Soberana: A Teoria e a Prática da Igualdade.** *Op.cit.*

igual respeito e consideração.[75] O direito a que os indivíduos sejam tratados como iguais, ou com igual respeito e consideração, leva necessariamente a que sejam reconhecidos direitos de liberdade a esse indivíduo. Assim, o igual respeito e consideração implica necessariamente as iguais liberdades para todos os indivíduos. Daí porque igualdade e liberdade se pressuporem mutuamente. Por outro lado, se analisarmos a questão pelo lado da liberdade, também perceberemos que uma concepção adequada de liberdade incluirá necessariamente a igualdade.[77] Nesse sentido, a liberdade não significa fazer o que se quer sem qualquer restrição. Liberdade implica necessariamente o direito de tomar decisão com responsabilidade, ligando-se, portanto, com o igual respeito e consideração.[78] Com Dworkin, então, pode-se afirmar que a igualdade é a sombra que cobre a liberdade ou, ainda, caso haja algum conflito entre igualdade e liberdade, a liberdade necessariamente irá perder.[79]

Portanto, a igualdade como igual respeito ou o direito de ser tratado como igual já implica iguais liberdades, aquilo que denominei em outra obra de igualdade procedimental.[80]

Como afirma Dworkin, a igualdade enquanto igual respeito e consideração é a virtude soberana de um Estado Democrático ou de uma comunidade de princípios. Portanto, o próprio princípio democrático está relacionado ao direito de todo e qualquer cidadão a receber por parte do Estado e da própria comunidade um tratamento igualitário ou a ver respeitada sua dignidade. Ao contrário do que se pensa, a democracia não se esgota apenas nos procedimentos

---

76 DWORKIN, Ronald. **A Virtude Soberana: A Teoria e a Prática da Igualdade.** *Op.cit.*

77 DWORKIN, Ronald. **A Virtude Soberana: A Teoria e a Prática da Igualdade.** *Op.cit.*; DWORKIN, Ronald. **A Justiça de Toga.** *Op.cit.*

78 DWORKIN, Ronald. **A Virtude Soberana: A Teoria e a Prática da Igualdade.** *Op.cit.*; DWORKIN, Ronald. **A Justiça de Toga.** *Op.cit.*

79 DWORKIN, Ronald. **A Virtude Soberana: A Teoria e a Prática da Igualdade.** *Op.cit.*

80 OMMATI, José Emílio Medauar Ommati. **A Igualdade no Paradigma do Estado Democrático de Direito.** *Op.cit.*

Uma Teoria dos Direitos Fundamentais

eleitorais para a escolha dos representantes políticos, mas se realiza também a partir da afirmação e defesa de uma série de direitos que devem ser reconhecidos a todos os indivíduos dessa comunidade. A melhor concepção de democracia é aquela denominada de democracia constitucional ou democracia como parceria.[81] Exemplificativamente, e todos esses direitos foram afirmados em nossa Constituição, temos: liberdade de crença, de culto, de manifestação de pensamento, de imprensa, de expressão, igualdade entre homens e mulheres, tanto na esfera pública quanto privada, respeito às diferenças e aos diversos projetos de felicidade, com o reconhecimento de direitos étnicos, dos homossexuais, de minorias culturais. Mais uma vez, voltamos ao ponto de partida: assegurar a igualdade a todos implica necessariamente assegurar as mesmas liberdades a todos!

Essa concepção de igualdade e liberdade é superior às demais, pois passa a incorporar as diferenças. Assim, as iguais liberdades não eliminarão as diferenças, mas irão pressupô-las.[82]

Mostrarei, então, exemplificativamente o que o igual respeito e consideração requer, ou seja, as densificações constitucionais desse princípio fundamental de um ordenamento democrático.

2.2. A densificação constitucional do igual respeito e consideração

A ideia segundo a qual o Estado e a comunidade como um todo devem tratar seus membros com igual respeito e consideração exige a reformulação da própria concepção corrente de democracia,

---

81 DWORKIN, Ronald. **A Virtude Soberana: A Teoria e a Prática da Igualdade.** *Op.cit.*; DWORKIN, Ronald.**O Direito da Liberdade: A Leitura Moral da Constituição Norte-Americana.** *Op.cit.*; OMMATI, José Emílio Medauar. **Liberdade de Expressão e Discurso de Ódio na Constituição de 1988.** *Op.cit.*; OMMATI, José Emílio Medauar. **Teoria da Constituição.** *Op.cit.*

82 Em uma perspectiva teórica distinta da defendida por mim, mas chegando a resultados semelhantes, vide: CRUZ, Álvaro Ricardo de Souza. **O Direito à Diferença.** 3ª edição, Belo Horizonte: Arraes Editores, 2009.

como já mostrei em trabalhos anteriores.[83] Nesse sentido, não há mais incompatibilidade entre democracia e Constituição: na verdade, não é possível democracia sem Constituição e Constituição sem democracia. É nesse sentido que Dworkin fará referência à democracia como um regime de parceria de livres e iguais, ora se referindo à concepção de democracia associacionista, ora de democracia constitucional.[84] Também nosso sistema constitucional adotou essa ordem de ideias, já que a Constituição se refere recorrentemente a democracia, igualdade, liberdade, dignidade da pessoa humana, etc.

Mas, o que o igual respeito e consideração exige da comunidade?

Segundo Dworkin[85] e o nosso documento constitucional, o igual respeito e consideração exigirão do Estado e da comunidade o respeito à soberania popular, exercida por meio de representantes eleitos ou diretamente, nos termos da Constituição[86], a cidadania, através da regulamentação dos direitos políticos, inclusive com a possibilidade de participação direta do povo na construção das decisões coletivas(referendo, plebiscito e iniciativa popular das leis)[87], o respeito à dignidade da pessoa humana[88], a defesa e realização dos valores sociais do trabalho e da livre iniciativa[89] e a realização e defesa do pluralismo político.[90]

---

83   Nesse sentido: OMMATI, José Emílio Medauar. **Liberdade de Expressão e Discurso de Ódio na Constituição de 1988.** *Op.cit.*; OMMATI, José Emílio Medauar. **Teoria da Constituição.** *Op.cit.*

84   DWORKIN, Ronald. **O Direito da Liberdade: A Leitura Moral da Constituição Norte-Americana.** *Op.cit*; DWORKIN, Ronald. **A Virtude Soberana: A Teoria e a Prática da Igualdade.** *Op.cit.*

85   DWORKIN, Ronald. **O Direito da Liberdade: A Leitura Moral da Constituição Norte-Americana.** *Op.cit.*; DWORKIN, Ronald. **A Virtude Soberana: A Teoria e a Prática da Igualdade.** *Op.cit.*

86   Artigo 1º, I, cominado com o parágrafo único do artigo 1º, ambos da Constituição de 1988.

87   Artigo 1º, II, artigos 12 a 17 e artigo 61, §2º, todos da Constituição de 1988.

88   Artigo 1º, III, da Constituição de 1988.

89   Artigo 1º, IV, da Constituição de 1988.

90   Artigo 1º, V, da Constituição de 1988.

Além disso, o igual respeito e consideração exigirá que não haja qualquer forma de despotismo e opressão por parte do Estado, devendo-se construir um arranjo institucional que promova a participação do povo na construção e tomada das decisões coletivas. Da mesma forma, proibida está qualquer forma de tortura ou de tratamento desumano ou degradante(artigo 5º, III, CF/88). Esse arranjo é conhecido como Estado de Direito, já tratado nos capítulos anteriores e tem como uma de suas características o princípio da separação dos poderes, estampado no artigo 2º da nossa Constituição[91], que deve ser lido como um arranjo institucional no qual cada Poder, melhor entendido como função, fiscaliza e controla os demais, para que o detentor de uma função não tente abusar em seu próprio proveito. Nessa perspectiva, as políticas públicas estampadas nos artigos 3º e 4º do Texto Constitucional estão atreladas à realização das iguais liberdades, somente podendo ser consideradas constitucionais se não violarem os direitos dos cidadãos.[92]

---

91   Art. 2º São Poderes da União, independentes e harmônicos entre si, o Legislativo, o Executivo e o Judiciário.

92   Art. 3º Constituem objetivos da República Federativa do Brasil:
I – construir uma sociedade livre, justa e solidária;
II – garantir o desenvolvimento nacional;
III – erradicar a pobreza e a marginalização e reduzir as desigualdades sociais e regionais;
IV – promover o bem de todos, sem preconceitos de origem, raça, sexo, cor, idade e quaisquer outras formas de discriminação.
Art. 4º A República Federativa do Brasil rege-se nas suas relações internacionais pelos seguintes princípios:
I – independência nacional;
II – prevalência dos direitos humanos;
III – autodeterminação dos povos;
IV – não-intervenção;
V – igualdade entre os Estados;
VI – defesa da paz;
VII – solução pacífica dos conflitos;
VIII – repúdio ao terrorismo e ao racismo;
IX – cooperação entre os povos para o progresso da humanidade;
X – concessão de asilo político.
Parágrafo único. A República Federativa do Brasil buscará a integração econômica, política, social e cultural dos povos da América Latina, visando à formação de uma comunidade latino-americana de nações.

Temos, ainda, uma série de direitos públicos e privados que devem ser garantidos. Em nome do próprio Estado de Direito, a legalidade é central em um regime de parceria. Contudo, legalidade não pode mais ser entendida em sentido estrito. A legalidade abarcará também a constitucionalidade, de modo que incluirá não apenas textos expressos de lei ou da Constituição, mas, fundamentalmente, princípios jurídicos, não necessariamente explícitos. É o que a doutrina mais moderna no Brasil e no exterior tem denominado de legalidade enquanto juridicidade.[93]

O próprio igual respeito e consideração, concepção fundamental dos direitos de igualdade e liberdade, vai se realizar a partir de uma série de concretizações dessas iguais liberdades, como mostrarei a seguir.

2.2.1. As iguais liberdades de crença e de religião

Uma comunidade que pretende tratar todos os seus membros como iguais, ou seja, com igual respeito e consideração, não pode tolerar qualquer forma de discriminação entre homens e mulheres(artigo 5º, I, CF/88), brancos e negros, homossexuais e heterossexuais, etc., a não ser quando a igualdade perante a lei leve justamente à negação do igual respeito e consideração. Daí porque o tratamento igualitário não se resume apenas à igualdade perante a lei, mas se devem observar as diferenças.

Além disso, é essencial que se garanta a todos os indivíduos dessa comunidade o respeito às suas crenças, sejam elas filosóficas, políticas ou religiosas. É justamente nesse sentido que a

---

93 ROCHA, Cármen Lúcia Antunes. **Princípios Constitucionais da Administração Pública.** Belo Horizonte: Del Rey, 1994; BINENBOJM, Gustavo. **Uma Teoria do Direito Administrativo: Direitos Fundamentais, Democracia e Constitucionalização.** Rio de Janeiro: Renovar, 2006; BAPTISTA, Patrícia. **Transformações do Direito Administrativo.** Rio de Janeiro: Renovar, 2003; JUSTEN FILHO, Marçal. **Curso de Direito Administrativo.** 8ª edição, Belo Horizonte: Fórum, 2012; OTERO, Paulo. **Legalidade e Administração Pública: O Sentido da Vinculação Administrativa à Juridicidade.** 1ª reimpressão, Coimbra: Almedina, 2007.

Constituição de 1988 assegura a inviolabilidade da liberdade de consciência e de crença, sendo assegurado o livre exercício dos cultos religiosos e garantida, na forma da lei, a proteção aos locais de culto e a suas liturgias(artigo 5º, VI, CF/88). Assegura, ainda, o Texto Constitucional Brasileiro, nos termos da lei, a prestação de assistência religiosa nas entidades civis e militares de internação coletiva(artigo 5º, VII, CF/88), cuidando de proibir que qualquer pessoa seja privada de direitos por motivo de crença religiosa ou de convicção filosófica ou política, salvo se as invocar para eximir-se de obrigação legal a todos imposta e recusar-se a cumprir prestação alternativa, fixada em lei(artigo 5º, VIII, CF/88), este último direito conhecido como objeção de consciência. Ainda quanto a essa questão da liberdade de crença e de religião, a Constituição proíbe, em seu artigo 19, I, que a União, Estados, Distrito Federal e Municípios estabeleçam cultos religiosos ou igrejas, subvencionem-nos, embaracem-lhes o funcionamento ou mantenham com eles ou seus representantes relações de dependência ou aliança, ressalvada, na forma da lei, a colaboração de interesse público.

O nosso sistema jurídico-constitucional positivou, então, as duas faces da liberdade religiosa, tal como compreendida, por exemplo, no sistema norte-americano. Por um lado, há a chamada cláusula do livre exercício, ou seja, toda e qualquer religião deve ser protegida, podendo os fiéis exercerem livremente o culto e todas as formas de expressão religiosa. Além disso, temos a cláusula que proíbe o estabelecimento, como consta no artigo 19, I, da Constituição de 1988, vedando os poderes públicos de estabelecer qualquer religião ou culto. Contudo, a incorporação dessas ideias, seja no sistema jurídico norte-americano, seja em nosso país, não leva a que se diga que há um "muro de separação entre Estado e Igreja", como comumente se afirma.[94]

O nosso Estado e a nossa comunidade pretendem se afirmar como laicos, mas não no modelo rígido do Estado francês em que

---

94   Sobre isso, vide: NUSSBAUM, Martha C. **Libertad de Conciencia: Contra los Fanatismos.** *Op.cit.*

nem mesmo as pessoas podem expor sua religião publicamente, estando todos os sinais religiosos externos proibidos de serem ostentados publicamente.[95]

Para nós, como para os americanos, a laicidade do Estado não significa necessariamente que o Estado e a comunidade não possam travar relações com as diversas religiões. Significa que, caso trave essas relações, deve se pautar pela igualdade, ou seja, não pode beneficiar determinada religião ou crença em detrimento de outra. Daí porque a ideia do "muro de separação entre Estado e Igreja" configura-se um equívoco.[96] Deve o Estado tentar promover um diálogo público entre as perspectivas religiosas e não religiosas sobre os principais temas da agenda pública, como demonstra Habermas em obra sobre o assunto.[97]

Esse diálogo público entre perspectivas religiosas e não religiosas não leva a que o Estado Constitucional esteja baseado em uma concepção teísta baseada na tradição judaico-cristã, como quer fazer crer Jónatas E.M. Machado que chega, inclusive, a defender ensino religioso nas escolas públicas, a possibilidade de manutenção de crucifixos em repartições públicas, etc.[98] O diálogo se funda na necessidade de que todos os indivíduos de uma comunidade sejam respeitados em suas escolhas individuais, ou seja, uma garantia do igual respeito e consideração por todos.

Justamente para tentar garantir essa liberdade religiosa com igualdade é que a Constituição de 1988 estabeleceu a proibição de se instituir impostos sobre templos de qualquer culto, utilizando-se de expressão extremamente aberta, justamente para considerar todas as convicções religiosas e de crença das pessoas(artigo 150, VI, *b*, CF/88).

---

95 GIUMBELLI, Emerson. **O Fim da Religião: Dilemas da Liberdade Religiosa no Brasil e na França.** Rio de Janeiro: Attar Editorial, 2002.

96 NUSSBAUM, Martha C. **Libertad de Conciencia: Contra los Fanatismos.** *Op.cit.*

97 HABERMAS, Jürgen. **Entre Naturalismo e Religião.** Rio de Janeiro: Tempo Brasileiro, 2007.

98 MACHADO, Jónatas E.M. **Estado Constitucional e Neutralidade Religiosa: Entre o Teísmo e o (Neo)Ateísmo.** Porto Alegre: Livraria do Advogado, 2013.

Contudo, e apesar de todos esses textos constitucionais expressos no sentido da garantia do igual respeito e consideração pelo diferente no aspecto religioso, ainda hoje temos uma prática jurídica e social em nosso país que desconsidera diuturnamente a liberdade de crença e de religião, baseada no pluralismo das formas de vida. Assim, e de modo bastante contraditório, a Constituição estabelece em seu artigo 210, §1º, o ensino religioso, de matrícula facultativa, constituindo disciplina dos horários normais das escolas públicas de ensino fundamental. Segundo o artigo 210 da Constituição, a justificativa para o ensino religioso facultativo nas escolas públicas do ensino fundamental estaria centrada para assegurar formação básica comum e respeito aos valores culturais e artísticos, nacionais e regionais. Mas, não haveria outra forma, laica, de assegurar a busca por esses valores?

Entendo que sim. Por que não estabelecer obrigatoriamente o ensino de uma disciplina de Filosofia Política ou de Direitos Humanos para os nossos pequenos cidadãos? Apenas a religião é capaz de incutir nas pessoas respeito aos valores culturais e artísticos, nacionais e regionais? A resposta é cristalina: Não. Muito pelo contrário, pois muitas religiões têm ensinado o ódio, a guerra e o desrespeito às pessoas.

Além desse problema constante no próprio documento constitucional, cotidianamente percebemos uma violação à laicidade do Estado brasileiro e, portanto, o tratamento igualitário tem sido violado. Assim, crucifixos em repartições públicas[99], perseguições públicas a determinadas religiões e seitas, dentre elas as de matriz neopentescostal, além dos espíritas e das religiões de matriz africana[100], nos levam a afirmar que a laicidade no Brasil ainda precisa ser concretizada. Sem falar nos feriados nacionais que, quando não

---

99 SARMENTO, Daniel. **Por um Constitucionalismo Inclusivo.** Rio de Janeiro: Lumen Juris, 2010; SARMENTO, Daniel. **Livres e Iguais: Estudos de Direito Constitucional.** Rio de Janeiro: Lumen Juris, 2006; LOREA, Roberto Arrida.(Organizador). **Em Defesa das Liberdades Laicas.** Porto Alegre: Livraria do Advogado, 2008.

100 Um interessante relato sobre isso, temos na seguinte obra: GIUMBELLI, Emerson. **O Fim da Religião: Dilemas da Liberdade Religiosa no Brasil e na França.** *Op.cit.*

são datas comemorativas nacionais, tais como a independência do Brasil, proclamação da República e outros, são datas comemorativas da religião católica. Pergunta-se: em um Estado laico e respeitador das iguais liberdades religiosas de seus membros, é correto se instituir feriado nacional apenas em relação a datas comemorativas de uma única religião? Entendo, mais uma vez, que não. Assim, não sendo possível estabelecer feriados nacionais para todas as religiões, a conclusão óbvia seria pela abolição de todos os feriados religiosos.

Por fim, o respeito à liberdade de crença e de religião implica que as religiões e crenças minoritárias sejam respeitadas, mesmo que estranhas para a maioria. Nesse sentido, Testemunhas de Jeová têm direito a se recusar a receber transfusão de sangue, na medida em que, para eles, a transfusão de sangue seria algo contrário aos ensinamentos religiosos e degradaria a própria vida. Não há que se falar aqui em prioridade do direito à vida sobre a liberdade religiosa, pois como mostrarei mais a frente, o direito à vida deve ser entendido como um direito a uma vida digna, significando não apenas um transcurso biológico, mas fundamentalmente a construção de uma biografia que o sujeito se orgulhe, ou seja, a construção do projeto de felicidade individual.

2.2.2. Os direitos de liberdade de expressão, de informação e de imprensa

Não é possível fundar-se uma comunidade fraterna sem que se garantam aos seus membros as liberdades de expressão, de informação e de imprensa. Nesse sentido, a Constituição de 1988 assegura a liberdade na manifestação do pensamento, sendo vedado o anonimato(artigo 5º, IV, CF/88), a liberdade de expressão da atividade intelectual, artística, científica e de comunicação, independentemente de censura ou licença(artigo 5º, IX, CF/88), assegura a todos o acesso à informação e fica resguardado o sigilo da fonte, quando necessário ao exercício profissional(artigo 5º, XIV, CF/88).

Mas, como compreender adequadamente tais direitos?

A liberdade de expressão é um direito mais amplo, já que se refere ao direito de todo e qualquer cidadão de expressar suas opiniões com liberdade, de modo a contribuir para o próprio desenvolvimento da comunidade. Contudo, a liberdade de expressão, como já deixei assentado em trabalho anterior, não permite que o indivíduo que usa dessa liberdade possa fazê-lo para promover o ódio, o racismo, a discriminação em relação a outro indivíduo ou a uma categoria de pessoas.[101] O grande dilema é que o discurso de ódio, proibido constitucionalmente[102], apenas pode ser considerado ilícito após seu proferimento, dando-se iguais direitos de participação na construção da decisão jurisdicional(contraditório, ampla defesa e devido processo legal) ao cidadão que supostamente realizou o ato ilícito. Isso porque a censura prévia é proibida constitucionalmente, em nome da construção de uma comunidade de livres e iguais.[103]

Já a liberdade de informação e de imprensa são corolários lógicos da liberdade de expressão, já que em uma sociedade extremamente complexa como a atual o próprio exercício da liberdade de expressão depende, em maior ou menor medida, da existência de meios de comunicação que possibilitem informar os indivíduos e veicular as ideias dos cidadãos. Da mesma forma que a liberdade de expressão não leva a que o sujeito possa promover o ódio e a discriminação com seu discurso, as liberdades de informação e de imprensa devem respeitar os indivíduos e grupos, de modo que se assegura o direito de resposta, proporcional ao agravo, além da indenização por dano material, moral ou à imagem(artigo 5º, V, CF/88). Além disso, as liberdades de informação e de imprensa devem também respeitar a intimidade, a vida privada, a honra e a imagem das pessoas, sendo assegurado o direito a indenização pelo dano material ou moral decorrente de sua violação(artigo 5º, X, CF/88).

---

101   OMMATI, José Emílio Medauar. **Liberdade de Expressão e Discurso de Ódio na Constituição de 1988.** *Op.cit.*

102   Art. 5º, XLI – a lei punirá qualquer discriminação atentatória dos direitos e liberdades fundamentais; XLII – a prática de racismo constitui crime inafiançável e imprescritível, sujeito à pena de reclusão, nos termos da lei;

103   Art. 220, §2º - É vedada toda e qualquer censura de natureza política, ideológica e artística.

Justamente para tentar realizar esses valores que a Constituição de 1988 estabeleceu uma proibição à União, Estados, Distrito Federal e Municípios de instituir impostos sobre livros, jornais, periódicos e o papel destinado a sua impressão(artigo 150, VI, *d*, CF/88).

Aqui, já se percebe que o fundamento das liberdades de expressão e de imprensa não se centra apenas na promoção de um livre mercado de ideias, pois assim a sociedade se torna melhor. Isso é um argumento de política! Precisamos de um argumento de princípio que demonstre justamente que as liberdades de expressão e de imprensa são interdependentes em relação à igualdade, decorrendo dela. Até porque nessa perspectiva da liberdade de imprensa para favorecer o mercado de ideias pressupõe-se implicitamente que o Estado é sempre o agressor e o inimigo, quando, muitas vezes, o Estado pode ajudar e promover com igualdade de condições o debate público através de medidas que visem a promover as liberdades de imprensa e de expressão.[104]

Como demonstra Dworkin, essa justificativa da liberdade de imprensa é pobre. Argumentando para o Direito norte-americano, mas que pode ser usado também para o Direito brasileiro, Dworkin mostra que a Primeira Emenda à Constituição dos Estados Unidos que, justamente, trata das liberdades de expressão e de imprensa pode ser interpretada de muitas formas:

> A teoria dominante entre os constitucionalistas norte-americanos supõe que os direitos constitucionais de livre expressão – inclusive a liberdade de imprensa, que, na linguagem constitucional, significa qualquer expressão tornada pública, e não apenas a dos jornalistas – destinam-se à proteção do público. Isto é, protegem não quem fala ou escreve, mas o público que se deseja atingir. Segundo essa visão, jornalistas e outros autores estão

---

104 Nesse sentido, vide: FISS, Owen. **A Ironia da Liberdade de Expressão:** Estado, Regulação e Diversidade na Esfera Pública Rio de Janeiro: Renovar, 2005.

> protegidos da censura para que o público
> em geral possa ter acesso à informação de
> que necessita para votar e conduzir seus
> negócios de maneira inteligente.[105]

Interessante perceber que foi justamente esse o fundamento adotado para o voto do Ministro Carlos Britto, nos autos da ADPF 130/DF, em que se considerou não recepcionada pelo Texto Constitucional de 1988, a lei de imprensa, fundamento considerado por Dworkin fraco e inconsistente. Também interessante perceber que o STF já considerou, tal como na leitura feita por Dworkin do direito constitucional americano, que a liberdade de imprensa não se restringe apenas a expressões tornadas públicas por jornalistas, mas abarca também qualquer expressão tornada pública.

Em julgamento proferido pelo STF nos autos do RE 511.961/SP, da relatoria do Ministro Gilmar Mendes, julgado em 17/06/2009 e publicado no Diário da Justiça de 13/11/2009, o Tribunal concluiu pela desnecessidade de diploma de jornalista para o exercício da profissão no Brasil, com fundamento nas liberdades de profissão, de expressão e de informação.

Mas, por que esse tipo de teoria é frágil em termos de justificação das liberdades de expressão e de imprensa?

> Teorias preocupadas em proteger o público
> geralmente apresentam o que chamei de
> argumento de política a favor da liberdade
> de expressão e de imprensa. Isto é, afirmam
> que um repórter deve ter certos poderes
> não porque ele ou qualquer outra pessoa
> tenha direito a alguma proteção especial,
> mas para assegurar um benefício geral à
> comunidade como um todo, exatamente
> como os fazendeiros devem, às vezes, ter
> certos subsídios, não por si mesmos, mas

---

105 DWORKIN, Ronald. **Uma Questão de Princípio.** São Paulo: Martins Fontes, 2000, p. 574.

também para assegurar algum benefício à comunidade. Teorias preocupadas em proteger aquele que fala, por outro lado, apresentam argumentos de princípio a favor da liberdade de expressão. Afirmam que a posição especial daquele que fala, como alguém que quer expressar suas convicções em questões de importância política ou social, autoriza-o, com justiça, a uma consideração especial, mesmo que a comunidade como um todo possa sofrer por permitir que ele fale. Assim, o contraste é grande: no primeiro caso, o bem-estar da comunidade constitui o fundamento para a proteção, ao passo que, no segundo, o bem-estar da comunidade é desconsiderado.[106]

Essa justificativa da liberdade de imprensa centrada no "mercado de ideias", tal como propalada nos Estados Unidos e que passou a contar com a adesão de grande parte da doutrina brasileira e do próprio STF, levou a que se considerasse esse direito vinculado às empresas de mídia e não a compreendê-lo como um direito de todo e qualquer cidadão brasileiro. Em virtude dessa incorreta compreensão e das gigantescas pressões exercidas pelas grandes empresas jornalísticas no país, não conseguimos ainda lamentavelmente regulamentar o capítulo V da Constituição de 1988, intitulado Da Comunicação Social, em seus artigos 220 a 224.

Como nos mostram Edilsom Farias[107], Tatiana Stroppa[108] e, fundamentalmente Venício Artur de Lima[109], a Constituição

---

106 DWORKIN, Ronald. **Uma Questão de Princípio**. *Op.cit.*, p. 575 a 576.

107 FARIAS, Edilsom. **Liberdade de Expressão e Comunicação: Teoria e Proteção Constitucional**. São Paulo: Editora Revista dos Tribunais, 2004.

108 STROPPA, Tatiana. **Dimensões Constitucionais do Direito da Informação e o Exercício da Liberdade de Informação Jornalística**. *Op.cit.*

109 LIMA, Venício Artur de. **Regulação das Comunicações: História, Poder e Direitos**. São Paulo: Paulus, 2011; LIMA, Venício A. de. **Liberdade de Expressão**

de 1988 teria fundado não apenas os direitos de liberdade de expressão, de informação e de imprensa, mas, fundamentalmente, um direito à comunicação que deveria ser titularizado por todo e qualquer brasileiro. Nesse sentido, o importantíssimo capítulo constitucional da Comunicação Social que, passados 25 anos da promulgação da Constituição, até hoje não foi regulamentado.

A não regulamentação desses dispositivos constitucionais decorre de um discurso da grande mídia brasileira que vê toda tentativa de regulamentação da Constituição no que se refere à Comunicação Social como uma forma de censura e um retrocesso democrático.[110] Na verdade, e como convincentemente nos mostra Venício Artur de Lima, a regulamentação da Comunicação Social, capítulo estabelecido no nosso Texto Constitucional, é uma exigência democrática e não significa qualquer espécie de censura, pois possibilitaria o exercício do direito à comunicação, tornando nossa comunidade mais igualitária e mais democrática.

Assim, exemplificativamente, para que as pessoas possam ser mais livres e iguais, o Texto Constitucional estabeleceu que os meios de comunicação social não podem, direta ou indiretamente, ser objeto de monopólio ou oligopólio(5° do artigo 220, CF/88). Além disso, a própria Constituição estabelece princípios que deveriam ser seguidos pela produção e programação das emissoras de rádio e televisão, tais como a preferência a finalidades educativas, artísticas, culturais e informativas; promoção da cultura nacional e regional e estímulo à produção independente que objetive sua divulgação; regionalização da produção cultural, artística e jornalística, conforme percentuais estabelecidos em lei e o respeito aos valores éticos e sociais da pessoa e da família(artigo 221 e seus incisos, da Constituição de 1988).

Além da grande influência ideológica exercida pelos meios de comunicação social no Brasil, outro fator a dificultar a realização

---

X **Liberdade de Imprensa: Direito à Comunicação e Democracia**. 2ª. edição, revista e ampliada, São Paulo: Publisher Brasil, 2012.

110 LIMA, Venício Artur de. **Regulação das Comunicações: História, Poder e Direitos**. *Op.cit.*; LIMA, Venício A. de. **Liberdade de Expressão X Liberdade de Imprensa: Direito à Comunicação e Democracia**. *Op.cit.*

constitucional desses princípios caros a uma democracia é a propriedade desses meios de comunicação nas mãos de deputados e senadores, prática vedada pelo ordenamento brasileiro, mas cuja vedação é burlada com a utilização de "laranjas" nas empresas.[111] Como afirma Venício Artur de Lima, essa situação gera um fato curioso: os parlamentares acabam por legislar em causa própria, se autobeneficiando, prática também vedada pela Constituição de 1988.[112]

Por fim, essa incorreta compreensão dos direitos de liberdade de expressão, de informação e de imprensa, que, inclusive, impossibilita a construção de um direito mais amplo à comunicação, torna também vulnerável os próprios profissionais encarregados de informar: os jornalistas e repórteres. Isso porque se o direito de liberdade de informação e de imprensa não é mais individual, mas das empresas jornalísticas, então os jornalistas não teriam mais liberdade profissional para veicular a notícia verdadeira, mas apenas aquilo que o meio de comunicação do qual ele é um funcionário estabelece que deve ser noticiado. Um atentado não apenas ao igual respeito e consideração para com todos os membros da comunidade, mas, inclusive, uma violação aos princípios democrático e republicano que exigem informações plurais e verdadeiras para que haja um verdadeiro debate público.

2.2.3. Os direitos de aborto e eutanásia

Aborto e eutanásia serão tratados em conjunto, pois como afirma Ronald Dworkin, as duas questões se referem ao problema do direito à vida.[113] O aborto se relaciona com o início da vida, enquanto a

---

111   Mais uma vez, obras fundamentais para a compreensão da realidade brasileira são as do Professor Venício Artur de Lima. LIMA, Venício Artur de. **Regulação das Comunicações: História, Poder e Direitos.** *Op.cit.*; LIMA, Venício A. de. **Liberdade de Expressão X Liberdade de Imprensa: Direito à Comunicação e Democracia.** *Op.cit.*

112   LIMA, Venício Artur de. **Regulação das Comunicações: História, Poder e Direitos.** *Op.cit.*; LIMA, Venício A. de. **Liberdade de Expressão X Liberdade de Imprensa: Direito à Comunicação e Democracia.** *Op.cit.*

113   DWORKIN, Ronald. **O Domínio da Vida: Aborto, Eutanásia e Liberdades Individuais.** 1ª edição, São Paulo: Martins Fontes, 2003.

eutanásia com o seu término. A questão que se coloca é a de se o ordenamento jurídico-constitucional teria possibilitado um direito ao aborto e à eutanásia, tornando os dispositivos legais do Código Penal Brasileiro não recepcionados, a partir da Constituição de 1988.

A questão se complica ainda mais, na medida em que a Constituição de 1988 estabelece, em seu artigo 5º, a inviolabilidade do direito à vida, não se pronunciando, no entanto, sobre o momento em que se considera que há vida. Além disso, o Código Civil de 2002, em seu artigo 2º, estabelece que a personalidade civil começa do nascimento com vida, pondo a lei a salvo, desde a concepção, os direitos do nascituro.

Tanto nos Estados Unidos quanto no Brasil, a questão é marcada por profundas divisões ideológicas, políticas e religiosas. Assim, defensores do direito ao aborto no Brasil o fazem com base em argumentos científicos, éticos, morais e jurídicos. Já os defensores da criminalização do aborto argumentam que essa prática se assemelha a um homicídio e também se utilizam de argumentos científicos, éticos, morais, jurídicos e religiosos. Na retórica argumentativa dos defensores da criminalização do aborto, chega-se, inclusive, a estratégias que chocam, na medida em que mostram fetos mortos, em estágio elevado de desenvolvimento, como se a prática abortiva fosse insensível ao sofrimento humano.

Contudo, nessa disputa muito marcada pela religião, sensibilidade e por argumentos retóricos, entendo ser possível uma base comum de diálogo, para que todos os indivíduos da comunidade sejam respeitados.[114] Essa base comum é justamente o princípio da dignidade humana.

Como já desenvolvido nos capítulos anteriores, a dignidade humana pressupõe que toda vida humana deve ser respeitada. E, mais que respeitada, todos devemos lutar para que uma vida humana não seja desperdiçada. Além disso, a dignidade humana pressupõe a responsabilidade individual no desenvolvimento dos projetos de felicidade. É dizer, garantir que as pessoas possam viver com

---

114 Retiro essa ideia de base comum da obra de Ronald Dworkin: DWORKIN, Ronald. **La Democracia Posible: Princípios para un Nuevo Debate Político. *Op.cit.***

autenticidade. Nesse sentido, o direito à vida deve ser visto a partir da ótica da dignidade humana. Não basta assegurar corpos vivos na comunidade: é de fundamental importância que esses corpos possam se desenvolver plenamente e, para isso, a comunidade deve garantir condições mínimas para esse desenvolvimento pleno.

Apesar de vozes discordantes[115], entendo que a Constituição estabeleceu um direito fundamental ao aborto, a partir dos direitos a dignidade, igualdade, liberdade e do próprio direito à vida, que não pode ser compreendido apenas como transcurso biológico, mas fundamentalmente como a construção de uma biografia.[116]

Como já escrevi em outros lugares[117], o debate sobre o aborto, como nos mostra Ronald Dworkin[118], se centra em uma confusão intelectual que precisa ser dissipada para não insultar nem humilhar nenhum grupo, podendo todos aceitar tal correção de rumo no debate sem que isso implique a total perda do respeito por si mesmos.[119] Essa confusão intelectal, de acordo com o autor norte-

---

115 CHAMON JÚNIOR, Lúcio Antônio. **Teoria Constitucional do Direito Penal.** Rio de Janeiro: Lúmen Júris, 2006; CHAMON JÚNIOR, Lúcio Antônio. **Teoria da Argumentação Jurídica.** 2ª edição Rio de Janeiro: Lúmen Júris, 2009; ALVES JÚNIOR, Luís Carlos Martins. **Direitos Constitucionais Fundamentais: Vida, Liberdade, Igualdade e Dignidade.** Belo Horizonte: Mandamentos, 2010.

116 Uso, mais uma vez, a expressão de José Afonso da Silva, anteriormente referida. SILVA, José Afonso da. **Curso de Direito Constitucional Positivo.** *Op.cit.*

117 OMMATI, José Emílio Medauar. **O Direito Fundamental ao Aborto na Constituição Federal de 1988.** IN: MINAHIM, Maria Auxiliadora, FREITAS, Tiago Batista e OLIVEIRA, Thiago Pires(Coordenadores). **Meio Ambiente, Direito e Biotecnologia: Estudos em Homenagem ao Prof. Dr. Paulo Affonso Leme Machado.** Curitiba: Juruá, 2010, p. 533 a 543; OMMATI, José Emílio Medauar. **O Direito Fundamental ao Aborto no Ordenamento Jurídico Brasileiro.** IN: FABRIZ, Daury Cesar, PETER FILHO, Jovacy, FARO, Júlio Pinheiro *et.al.*(Coordenadores). **O Tempo e os Direitos Humanos.** Vitória e Rio de Janeiro: Editoras Acesso e Lúmen Júris, 2011, p. 551 a 562.

118 DWORKIN, Ronald. **O Domínio da Vida: Aborto, Eutanásia e Liberdades Individuais.** *Op.cit.*, p. 12.

119 Segundo Michel Rosenfeld, a tese de Dworkin acaba por não considerar adequadamente as cosmovisões religiosas de sujeitos de direitos da comunidade. Sobre a crítica de Rosenfeld, vide: ROSENFELD, Michel. **Les Interprétations Justes.** Paris e Bélgica: Bruylant L.G.D.J., 2000.

-americano, se dá, porque o debate público sobre o aborto foi incapaz de reconhecer uma distinção absolutamente crucial. Um lado insiste em que a vida humana começa no momento da concepção, que o feto é uma pessoa já a partir desse momento, que o aborto é um assassinato, um homicídio ou uma agressão à santidade da vida humana. Cada uma dessas frases, porém, pode ser usada para descrever duas ideias muito diferentes:

> Em primeiro lugar, podem ser usadas para reivindicar que os fetos são criaturas com interesses próprios desde o início, aí incluído, fundamentalmente, o interesse de permanecer vivo, e que portanto eles têm os direitos que todos os seres humanos têm de proteger esses interesses básicos, inclusive o direito de não serem mortos. Nos termos de tal afirmação, o aborto é errado já em princípio por violar o direito de alguém a não ser morto, assim como matar um adulto é normalmente errado por violar seu direito a que não o matem. Chamarei esta objeção ao aborto de objeção derivativa, uma vez que pressupõe direitos e interesses que a objeção presume que todos os seres humanos têm, inclusive os fetos, e que deriva desses mesmos direitos e interesses. Uma pessoa que aceita esta objeção, e acredita que o governo deveria proibir ou regulamentar o aborto, acredita que o governo tem uma responsabilidade derivativa de proteger o feto.[120]

Já a segunda afirmação é muito diferente. De acordo com essa segunda perspectiva, a vida humana tem um valor intrínseco

---

120   DWORKIN, Ronald. **O Domínio da Vida: Aborto, Eutanásia e Liberdades Individuais. *Op.cit.*,** p. 13.

e inato; a vida humana é sagrada em si mesma; o caráter sagrado da vida humana começa quando sua vida biológica se inicia, ainda antes que a criatura à qual essa vida é intrínseca tenha movimento, sensação, interesses ou direitos próprios.

> De acordo com esta segunda afirmação, o aborto é errado em princípio porque desconsidera e insulta o valor intrínseco, o caráter sagrado, de qualquer estágio ou forma de vida humana. Chamarei esta objeção de objeção independente, uma vez que não depende de nenhum direito ou interesse particular, assim como não os pressupõe. Uma pessoa que aceite esta objeção, e argumente que o aborto deve ser proibido ou regulamentado por lei por esta razão, acredita que o governo tem uma responsabilidade independente de proteger o valor intrínseco da vida.[121]

A afirmação que se centra em interesses derivados do feto é equivocada na medida em que considera que o feto já desde a concepção, ou seja, desde o encontro do espermatozoide com o óvulo, possuiria vida e, portanto, direitos derivados disso. O problema dessa afirmação é que ela não encontra respaldo nem no direito norte-americano ou brasileiro, que não estabelecem quando começa a vida, e muito menos da Medicina. Ainda hoje, os cientistas divergem sobre o início da vida humana, o que ficou muito claro nas audiências públicas realizadas no STF para se discutir a constitucionalidade das pesquisas com células-tronco embrionárias, nos autos da ADIN 3.510/DF. Portanto, devemos abandonar essa perspectiva e nos centrarmos na segunda afirmação, qual seja: a de que o feto deve ser protegido porque tem uma dignidade in-

---

121 DWORKIN, Ronald. **O Domínio da Vida: Aborto, Eutanásia e Liberdades Individuais.** *Op.cit.*, p. 13.

trínseca, ou seja, em decorrência da sacralidade da vida humana, um princípio que qualquer pessoa razoável aceitará: a de que toda e qualquer vida humana tem um valor intrínseco, sagrado, e que deve, por força disso, ser protegida.

No entanto, afirmar a sacralidade da vida humana e, por conseguinte, da vida do feto, não leva necessariamente a que neguemos o direito das mulheres a realizar aborto. Isso porque a proteção constitucional ao feto não decorre do fato de ele já ser vida desde a concepção, mas sim da questão de saber se o feto é uma pessoa constitucional e a partir de que momento ele é uma pessoa constitucional. No Brasil, isso não está resolvido, pois o Direito Civil, como mostrei, protege o nascituro desde a concepção apenas se nascer com vida!

Nos Estados Unidos, Dworkin defende que o feto apenas se torna pessoa constitucional e, portanto, pode ser protegido, no momento em que pode ter uma existência independente da mãe. E isso só ocorre, segundo a jurisprudência da Suprema Corte Norte-Americana, a partir do sexto mês de gravidez, quando a estrutura física e psíquica do feto está relativamente bem formada para lhe possibilitar viver fora do corpo da mãe. A partir desse momento, o feto apresenta interesses jurídicos a serem defendidos e protegidos, não se podendo mais realizar o aborto, a não ser em casos de risco de morte para a mãe ou se for diagnosticada alguma doença que impeça o feto de se tornar pessoa. Em outras palavras: para o direito norte-americano, parâmetro que poderia ser utilizado para o direito brasileiro, o feto é uma pessoa em potencial e ele vai adquirindo direitos na medida em que a mãe, o pai, e suas famílias realizam investimentos financeiros, afetivos e psicológicos para a chegada dessa nova criatura. Portanto, em nome da liberdade e da igualdade das pessoas em um Estado constitucional que se pretende laico, tal como os Estados norte-americano e o brasileiro, não se pode criminalizar a prática do aborto, sob pena de não se tratar com igual respeito e consideração as mulheres, impingindo-lhes maior peso do que em relação aos homens.

Nesse sentido, defender o direito de as mulheres realizarem aborto não significa simplesmente que o aborto pode ser realizado a qualquer momento e sem qualquer regulamentação, pois, à medida que o tempo passa, o feto vai se tornando pessoa e sua proteção vai aumentando, diminuindo o espaço de decisão da mulher. Também a defesa do aborto não significa uma desconsideração pelo direito à vida e pela sacralidade da vida humana. Pelo contrário. Significa reconhecer que a proteção da vida como algo sagrado implica inclusive verificar se o feto poderá se desenvolver plenamente em um espaço familiar, econômico, afetivo e psicológico com dignidade e plenitude. Assim, o que pode parecer paradoxal é que o respeito incondicional pela vida humana pode levar muitas vezes a mulher a decidir pelo aborto, decisão que nunca é sem consequências: é sempre muito difícil e traumática.

Além de todos esses argumentos pelo direito fundamental ao aborto, há, ainda, outro, elencado por Cass Sunstein:

> Assim, podemos explorar um outro argumento em defesa do direito ao aborto, um que tem suporte nos princípios de igual proteção. Esse argumento vê a proibição ao aborto como inválida, porque ela envolve cooptação seletiva inaceitável de corpos femininos. Ela encerra a visão de que restrições sobre o aborto faz das capacidades reprodutivas femininas algo para o uso e controle dos outros. Distintamente da visão da privacidade, esse argumento não precisa e tampouco toma posição sobre o *status* do feto. Ele reconhece a possibilidade de que fetos sejam, em aspectos importantes, seres humanos. Ele não banaliza as convicções morais de boa-fé que creem ser os fetos criaturas vulneráveis merecedoras de respeito e consideração. Ele está inteiramen-

> te confortável com a premissa de que a destruição de um feto é no mínimo um ato moralmente problemático. Todavia, ele assevera que sob as condições atuais, o governo não pode impor às mulheres a obrigação de proteger os fetos pela cooptação de seus corpos, por meio do direito. Um ponto-chave aqui é que em nenhum contexto o direito se imiscui no corpo dos homens de nenhuma maneira análoga.[122]

Esses argumentos também podem ser usados para o Direito brasileiro, já que a Constituição de 1988 assegura, por exemplo, e justamente para evitar essa invasão indevida nos corpos dos indivíduos, o planejamento familiar como um direito do casal e dos indivíduos em geral:

> Art. 226.[...]
>
> §7º - Fundado nos princípios da dignidade da pessoa humana e da paternidade responsável, o planejamento familiar é livre decisão do casal, competindo ao Estado propiciar recursos educacionais e científicos para o exercício desse direito, vedada qualquer forma coercitiva por parte de instituições oficiais ou privadas.

Pode-se compreender que a manutenção da criminalização do aborto, além de violar os direitos de dignidade, igualdade e liberdade, como vimos, acaba também por desconsiderar esse dispositivo constitucional acima citado, pois o Estado acaba por decidir pelo casal se ele terá ou não o filho.

---

122 SUNSTEIN, Cass R. **A Constituição Parcial.** Belo Horizonte: Del Rey, 2008, p. 358-359.

Inclusive, o próprio STF nos autos da ADIN 3.510/DF e ADPF 54/DF, que trataram respectivamente, da constitucionalidade das pesquisas com células-tronco e da possibilidade de interrupção terapêutica do parto de fetos diagnosticados com anencefalia, acabou por aceitar muitos dos argumentos aqui colocados, não se pronunciando, contudo, sobre a constitucionalidade do aborto ou não recepção das normas que o criminalizam. Nesse sentido, o Ministro Carlos Britto assim se manifestou nos autos da ADIN 3.510/DF:

> É que a nossa Magna Carta **não diz quando começa a vida humana.** Não dispõe sobre nenhuma das formas de vida humana pré-natal. Quando fala da "dignidade da pessoa humana"(inc. III do art. 1º), é da pessoa humana naquele sentido ao mesmo tempo notarial, biográfico, moral e espiritual(o Estado é confessionalmente leigo, sem dúvida, mas há referência textual à figura de Deus no preâmbulo dela mesma, Constituição).[123]

Além desses argumentos, os autores brasileiros ainda sustentam que a criminalização do aborto fere a laicidade do Estado, pois, segundo Daniel Sarmento:

> A laicidade do Estado, levada a sério, não se esgota na vedação de adoção explícita pelo governo de determinada religião, nem tampouco na proibição de apoio ou privilégio público a qualquer confissão. Ela vai além, e envolve a pretensão republicana de delimitar espaços próprios e inconfundíveis para o poder político e para a fé. No Estado laico, a fé é questão privada. Já o poder político, exercido pelo

---

123   Ministro CARLOS BRITTO, nos autos da ADIN 3.510/DF

> Estado na esfera pública, deve basear-se em razões igualmente públicas – ou seja, em razões cuja possibilidade de aceitação pelo público em geral independa de convicções religiosas ou metafísicas particulares. A laicidade do Estado não se compadece com o exercício da autoridade pública com fundamento em dogmas de fé – ainda que professados pela religião majoritária -, pois ela impõe aos poderes estatais uma postura de imparcialidade e equidistância em relação às diferentes crenças, religiões, cosmovisões e concepções morais que lhes são subjacentes.[124]

Todos esses argumentos de princípio justificam, portanto, a existência de um direito fundamental ao aborto em nosso ordenamento jurídico. Outros autores, no entanto, agregam a esses argumentos de princípio argumentos de política, revelando que a criminalização do aborto no Brasil não levou a uma diminuição dessa prática, recaindo os maiores ônus para a saúde das mulheres pobres, já que também elas realizam abortos sem as condições de segurança mínima, o que não ocorre com aquelas mulheres que ou viajam ao exterior para realizar aborto em países nos quais a prática é legalizada ou realizam o aborto no Brasil em clínicas com toda a estrutura e segurança necessárias, que funcionam sob fachada.[125]

---

124 SARMENTO, Daniel. **Livres e Iguais**. *Op.cit.*, p. 115 a 116.

125 BARSTED, Leila Linhares. **Direitos Humanos e Descriminalização do Aborto.** *IN:* SARMENTO, Daniel e PIOVESAN, Flávia.(Coordenadores). **Nos Limites da Vida: Aborto, Clonagem Humana e Eutanásia sob a Perspectiva dos Direitos Humanos.** Rio de Janeiro: Lúmen Júris, 2007, p. 93 a 110; PIMENTEL, Sílvia. **Um Pouco de História da Luta pelo Direito Constitucional à Descriminalização e à Legalização do Aborto: Alguns Textos, Várias Argumentações.** *IN:* SARMENTO, Daniel e PIOVESAN, Flávia.(Coordenadores). **Nos Limites da Vida: Aborto, Clonagem Humana e Eutanásia sob a Perspectiva dos Direitos Humanos.** Rio de Janeiro: Lúmen Júris, 2007, p. 159 a 181.

Não custa lembrar que a descriminalização do aborto não levará a uma postura de pura abstenção por parte do Estado. Cabe ao Estado regulamentar o exercício desse direito, de modo que se considere também a partir de que momento o aborto não seria mais passível de ser realizado, a não ser em situações excepcionais, tais como risco de morte para a mãe ou o diagnóstico tardio de uma doença incurável do feto.

Em relação à eutanásia, entendida aqui como a possibilidade de um sujeito decidir por sua morte, não entrarei nas diversas acepções do termo.[126] Aqui, utilizarei o termo eutanásia para se referir ao direito de um doente, seja em estágio terminal ou não abreviar sua vida, ou seja, um direito de morrer.

Argumentos semelhantes ao do aborto justificam o direito à eutanásia. Também aqui o direito de morrer se centra nas iguais liberdades. Afinal, a vida é um direito e não uma obrigação.[127] Ora, se a Constituição de 1988 assegura que ninguém será submetido a tortura nem a tratamento desumano ou degradante(artigo 5º, III, CF/88), a continuidade fisiológica de uma vida contra os interesses críticos dessa pessoa pode sim ser considerada uma forma de tortura ou de tratamento desumano ou degradante.

O ser humano é extremamente complexo e, para muitos, é importante não apenas como se vive, mas também como as pessoas próximas irão se lembrar da vida desse sujeito. Muitos, então, não gostariam que parentes próximos e amigos recordassem da vida do sujeito nos últimos momentos, entubado, sem poder se comunicar e se locomover, simplesmente vegetando. Mais uma vez, a dignidade da pessoa humana requer não apenas o respeito à vida biológica, mas também à vida biográfica.

É claro que o reconhecimento do direito à eutanásia, tal como do direito ao aborto, levará a que o Estado regulamente o referido direito, de modo a evitar que médicos, enfermeiros e até mesmo parentes próximos do doente desliguem os aparelhos em nome de interesses escusos.

---

126 SÁ, Maria de Fátima Freire de. **Direito de Morrer: Eutanásia, Suicídio Assistido.** 2ª edição, Belo Horizonte: Del Rey, 2005.

127 Frase dita pelo ator Javier Bardem no belíssimo filme Mar Adentro que trata do tema.

Nesse sentido, caso o paciente possa manifestar inequivocamente seu desejo por morrer, deve ser atendido. Caso ele não possa fazê-lo, então se deve buscar se o paciente celebrou um testamento vital. Se não houver o testamento vital, então entendo que o Poder Judiciário deve ser chamado para que, através de um processo, possa se averiguar qual a real intenção e vontade do paciente, de modo a respeitar, até mesmo no final da vida, a dignidade humana.

2.2.4. Os direitos dos casais homossexuais

Uma comunidade fundada no igual respeito e consideração, também denominada de comunidade fraterna, deve respeitar os diversos projetos individuais e privados de felicidade. Foi justamente nesse sentido que o Texto Constitucional de 1988 constitucionalizou um modelo plural de família, em seu artigo 226. Considerando a família como base da sociedade, estabeleceu o ordenamento constitucional brasileiro que essa instituição tem especial proteção do Estado(artigo 226, CF/88).

Reconheceu também o Documento Constitucional Brasileiro que, na verdade, não se pode mais falar em família no singular, mas tal realidade é plural, como plural é o ser humano e suas diversas aspirações por felicidade. Assim, não apenas a família tradicional foi reconhecida constitucionalmente, mas também as chamadas uniões estáveis, que deverão ter facilitadas sua conversão em casamento(§3º do artigo 226, CF/88), como também as chamadas famílias monoparentais(formadas por apenas o pai ou a mãe) e as chamadas famílias reconstituídas, em que temos uma família formada, por exemplo, pelo pai biológico, o pai afetivo e a mãe biológica ou, ainda, o pai biológico, a mãe biológica e a mãe afetiva e diversas variações possíveis!

Nesse sentido, a Constituição de 1988 reconheceu e protegeu a entidade familiar formada por qualquer dos pais e seus descendentes(§4º, do artigo 226, CF/88). Se não bastasse o reconhecimento dessa pluralidade, a Constituição foi explícita em reconhecer a igualdade de direitos e de poderes para o homem e a mulher na sociedade conjugal(§5º, do artigo 226, CF/88). Por fim, eliminou qualquer distinção entre os filhos, tenham sido ou não gerados na relação do casamento, como também entre estes e os adotados(§6º, do artigo 227, CF/88).

Pode-se perceber que a Constituição pretendeu fundar uma comunidade de princípios também no espaço privado, ou seja, a realização dos princípios e valores constitucionais não se dá apenas no espaço público, mas também com o respeito à configuração do espaço privado, segundo as iguais liberdades de seus membros.

E os homossexuais? Foram esquecidos pelo documento constitucional?

Para responder a essa questão, é importante percorrermos, mesmo que brevemente, a luta dessa categoria de pessoas pelo reconhecimento de seus direitos.

Como nos mostra Adílson José Moreira[128], a luta dos homossexuais pelo reconhecimento dos seus direitos e liberdades é antiga no Brasil e contou com o apoio do Judiciário. Na verdade, por força de um Parlamento bastante ligado a diversas bancadas religiosas, as vitórias jurídicas dos homossexuais no Brasil pelo reconhecimento do seu direito fundamental de serem felizes e de buscarem sua felicidade sem interferências indevidas por parte do Estado e da comunidade ocorreram nos Tribunais Brasileiros.

Assim, inicialmente os homossexuais usaram da estratégia de colocarem suas uniões afetivas como uniões de fato, já que antes da Constituição de 1988, não se reconheciam juridicamente as uniões estáveis. Comprovando que contribuíam financeiramente para essa sociedade de fato, homossexuais começaram a ter reconhecido alguns direitos econômicos e patrimoniais. Posteriormente, conseguiram, sempre junto ao Judiciário Brasileiro, o reconhecimento de direitos previdenciários, seja quando seu(sua)

---

128 MOREIRA, Adílson José. **União Homoafetiva: A Construção da Igualdade na Jurisprudência Brasileira.** 2ª edição, Curitiba: Juruá, 2012.

companheiro(a) falecia, seja para que o(a) companheiro(a) fosse colocado como dependente em planos de saúde, por exemplo.[129]

A Constituição de 1988 representou um marco jurídico na luta dos homossexuais no reconhecimento pleno de seus direitos. Baseados nos princípios da igualdade e liberdade e na pluralidade das entidades familiares, o movimento homossexual se organizou ainda mais e, embora não tenha conseguido muitas vitórias legislativas, judicialmente, inclusive em parceria com unidades estaduais(caso do Rio de Janeiro), provocou o Supremo Tribunal Federal através de Ação Direta de Inconstitucionalidade e Arguição de Descumprimento de Preceito Fundamental, para que o Tribunal desse os mesmos efeitos da união estável às relações afetivas homossexuais.[130] Isso porque tanto a Constituição de 1988, quanto o Código Civil de 2002, ao se referirem ao casamento e à união estável, utilizam a expressão "homem e mulher". O questionamento que se fez através da ADIN 4.277 e da ADPF 132, ambas julgadas pelo STF em 05/05/2011, era se não seria possível compreender as uniões homoafetivas como uma terceira espécie de união, uma terceira espécie de entidade familiar, com todas as repercussões jurídicas do casamento e da união estável.

O STF, unanimemente, reconheceu que a união homoafetiva possui os mesmos efeitos da união estável heteroafetiva. Tal decisão teve efeitos *erga omnes* e vinculante, autorizando-se, ainda, aos Ministros a decidirem monocraticamente sobre a mesma questão independentemente da publicação do acórdão.

---

129 MOREIRA, Adílson Jose. **União Homoafetiva: A Construção da Igualdade na Jurisprudência Brasileira.** *Op.cit.*; No mesmo sentido: DIAS, Maria Berenice. **União Homoafetiva: O Preconceito e a Justiça.** 5ª edição, São Paulo: Editora Revista dos Tribunais, 2011; DIAS, Maria Berenice(Coordenação). **Diversidade Sexual e Direito Homoafetivo.** 1ª edição, São Paulo: Editora Revista dos Tribunais, 2011; RIOS, Roger Raupp(Organizador). **Em Defesa dos Direitos Sexuais.** 1ª edição, Porto Alegre: Livraria do Advogado, 2007; RIOS, Roger Raupp. **A Homossexualidade no Direito.** 1ª edição, Porto Alegre: Livraria do Advogado, 2001; RIOS, Roger Raupp. **O Princípio da Igualdade e a Discriminação por Orientação Sexual.** 1ª edição, São Paulo: Editora Revista dos Tribunais, 2002.

130 Tratam-se da ADIN 4.277 e ADPF 132, julgadas em conjunto, em 05/05/2011.

Acertou o STF, pois em seus votos os Ministros demonstraram fundamentadamente que não estavam a criar direito novo. Embora não tenham utilizado a linguagem da integridade, os Ministros demonstraram em seus votos que, na verdade, o reconhecimento dos direitos aos homossexuais, não apenas na esfera econômica, mas fundamentalmente na esfera afetiva, era algo que já se apresentava na Constituição de 1988, na medida em que nosso Documento Constitucional se refere à igualdade, liberdade, proíbe qualquer forma de discriminação e pretende fundar uma sociedade livre, justa e solidária. Assim, o STF, ao reconhecer tais direitos, não estaria invadindo a esfera do legislativo, mas reconhecendo e desenvolvendo o Direito Brasileiro que requer uma consistência e coerência interpretativas com o passado e com o futuro. Aquilo que Ronald Dworkin denomina de integridade.[131]

Portanto, não concordo com autores que criticaram a decisão do STF, pois, segundo eles, o Tribunal teria invadido as competências legislativas do Congresso Nacional.[132] Houve mais um processo de judicialização da política, comum em Constituições como a nossa, e não ativismo judicial.[133]

Na verdade, o que o STF fez, e corretamente, foi reconhecer um direito constitucional dos homossexuais! Embora a Constituição diga que casamento e união estável somente são possíveis entre homem e mulher, isso não significa que o Texto Constitucional impossibilitou o reconhecimento de outras formas de união e de família!

---

131 Para maiores aprofundamentos na questão, vide: PEDRON, Flávio Quinaud. **Mutação Constitucional na Crise do Positivismo Jurídico.** Belo Horizonte: Arraes Editores, 2012.

132 Como exemplo desses críticos, temos: STRECK, Lênio Luiz. **Compreender Direito: Desvelando as Obviedades do Discurso Jurídico.** 1ª edição, São Paulo: Editora Revista dos Tribunais, 2013; TASSINARI, Clarissa. **Jurisdição e Ativismo Judicial: Limites da Atuação do Judiciário.** 1ª edição, Porto Alegre: Livraria do Advogado, 2012. Também o professor Georges Abboud é um crítico ferrenho da decisão do STF sobre as uniões homoafetivas.

133 Sobre a distinção entre judicialização da política e ativismo judicial, vide a excelente obra: TASSINARI, Clarissa. **Jurisdição e Ativismo Judicial: Limites da Atuação do Judiciário.** *Op.cit.*

Até porque foi estabelecido que nossa comunidade se baseia no igual respeito e consideração por todos: não pode haver qualquer forma de preconceito e discriminação. Todos devemos ser tratados com igual respeito e consideração. Não é, portanto, constitucionalmente correto que apenas os heterossexuais tenham o direito de se unir e de ter filhos e buscarem sua felicidade dessa forma, caminho fechado e impossibilitado aos homossexuais. A Constituição de 1988 reconhece que a busca pela felicidade é um projeto individual por natureza, devendo o Estado e a comunidade respeitarem esses diversos projetos.

Mas, se a decisão do STF foi um marco para o reconhecimento da plena igualdade entre homossexuais e heterossexuais, isso não significa que a luta dos homossexuais terminou com a decisão do STF. Há que se lutar legislativa e administrativamente pela construção de leis que proíbam a homofobia, que possibilitem a adoção por parte de casais homossexuais e o combate permanente contra toda forma de discriminação e preconceito.

Ressalte-se que essa luta não é apenas dos homossexuais, mas de todos os brasileiros, pois é a busca de realização de nosso projeto constitucional, permanentemente aberto e inacabado.

2.2.5. Um direito à memória e à história?

Bem recentemente, parte da doutrina brasileira se deu conta do caráter histórico do Direito e passou a se referir a dois direitos correlatos: o direito à memória e à história. É possível reenviar tais direitos à ideia de uma comunidade de princípios que pretende fundar o igual respeito e consideração por todos?

Entendo que sim. Na perspectiva aqui adotada, uma comunidade democrática que funda um Estado Democrático de Direito, como é o caso brasileiro, deve estabelecer o igual respeito e consideração por todos os membros dessa comunidade. Daí os direitos anteriormente trabalhados na presente obra. Além disso, para que os membros da comunidade possam se sentir vinculados a essa comunidade, é de fundamental importância que se possa construir uma narrativa, uma história da própria comunidade em que esse agente moral possa refletir sobre os erros e acertos, justamente para construir aquilo que Dworkin denomina de futuro honrado. Assim, não é possível afirmar uma democracia constitucional sem o respeito à memória e à história da própria comunidade.

Em outros termos, o Direito, enquanto um sistema da sociedade moderna, é dotado de memória, até para que possa funcionar adequadamente. Assim, seleciona o que deve esquecer e o que deve rememorar. Isso porque na perspectiva da Modernidade, o tempo não é algo mais natural e estático, mas também ele é uma construção social.[134] Se essa descoberta é importante, ela traz também uma série de problemas: como compatibilizar o tempo do Direito com o tempo dos outros sistemas da sociedade? O que deve ser retido como memória do Direito e o que deve ser esquecido? Quais elementos de memória devem ser absorvidos pelo Direito? A memória de uma maioria, de apenas algumas comunidades parciais da comunidade maior ou de todos os elementos que compõem essa comunidade?

Além dessas questões, países que saíram de regimes autoritários e retomaram o processo democrático, ainda passam por outros problemas: a transição para a democracia implica necessariamente esquecimento dos crimes cometidos no passado? Reconciliação, novo recomeço e perdão implicam necessariamente esquecimento?

A Constituição de 1988 pretendeu responder parte dessas questões, fundamentalmente instituindo um direito fundamental à memória como forma de preservação e respeito para com todos aqueles que contribuíram para a formação da nossa comunidade. Assim, os artigos 215 e 216 da Constituição de 1988, estabelecem:

> Art. 215. O Estado garantirá a todos o pleno exercício dos direitos culturais e

---

134 OST, François. **O Tempo do Direito.** Bauru : EDUSC, 2005; DE GIORGI, Raffaele. **A Memória do Direito. IN:** Revista Latino-Americana de Estudos Constitucionais. Número 2, julho/dezembro de 2003, p. 59 a 77; SARAPU, Daniel Vieira. **Direito e Memória: Uma Compreensão Temporal do Direito.** Belo Horizonte: Arraes Editores, 2012.

acesso às fontes da cultura nacional, e apoiará e incentivará a valorização e a difusão das manifestações culturais.

§1º - O Estado protegerá as manifestações das culturas populares, indígenas e afro-brasileiras, e das de outros grupos participantes do processo civilizatório nacional.

§2º - A lei disporá sobre a fixação de datas comemorativas de alta significação para os diferentes segmentos étnicos nacionais.

§3º - A lei estabelecerá o Plano Nacional de Cultura, de duração plurianual, visando ao desenvolvimento cultural do País e à integração das ações do poder público que conduzem à:

I – defesa e valorização do patrimônio cultural brasileiro;

II – produção, promoção e difusão de bens culturais;

III – formação de pessoal qualificado para a gestão da cultura em suas múltiplas dimensões;

IV – democratização do acesso aos bens de cultura;

V – valorização da diversidade étnica e regional.

Art. 216. Constituem patrimônio cultural brasileiro os bens de natureza material e imaterial, tomados individualmente ou em conjunto, portadores de referência à identidade, à ação, à memória dos diferentes grupos formadores da sociedade brasileira, nos quais se incluem:

I – as formas de expressão;

II – os modos de criar, fazer e viver;

III – as criações científicas, artísticas e tecnológicas;

IV – as obras, objetos, documentos, edificações e demais espaços destinados às manifestações artístico-culturais;

V – os conjuntos urbanos e sítios de valor histórico, paisagístico, artístico, arqueológico, paleontológico, ecológico e científico.

§1º - O Poder Público, com a colaboração da comunidade, promoverá e protegerá o patrimônio cultural brasileiro, por meio de inventários, registros, vigilância, tombamento e desapropriação, e de outras formas de acautelamento e preservação.

§2º - Cabem à administração pública, na forma da lei, a gestão da documentação governamental e as providências para franquear sua consulta a quantos dela necessitem.

§3º - A lei estabelecerá incentivos para a produção e o conhecimento de bens e valores culturais.

§4º - Os danos e ameaças ao patrimônio cultural serão punidos, na forma da lei.

§5º - Ficam tombados todos os documentos e os sítios detentores de reminiscências históricas dos antigos quilombos.

Pelos dispositivos constitucionais citados, percebe-se que a Constituição pretendeu proteger toda e qualquer manifestação cultural de qualquer comunidade que tenha contribuído, mesmo

Uma Teoria dos Direitos Fundamentais

que minimamente, para a configuração da nossa sociedade como multiétnica e multinacional.[135]

Contudo, e contrariamente à expressa previsão constitucional, o Supremo Tribunal Federal decidiu, por maioria, no RE 153.531/SC, julgado em 03 de junho de 1997 e publicado o acórdão em 13 de março de 1998, tendo sido Relator para o acórdão o Ministro Marco Aurélio, que a prática conhecida por "farra do boi" seria inconstitucional por violar a proibição constante no artigo 225, VII, da Constituição de 1988, que proíbe tratamento cruel em relação aos animais.

Utilizando-se de uma ponderação de valores entre a proteção das práticas e manifestações culturais e a proibição de tratamento cruel em relação aos animais, os votos vencedores simplesmente desconsideraram que a "farra do boi" foi trazida ao Brasil por um grupo de pescadores que aqui chegaram da ilha dos Açores e se estabeleceram em uma região de Santa Catarina. Apesar de ser minoritário, esse grupo cultural também merece proteção constitucional, já que, embora em pequena medida, também contribuiu para a formação do povo brasileiro. Além de desconsiderar esse fato relevantíssimo, os votos vencedores ainda desqualificaram os praticantes da "farra do boi", ao denominá-los de "turba ensandecida".

Por fim, o processo transcorreu sem que os próprios manifestantes tenham tido a oportunidade de se manifestar quanto a essa prática cultural, estranha para a cultura majoritária brasileira. Quem falou por eles foi o Estado de Santa Catarina! O Supremo Tribunal Federal, então, de forma autoritária, aniquilou uma prá-

---

135 Ao contrário do que comumente se pensa, a sociedade brasileira é formada por várias etnias e várias nações dentro de uma mesma comunidade. Assim, árabes, judeus, índios, alemães, açorianos, etc., foram extremamente importantes para a construção da identidade brasileira. Sobre a questão de a quase totalidade dos países ocidentais serem multiétnicos e multinacionais, vide: KYMLICKA, Will. **Ciudadania Multicultural**. Barcelona: Paidós, 1996; KYMLICKA, Will. **La Política Vernácula: Nacionalismo, Multiculturalismo y Ciudadania**. Barcelona: Paidós, 2003; KYMLICKA, Will. **Las Odiseas Multiculturales: Las Nuevas Políticas Internacionales de la Diversidad**. Barcelona: Paidós, 2009.

tica cultural que deveria merecer proteção da comunidade, por mais estranha que seja, em poucas páginas!

E a chamada justiça de transição? Em outras palavras, teria a Constituição de 1988 protegido um direito à memória e à história de todo o povo brasileiro quanto ao seu passado recente? Um ordenamento jurídico democrático protege o direito da comunidade de acertar as contas com o seu passado?

Essa questão veio à tona com o julgamento da tristemente famosa ADPF 153/DF. Nesse caso, a Ordem dos Advogados do Brasil requereu ao STF que fizesse uma interpretação conforme à Constituição para que a Lei de Anistia fosse compreendida, interpretada e aplicada de modo a proibir a auto-anistia de agentes do Estado Brasileiro que cometeram crimes de tortura, assassinato e desaparecimentos forçados de pessoas que lutaram contra a ditadura brasileira.

Em um julgamento completamente equivocado, o Supremo Tribunal Federal considerou ser inviável tal interpretação conforme, já que teria havido um suposto acordo entre Estado Autoritário e parcela da sociedade brasileira que resistiu ao regime de exceção. Assim, para o bem da democracia e da continuidade do projeto democrático, o povo brasileiro teria que esquecer esse triste momento de sua história, deixando impunes vários agentes estatais que cometeram violências as mais diversas contra a população brasileira que ousou resistir ao regime de exceção.

Contudo, será que a reconciliação e o perdão e, portanto, um novo começo social com uma nova Constituição, somente é possível com o esquecimento? Ou, ao contrário, a possibilidade de um novo começo, com reconciliação e perdão, somente é possível justamente na medida em que não se esquecem as atrocidades cometidas no passado?

Emílio Peluso Neder Meyer, em belíssimo trabalho sobre o tema, trilha justamente esse último caminho, o que me parece muito acertado.[136]

---

136 MEYER, Emílio Peluso Neder. **Ditadura e Responsabilização: Elementos para uma Justiça de Transição no Brasil.** Belo Horizonte: Arraes Editores, 2012.

Ora, como mostra Emílio Peluso, somente podemos construir uma sociedade democrática fundada no igual respeito e consideração, se compreendermos nossa própria história, justamente para tentarmos evitar os mesmos erros do passado.

Refletindo sobre a história recente da Alemanha e sobre a polêmica do monumento em memória do Holocausto, Habermas concluirá que o monumento é de fundamental importância para que os alemães atuais, mesmo não tendo culpa no evento, percebam sua responsabilidade enquanto agente moral coletivo. Em uma longa passagem que merece ser citada, explica Habermas:

> E essa questão teve, desde o início, apesar de sua virulência crescente, uma força capaz de formar e de mudar mentalidades: será que nós, que somos cidadãos da República Federal da Alemanha e que herdamos política, jurídica e culturalmente o Estado e a sociedade da "geração dos réus", somos historicamente responsáveis pelas consequências de suas ações? Será que transformamos explicitamente a recordação autocrítica de Auschwitz num dos componentes de nossa autocompreensão política? Será que aceitamos como elemento de uma identidade nacional rompida a responsabilidade política inquietadora que advém aos descendentes pelo fato de os alemães terem praticado, apoiado ou tolerado uma ruptura na civilização? Essa identidade somente pode ser "rompida" na medida em que a citada responsabilidade significa a vontade para a descontinuidade de modos de pensar enganadores existentes na continuidade das próprias tradições. Como descendentes corresponsáveis nós dizemos a nós mesmos: isso "jamais se repetirá"! Neste sen-

tido, a ruptura na continuação de nossas tradições básicas é a condição para conseguirmos obter novamente o autorrespeito.

Por conseguinte, se o projetado monumento deve ser uma resposta a todas estas questões, então ele não pode ter, primariamente, o sentido de que nós, na terra dos réus, também nos lembramos das vítimas judias, e sim, o sentido de que nos lembramos do mesmo modo que os descendentes das vítimas em Israel e nos Estados Unidos se lembram delas, isto é, como todos os que se lembram delas no mundo. Portanto, o sentido não pode ser o de "que os judeus recebem de nós, alemães, um monumento ao holocausto". O memorial tem que ter um sentido específico, no contexto de nossa própria cultura política. Ou seja, através do monumento, as gerações que vivem hoje e descendem dos réus, assumem uma autocompreensão política na qual o crime contra a humanidade perpetrado pelos nazistas e, com isso, a comoção sobre o indizível ao qual as vítimas foram submetidas, forma uma marca indelével, uma inquietação e uma admoestação persistente.[137]

No mesmo sentido, Hannah Arendt demonstra que a reconciliação e o perdão somente são possíveis quando a própria comunidade exerce seu direito à memória, acertando as contas com seu passado.[138]

---

137 HABERMAS, Jürgen. **Era das Transições.** Rio de Janeiro: Tempo Brasileiro, 2003, p. 63 a 64.

138 ARENDT, Hannah. **Responsabilidade e Julgamento: Escritos Morais e Éticos.** São Paulo: Companhia das Letras, 2004.

Por fim, Ronald Dworkin afirma que, embora a comunidade não possa ser considerada culpada por atrocidades cometidas no passado, é completamente possível se falar em responsabilidade coletiva, pois aí a própria comunidade é compreendida como um agente moral autônomo e independente das pessoas que a compõem. Assim, conseguimos explicar, por exemplo, porque os alemães ainda hoje se envergonham do período nazista, embora muitos deles nem eram nascidos à época.[139]

Percebe-se, portanto, que o próprio aprofundamento da democracia constitucional no Brasil exigirá da comunidade uma revisão dos atos praticados pelos agentes estatais durante a ditadura e que haja responsabilização dos envolvidos. A Constituição de 1988 e o próprio projeto democrático que ela instaurou exigem isso! As pessoas que tiveram parentes desaparecidos merecem ser tratadas como iguais e isso requer que o Estado brasileiro apresente a verdade a essas pessoas! Não apenas a elas, mas a todos os brasileiros, para que possamos nos reconciliar com o passado e construir um futuro honrado, tentando evitar novos momentos de ditadura e de exceção.

O cumprimento à Constituição de 1988, bem como aos tratados internacionais de direitos humanos que o Brasil participa, requer a revisão urgente da decisão do Supremo Tribunal Federal sobre a Lei de Anistia, para que se avance na construção de uma comunidade fraterna entre nós.

2.3. As ações afirmativas e o direito de igualdade

Até aqui, trabalhei os principais direitos de uma comunidade de princípios, que pretende tratar todos os seus membros com igual respeito e consideração.

---

139 DWORKIN, Ronald. **A Virtude Soberana: A Teoria e a Prática da Igualdade.** *Op.cit.*

Recentemente, as ações afirmativas entraram no debate nacional e têm sido justificadas com base no direito de igualdade.[140] Também há um certo consenso nacional quanto a uma definição de ação afirmativa. Assim, para ficarmos apenas em dois exemplos, temos:

> Atualmente, as ações afirmativas são definidas como mecanismos legais temporários, que têm por escopo fomentar a igualdade substancial entre os membros da comunidade que foram socialmente preteridos, valendo-se, para tanto, da possibilidade de inserir discriminações positivas, no sentido de tratar desigualmente os desiguais, para que estes possam alcançar o mesmo nível, patamar ou *status* social que os demais membros da comunidade.[141]

> Ações afirmativas são providências públicas ou privadas, de caráter obrigatório ou voluntário, para promoção da cidadania e inclusão social, servindo, portanto, para efetivar o Estado Democrático de

---

140 A bibliografia no Brasil é muito vasta sobre o assunto e todas as justificações que conheço no país sobre ação afirmativa está centrada no princípio da igualdade. Exemplificativamente: CRUZ, Álvaro Ricardo de Souza. **O Direito à Diferença**. *Op.cit.*; BELLINTANI, Leila Pinheiro. **Ação Afirmativa e os Princípios do Direito: A Questão das Quotas Raciais para Ingresso no Ensino Superior no Brasil**. Rio de Janeiro: Lúmen Júris, 2006; RODRIGUES, Éder Bomfim. **Ações Afirmativas e o Princípio da Igualdade no Estado Democrático de Direito**. Curitiba: Juruá, 2010; LOBO, Bárbara Natália Lages. **O Direito à Igualdade na Constituição Brasileira: Comentários ao Estatuto da Igualdade Racial e a Constitucionalidade das Ações Afirmativas na Educação**. Belo Horizonte: Fórum, 2013; LOPES, Carla Patrícia Frade Nogueira. **O Sistema da Cotas para Afrodescendentes e o Possível Diálogo com o Direito**. Brasília: Edições Dédalo, 2008; GOMES, Joaquim Barbosa. **Ação Afirmativa & O Princípio Constitucional da Igualdade**. 1ª edição, Rio de Janeiro: Renovar, 2001; RIOS, Roger Raupp. **Direito da Antidiscriminação: Discriminação Direta, Indireta e Ação Afirmativa**. 1ª edição, Porto Alegre: Livraria do Advogado, 2008.

141 BELLINTANI, Leila Pinheiro. **Ação Afirmativa e os Princípios do Direito: A Questão das Quotas Raciais para Ingresso no Ensino Superior no Brasil**. *Op.cit.*, p. 47.

> Direito e o princípio da igualdade, visto este como efetiva igualdade de oportunidades, chances, consideração, respeito e participação nos debates políticos. Visa à eliminação das desigualdades sociais que excluam ou inferiorizem determinados grupos sociais(considerados minorias), como, por exemplo, desigualdades em razão da raça, gênero,orientação sexual, deficiência física ou mental, indígenas, etc., considerando-se o pluralismo e a heterogeneidade das sociedades modernas.[142]

Contudo, se a doutrina brasileira acerta ao vincular as políticas de ação afirmativa ao princípio da igualdade, os autores nacionais acabam por não perceber que tais ações são políticas e devem estar atreladas à realização de princípios, no caso, o princípio da igualdade, não no sentido de igualar os iguais e desigualar os desiguais, como muitos pensam, mas no sentido mais atual de tratar a todos com igual respeito e consideração.

Além disso, como relembra Joaquim Barbosa Gomes[143], não se pode restringir as ações afirmativas às políticas de cotas, já que tais políticas podem ser implementadas a partir de vários mecanismos, sendo as cotas apenas um deles e não necessariamente o melhor.

O nosso Texto Constitucional estabeleceu alguns instrumentos de ação afirmativa para algumas categorias, como, por exemplo, a proteção do mercado de trabalho da mulher, mediante incentivos específicos, nos termos da lei(artigo 7º, XX, CF/88); reserva, por meio de lei, de percentual dos cargos e empregos públicos para as pessoas portadoras de deficiência bem como a definição dos crité-

---

142 LOBO, Bárbara Natália Lages. **O Direito à Igualdade na Constituição Brasileira: Comentários ao Estatuto da Igualdade Racial e a Constitucionalidade das Ações Afirmativas na Educação.** *Op.cit.*, p. 83 a 84.

143 GOMES, Joaquim Barbosa. **Ação Afirmativa & O Princípio Constitucional da Igualdade.** *Op.cit.*

rios de admissão(artigo 37, VIII, CF/88). Além disso, a legislação eleitoral reservou um percentual(30%) para candidatura a cargos políticos para as mulheres(Artigo 10, §3º, da Lei nº 9.504/97).

Interessante perceber um fenômeno curioso em nosso País: a discussão sobre a constitucionalidade das ações afirmativas apenas se deu em relação à entrada de pretos e pardos no ensino superior. As ações afirmativas para deficientes físicos e para mulheres, seja no mercado de trabalho ou na disputa política, apenas para ficarmos nesses dois exemplos, não sofreram quaisquer críticas quanto à sua constitucionalidade.

Isso se deve ao nosso racismo institucional ainda presente, cuja luta nossa Constituição explicitamente abraçou, ao tornar crime o racismo e toda forma de discriminação atentatória dos direitos e liberdades fundamentais(artigo 5º, XLI e XLII, CF/88). Como mostrei em um trabalho anterior, ao analisar uma decisão do STF que considerou crime de racismo escrever e publicar obras contra judeus[144], o racismo no Brasil se desenvolveu tanto em relação aos judeus quanto em relação aos negros. Interessa-nos aqui, mais de perto, uma breve história da luta dos negros por inclusão, justamente para iluminar a legitimidade e constitucionalidade das ações afirmativas.

Esse racismo contra os judeus desenvolveu-se no Brasil paralelamente ao racismo mais óbvio e visível da nossa sociedade: a discriminação contra os negros. Inclusive, porque, como mostro em trabalho anterior[145], negros, índios, judeus e todos aqueles não convertidos à fé católica foram, durante muito tempo, considerados negros, significando impuros, pecadores, em contraposição aos brancos, tidos como puros e seguidores da verdadeira fé.

E, para a consecução e o sucesso de tal discriminação, seja em relação ao negro, seja em relação ao judeu, e apenas para ficar-

---

144 OMMATI, José Emílio Medauar. **Liberdade de Expressão e Discurso de Ódio na Constituição de 1988.** *Op.cit.*

145 OMMATI, José Emílio Medauar. **Liberdade de Expressão e Discurso de Ódio na Constituição de 1988.** *Op.cit.*

mos com esses dois exemplos, o sistema jurídico foi fundamental, como mostram vários autores brasileiros importantes[146].

Como mostra Dora Bertúlio[147], já no período escravista, as normas jurídicas e o correspondente controle judiciário estabeleciam e perpetuavam as diferenças raciais entre brancos e negros, identificando estes e escravos, simbolicamente como sendo um só. Essa indeterminação dentro de um sistema de privilégios legais levava a ideia do escravo para a totalidade dos indivíduos negros e, ao mesmo tempo, equalizava os privilégios em razão da condição de ser branco e não pela condição de ser ou não escravo. A liberdade passava a ser uma categoria não universal, mas hierarquizada por raça. Para os indivíduos negros, a liberdade significava tão-somente um "senhor" legal, o que se pode deduzir que, para esses indivíduos, igualdade significava ter o tratamento igual para os negros.

Um exemplo de como as leis no período final da escravidão sugeriam que a liberdade do sistema escravocrata não importava em considerar um negro cidadão comum pode ser visto desde a Lei do Ventre Livre, a primeira lei abolicionista, editada em 1871, que determinava que os filhos de escravos, a partir daquela data, seriam livres. Contudo, a mesma lei regulava que essa liberdade somente seria completa aos 21 anos, ou seja, após o "liberto" ter pago o período que permanecia com sua mãe, na primeira infância.[148] Até os oito anos, a criança podia ficar com a mãe e, depois, o senhor-de-escravo tinha a opção de, ou entregar a criança ao governo, ou utilizar-se dos serviços da criança até a idade de 21 anos completos.

---

146 Dentre a vasta bibliografia nacional, utilizaremos como base para as nossas reflexões os seguintes autores: BERTÚLIO, Dora Lúcia de Lima. **Enfrentamento do Racismo em um Projeto Democrático. IN:** SOUZA, Jessé.(Org.). **Multiculturalismo e Racismo: Uma Comparação Brasil –Estados Unidos.** Brasília: Paralelo 15, 1997, p. 189 a 208; COSTA, Sérgio. **Dois Atlânticos: Teoria Social, Anti-Racismo, Cosmopolitismo.** Belo Horizonte: Editora da UFMG, 2006; GUIMARÃES, Antônio Sérgio Alfredo. **Preconceito e Discriminação: Queixas de Ofensas e Tratamento Desigual dos Negros no Brasil.** 2ª edição, São Paulo: Editora 34, 2004.

147 BERTÚLIO, Dora Lúcia de Lima. **Enfrentamento do Racismo em um Projeto Democrático.** *Op.cit.*, p. 191 a 197.

148 BERTÚLIO, Dora Lúcia de Lima. **Enfrentamento do Racismo em um Projeto Democrático.** *Op.cit.*, p. 192.

No direito criminal – muito embora o ser escravo não desse ao indivíduo a prerrogativa de ser sujeito de direitos – quando o crime era cometido por escravos, o julgamento era feito segundo as normas do direito que, em tese e na prática, não se lhes aplicavam. A justificativa dos juristas de então era que o crime, por sua característica de ofensa à sociedade, deveria ser punido qualquer que fosse a condição apresentada e que, no momento da prática do crime, o escravo tornava-se responsável e, portanto, sujeito à punição penal adequada.[149]

Com a Constituição Republicana de 1891, houve mudanças radicais no sistema legal formal. Nenhuma diferenciação entre os indivíduos poderia ser feita pela lei, de acordo com a Carta de Direitos da primeira Constituição Republicana Brasileira. Contudo, o problema negro permanecia. Formalmente, todos os ex-escravos eram tão cidadãos da República quanto qualquer imigrante branco. No cotidiano das relações, entretanto, não eram titulares daqueles direitos fundamentais até mesmo nas relações de trabalho para os que tinham sido escravizados. O trabalho livre foi entregue aos europeus imigrantes, porque os negros não estavam acostumados com a ética do trabalho livre.

Ao mesmo tempo, nascia uma ideologia que se revelou perversa ao mascarar o racismo brasileiro: a ideologia adotada pelos literatos, políticos e acadêmicos brasileiros deste primeiro período republicano e que depois permaneceu por longo tempo, no sentido de que no Brasil, ao contrário dos Estados Unidos, teria havido uma convivência aparentemente tranquila entre brancos e negros, permitindo-se, inclusive a ascensão social de vários negros ainda no período escravista, o que demonstraria que o racismo brasileiro seria muito mais suave do que o norte-americano, e que tal sistema de exclusão foi eliminado com a abolição da escravatura no nosso país, levando-se à construção de uma verdadeira democracia ra-

---

149 BERTÚLIO, Dora Lúcia de Lima. **Enfrentamento do Racismo em um Projeto Democrático.** *Op.cit.*, p. 192.

cial a partir da proclamação da República.[150] Era a construção do mito da democracia racial no nosso país, democracia essa possibilitada pela grande mestiçagem existente na nossa estrutura social. Mas, como demonstra Sérgio Costa, se houve mestiçagem, seja no período colonial, seja no período do Império, ou ainda durante o período Republicano, isso se deu, nos dois primeiros momentos de nossa história, ou seja, durante a colônia e o Império, como forma de demonstrar a força do próprio homem branco que poderia, inclusive, usar de sua mercadoria, as escravas, como objeto sexual. Já durante a República, por força da propagação de ideias racistas com base em uma suposta ciência natural, a ideia da mestiçagem serviria para "purificar" a raça brasileira, já que a raça branca seria mais forte do que a negra e, nos cruzamentos genéticos, seria imposta paulatinamente sobre essa última, com o consequente "branqueamento" da população e a extinção dos negros no Brasil.[151]

Apesar dessa suposta democracia racial e do suposto clima amistoso entre brancos e negros durante todo o período republicano, a verdade é que os negros ficaram excluídos do exercício dos direitos fundamentais estabelecidos pelas várias Cartas Constitucionais Brasileiras. Assim, os negros não tiveram as mesmas chances e oportunidades disponibilizadas aos brancos.

Com a Constituição de 1988, a sociedade brasileira sinalizou claramente para a tentativa de lidar com o problema do racismo e da discriminação contra os negros, mas também contra toda e qualquer discriminação em relação a alguma categoria que se

---

150 Nesse sentido, vide: BERTÚLIO, Dora Lúcia de Lima. **Enfrentamento do Racismo em um Projeto Democrático.** *Op.cit.*, p. 193 a 197; COSTA, Sérgio. **Dois Atlânticos: Teoria Social, Anti-Racismo, Cosmopolitismo.** *Op.cit.*, p. 166 a 194.

151 COSTA, Sérgio. **Dois Atlânticos: Teoria Social, Anti-Racismo, Cosmopolitismo.** *Op.cit.*, p. 166 a 194. No mesmo sentido, vide: HOFBAUER, Andreas. **Uma História de Branqueamento ou o Negro em Questão.** São Paulo: Unesp, 2006, capítulos 3 e 4. Andreas Hofbauer mostra como, no final do Império Brasileiro e no início da República, a crença de grande parte da intelectualidade brasileira era no sentido de que em três ou quatro gerações o negro teria desaparecido do Brasil pelas miscigenações ocorridas com o branco. Para outros autores, o prazo seria de 100 anos, mas sempre com o mesmo resultado: o branqueamento da população brasileira.

encontre inferiorizada em sua condição de sujeito de direito por força de alguma característica física, psíquica ou até mesmo em decorrência de sua procedência nacional ou regional. Daí a constitucionalização no artigo 5º, incisos XLI e XLII, da proibição de qualquer discriminação atentatória aos direitos e liberdades fundamentais, bem como a tipificação do crime de racismo como inafiançável e imprescritível.

No entanto, por força da histórica herança brasileira em considerar que o racismo se dá pela exclusão de iguais oportunidades para brancos e negros, a regulamentação desses dispositivos constitucionais realizada inicialmente pela Lei 7.716/89, considerou ato de racismo apenas como aquele ato que se limita à segregação e à exclusão. Essa perspectiva legislativa foi incorporada por sentenças de Juízes de Direito sobre a questão do racismo.[152] É nesse sentido que os comportamentos criminalizados são desta natureza, por isto mesmo os verbos utilizados na redação da Lei são todos referentes à exclusão, tais como impedir, obstar, negar, etc., referindo-se seja ao acesso a serviços públicos ou residências, seja ao atendimento em estabelecimento, seja ao convívio familiar.

Ora, o problema consiste exatamente no fato de que tais formas de discriminação segregacionista são residuais no mundo atual e, quando exercidas, o são de modo sutil, disfarçando-se o motivo racial sob alguma transnominação ou tropo, tais como aparência física(boa aparência), uso ocupacional(elevadores de serviço) ou título de propriedade(locais exclusivos para sócios ou proprietários), e escondendo-se sob motivação técnica ou mesmo cultural(mérito escolar, preferência de clientela, qualificações tácitas, etc.).[153]

A Lei 7.716/89, que pretendia densificar a norma constitucional criminalizadora da prática de racismo, e o modo como é

---

152 Nesse sentido, vide: GUIMARÃES, Antônio Sérgio Alfredo. **Preconceito e Discriminação: Queixas de Ofensas e Tratamento Desigual dos Negros no Brasil.** *Op.cit.*, p. 36 a 40.

153 GUIMARÃES, Antônio Sérgio Alfredo. **Preconceito e Discriminação: Queixas de Ofensas e Tratamento Desigual dos Negros no Brasil.** *Op.cit.*, p. 36.

interpretada a tornam, portanto, inaplicáveis ao racismo realmente existente no Brasil, que se manifesta sempre numa situação de desigualdade hierárquica marcante – uma diferença de *status* atribuído entre agressor e vítima – e isso serve tanto quando a vítima é um negro, um judeu, um nordestino, uma mulher, um homossexual ou qualquer outra categoria tida como minoria – e de informalidade das relações sociais, que transforma a injúria no principal instrumento de restabelecimento de uma hierarquia racial rompida pelo comportamento da vítima.[154]

De acordo com Antônio Alfredo Sérgio Guimarães, os crimes de racismo que realmente ocorrem são, principalmente, os seguintes: discriminação de alguém pelo fato de que sua cor ou aparência o tornam suspeito de crimes ou de comportamentos anti-sociais que não perpetrou, nem viria a perpetrar, como, por exemplo, furtos em estabelecimentos comerciais, roubos em banco ou condomínios, prostituição em hotéis, etc. Nestes casos, a cor da pessoa a torna suspeita de ser um criminoso ou vagabundo, dando lugar a constrangimentos em diversas esferas da vida social, limitando sua liberdade de ir e vir, os seus direitos de consumidor, ou o livre exercício de sua ocupação profissional; a injúria racial é utilizada, seja para diminuir a autoridade de que alguém está investido, seja para desmoralizá-lo no exercício de alguma função pública como servidor e funcionário ou como empregado da iniciativa privada; a injúria racial é utilizada como forma de não reconhecimento da posição social da vítima, constrangendo-a e limitando o seu desempenho no emprego, na vida social e na vida pública.[155]

Ora, nos dois primeiros casos, existe uma razoável base de realidade a sustentar a suspeita contra certos indivíduos, posto que os assaltos a bancos, a prostituição nos hotéis e os pequenos furtos em estabelecimentos comerciais são problemas reconhecidos por todos;

---

154 GUIMARÃES, Antônio Sérgio Alfredo. **Preconceito e Discriminação: Queixas de Ofensas e Tratamento Desigual dos Negros no Brasil**. *Op.cit.*, p. 36.

155 GUIMARÃES, Antônio Sérgio Alfredo. **Preconceito e Discriminação: Queixas de Ofensas e Tratamento Desigual dos Negros no Brasil**. *Op.cit.*, p. 37.

por isto mesmo, os negros só podem convencer-se a si e aos outros da existência da motivação racial de um ato de revista ou averiguação de identidade, sem risco de serem acusados de comportamento paranóico, quando tais suspeitas e restrições vêm acompanhadas de alguma ofensa ou de alguma palavra desrespeitosa ou pejorativa, como, por exemplo, a simples palavra "negão". Mas, contraditoriamente, é a presença da injúria e da ofensa verbal que vai servir de pretexto, muitas vezes, para desqualificar o crime como racismo. Os negros vivem, assim, a situação absurda de que é justamente quando ganham a certeza de que a ação discriminatória tem uma motivação racial, que mais se torna claro para os juízes que tal procedimento não se encaixa na Lei anti-racista, inspirada e interpretada de modo a limitar-se ao racismo segregacionista e grosseiro.

E podemos entender porque isso ocorre: relegados às posições sociais inferiores da sociedade, através de mecanismos impessoais, tais como a educação formal deficiente, a precariedade dos empregos, a pobreza e um estilo de vida culturalmente diferenciado, os negros brasileiros são socialmente classificados por marcadores bastante explícitos, tais como a cor, o vestuário, a maneira de falar e mesmo o modo de se comportar em público. Além disso, por força do mito da "democracia racial", ainda persistente na cabeça de muitas pessoas, leva com que se desenvolva uma etiqueta racial na qual o tratamento racial desaparece, tornando-se mesmo ofensivo e indelicado classificar racialmente as pessoas. Se um negro pertence ao mesmo meio social do branco, o que pode ser percebido pelos outros diversos marcadores, chamar alguém de negro ou preto é ofensivo, posto que significa classificá-lo de uma maneira explicitamente racial(e não através de marcadores culturais e socioeconômicos).

Mas, para os juízes de direito, em geral, a transgressão desta etiqueta social é vista não como o que realmente é, ou seja, indício da motivação racial da discriminação perpetrada, mas como crime contra a honra(calúnia ou difamação). Esta interpretação é extremamente perversa não só porque desqualifica a motivação racial de um ato que atenta contra liberdades fundamentais do cidadão(prisão, constrangimento ilegal ou lesão corporal), mas também porque enfraquece a possibilidade mesma de tipificação do incidente como crime contra a honra, pois, afinal, pode-se sempre alegar, como se tem feito repetidamente, que a designação de uma pessoa pela cor é apenas uma classificação objetiva de cor da pele(e não racial) ou uma forma corrente de tratamento.

Algumas vezes, a crença dos juízes na democracia racial brasileira é explicitada em suas sentenças, geralmente num estilo romanesco de subliteratura, como, por exemplo, no parágrafo abaixo:

> [No Brasil], os de pele mais escura são ídolos inclusive dos mais claros no esporte e na música, sendo que mulheres popularmente chamadas de 'mulatas' parece que têm orgulho dessa situação e exibem-se com grande sucesso em muitos locais da moda e da fama. No Brasil, pessoas 'brancas' casam-se com pessoas 'negras', e têm filhos normalmente – com naturalidade – e na verdade, somos um país onde aproximadamente a metade é de pele escura, tanto que as Leis 1.390 e 7.716 são até muito pouco conhecidas e lembradas. Aqui não temos racismo rigoroso e cruel como em outras nações, onde os não 'brancos' são segregados, separados e não têm reconhecidos os mesmos direitos. Isso é que é racismo (Sentença do processo nº 256/93 – 8ª Vara Criminal de São Paulo)[156]

Ora, em face dessa rápida contextualização, podemos entender porque, apesar das Constituições Brasileiras teimarem em afirmar a igualdade e a liberdade de todos os cidadãos brasileiros, a discussão não chegava aos tribunais de nosso país. Também se percebe a importância de políticas de ação afirmativa para pretos e pardos,

---

156 GUIMARÃES, Antônio Sérgio Alfredo. **Preconceito e Discriminação: Queixas de Ofensas e Tratamento Desigual dos Negros no Brasil.** *Op.cit.*, p. 38 a 39.

justamente para tentar reverter essa situação absurda, inclusive porque, como estudos já demonstraram, o racismo é tão perverso que incute até mesmo na cabeça do discriminado que ele é inferior pelo fato de ser o que é.[157] Assim, até hoje em nosso país, o padrão de beleza é do branco, quando um negro ou negra se casa com uma branca ou branco é acusado de racista, já que deveria se casar com um da mesma cor e coisas do gênero continuam a ser corriqueiras.

A ação afirmativa, então, aparece não para corrigir tal situação, mas para tentar afirmar positivamente a identidade da categoria discriminada, no nosso caso, a identidade negra ou parda. Assim, ao contrário do que muitos dizem, o objetivo da ação afirmativa não é reparar os erros do passado ou promover uma redistribuição[158], mas trabalhar na esfera do reconhecimento.[159]

Isso porque, e também ao contrário do que se pensa no Brasil, o problema da exclusão do negro não é meramente econômica, mas passa por essa questão de restituir e restabelecer a autoestima do próprio negro que ficou perdida para muitos nesse processo permanente de exclusão vivida por ele durante tanto tempo em nosso país.[160]

A própria expressão "ação afirmativa" mostra que o problema é de reconhecimento. Assim, o único critério válido para tais políticas é o da autoafirmação, justamente para que o negro, talvez pela primeira vez na história de nosso país, tenha orgulho de afirmar sua

---

157 PATAKI, Tamas e LEVINE, Michael P.(Organizadores). **Racismo em Mente.** São Paulo: Madras Editora, 2005.

158 Os autores brasileiros que trabalham o tema das ações afirmativas no ensino superior sempre cometem esse erro! Quem nos chama a atenção para esse equívoco é, mais uma vez, Ronald Dworkin. Sobre o tema, vide: DWORKIN, Ronald. **A Virtude Soberana: A Teoria e a Prática da Igualdade.** *Op.cit.*

159 Nancy Fraser tem chamado a atenção para o fato de que as demandas de Justiça não se centram apenas na redistribuição, mas também no reconhecimento e na representação. Em outras palavras, as lutas por Justiça podem se apresentar quanto à questão econômica(redistribuição), psicológica e de ideologia(reconhecimento) ou política(representação). Sobre isso, vide: FRASER, Nancy. **Escalas de Justicia.** 1ª edição, Barcelona: Herder, 2008.

160 HASENBALG, Carlos A. **Discriminação e Desigualdades Raciais no Brasil.** 1ª edição, Belo Horizonte: Editora da UFMG, 2005.

negritude, já que será beneficiado por isso. Contudo, nossos racistas de plantão logo levantam uma objeção: impossível a autoafirmação, pois no Brasil não se sabe quem é negro e quem é branco, já que somos um país miscigenado. De novo, com razão Dora Bertúlio que, com um certo ar de ironia, afirma o caráter paradoxal da referida frase, pois na hora de discriminar todos sabem quem é negro e quem é branco, mas na hora de conferir direitos, aí tudo se mistura, nos transformamos, como que por milagre, em país miscigenado.[161]

Portanto, as políticas de ações afirmativas no ensino superior têm como função promover uma maior igualdade no futuro. Como políticas, estão voltadas ao futuro e não ao passado e também enquanto políticas devem ser muito bem construídas sob pena de promoverem o inverso do que pretendiam. Servem também para resgatar a autoestima dos negros e para que eles possam chegar a postos importantes na sociedade, negados historicamente a eles, servindo, inclusive, para outros negros lutarem pelas mesmas condições.

Ao contrário do que se afirma no Brasil, as ações afirmativas no ensino superior para os negros não viola a igualdade, pois, como bem mostra Ronald Dworkin, não há nem aqui nem nos Estados Unidos, um direito constitucional à vaga em Universidades.[162]

De modo mais explícito aqui no Brasil do que nos Estados Unidos, as Universidades são estruturadas constitucionalmente a partir da autonomia universitária, ou, como textualmente estabelecido em nossa Constituição, as universidades gozam de autonomia didático-científica, administrativa e de gestão financeira e patrimonial, e obedecerão ao princípio de indissociabilidade entre ensino, pesquisa e extensão(artigo 207, CF/88). Essas autonomias didático-científica e administrativa permitirão às Universidades que façam uma escolha política em relação a quem elas querem ter como alunos. Elas podem, portanto, escolher maior diversidade entre alunos, sacrificando um pouco a qualidade.

---

161 BERTÚLIO, Dora Lúcia de Lima. **Enfrentamento do Racismo em um Projeto Democrático. Op.cit.**

162 DWORKIN, Ronald. **A Virtude Soberana: A Teoria e a Prática da Igualdade. Op.cit.**

Quanto a isso, há que se referir que os alunos cotistas no Brasil são tão bons ou até melhores em termos de esforço, aprendizado e dedicação ao curso universitário que os não cotistas. Revela-se, também aqui, que o argumento no sentido de que as ações afirmativas para negros no ensino superior levariam a uma perda de qualidade da própria Universidade é falacioso e, mais uma vez, racista. O argumento da igualdade aqui ajuda pouco e muito mais atrapalha, pois é travestido na ideia de mérito acadêmico, mais um argumento que esconde o racismo de nossa sociedade.

Para concluir, as ações afirmativas são importantes instrumentos na luta contra o racismo e na defesa de uma sociedade mais inclusiva e mais plural e somente devem ser extintas quando se mostrarem desnecessárias e ineficientes. Isso ocorrerá apenas quando conseguirmos uma inclusão mais generalizada dos pretos e pardos nos diversos postos de trabalho e nos diversos setores da nossa sociedade.

2.4. O direito de propriedade na Constituição de 1988

A Constituição de 1988 teria, realmente, fundado um direito de propriedade, tal como normalmente se afirma? Ou a propriedade seria um direito instrumental, muito mais uma política em prol da realização dos direitos fundamentais?

Pretendo aqui defender essa posição, que pode parecer estranha e inconstitucional para muitos, já que há um verdadeiro mito que ronda o direito de propriedade, não apenas no Brasil, mas nas sociedades capitalistas em geral.[163] Minha posição parecerá ainda mais estranha, pois defenderei essa tese com base na teoria do Direito como integridade, de Ronald Dworkin, considerado por muitos como um liberal político e, portanto, um árduo defensor da estrutura do mercado.[164]

---

163 NAGEL, Thomas e MURPHY, L. **O Mito da Propriedade.** São Paulo: Martins Fontes, 2005.

164 KYMLICKA, Will. **Filosofia Política Contemporânea.** São Paulo: Martins Fontes, 2006. No mesmo sentido: GARGARELLA, Roberto. **As Teorias da Justiça Depois de Rawls.** São Paulo: Martins Fontes, 2008.

Tradicionalmente, contudo, ainda se coloca a propriedade como um direito fundamental, protegido inclusive pela cláusula do artigo 60 da Constituição de 1988 que impede qualquer deliberação de proposta de emenda constitucional tendente a abolir direitos e garantias individuais. Assim, a propriedade seria um direito individual, podendo ser restringido, para se atingir sua função social, como estabelece o artigo 5º, XXIII, da Constituição.

Nem mesmo autores mais contemporâneos conseguiram fugir desse equívoco. Bernardo Gonçalves Fernandes, por exemplo, mesmo reconhecendo que a propriedade suscita mais elementos de ordem política do que jurídica, acaba por repetir as lições clássicas do constitucionalismo brasileiro, ao tratar das limitações do direito de propriedade.[165]

Compreendo o direito de propriedade de modo diverso. Como mostrei nos capítulos anteriores, a característica fundamental de um direito fundamental é o fato de ser um direito absoluto, que não admite qualquer espécie de limitação, já que nasceu e se desenvolveu como mecanismo de proteção do indivíduo contra possíveis arbítrios estatais. Hoje, direitos fundamentais são mecanismos de proteção do indivíduo ou grupos vulneráveis contra o Estado ou contra outros grupos privados com mais poder.

Nesse sentido, se a Constituição admite a restrição ao direito de propriedade, pois a propriedade deve cumprir sua função social(artigo 5º, XXIII, CF/88), podendo, inclusive, o poder público desapropriar indivíduos, ou seja, indivíduos podem perder sua propriedade por necessidade ou utilidade pública ou por interesse social, mediante justa e prévia indenização em dinheiro(artigo 5º, XXIV, CF/88), então não se pode dizer que o direito de propriedade seja um direito autônomo.

Na verdade, a propriedade é um direito que deve servir para a garantia do igual respeito e consideração dos membros de uma comunidade fraterna. E é justamente nesse sentido que Ronald Dworkin proporá um modelo baseado no mercado para que a propriedade possa servir a esse ideal nobre.

---

165   FERNANDES, Bernardo Gonçalves. **Curso de Direito Constitucional.** 5ª edição, Salvador: JusPodium, 2013, p. 408 a 414.

Compreendendo a propriedade em um sentido mais amplo, Dworkin proporá que uma sociedade igualitária deva ser aquela que consiga ser sensível às opções dos indivíduos e insensível às dotações.[166] Isso significa que uma sociedade igualitária deve respeitar os projetos de vida boa dos indivíduos, garantindo a eles condições materiais mínimas para que eles possam ser felizes.[167]

Nesse sentido, Dworkin denominará a propriedade de recursos, para abarcar não apenas os bens materiais, mas também os bens imateriais. Essa distribuição de recursos deverá levar em conta também a loteria natural, ou seja, o fato de que pessoas não escolhem nascer menos inteligentes, negras em sociedades racistas, mulheres em sociedades sexistas, com necessidades especiais, etc. Então, uma correta distribuição de recursos que trate a todos com igual respeito e consideração, deve necessariamente considerar o azar natural, como denomina Dworkin.[168]

Imaginando uma situação hipotética em que um grupo de pessoas vai parar em uma ilha com recursos escassos, Dworkin propõe, então, seu modelo de distribuição de recursos, justamente para que a propriedade instrumentalize os direitos de igualdade e liberdade. Assim, as "conchas", a moeda da ilha imaginária, deverão ser distribuídas por um terceiro imparcial, o leiloeiro(o Estado), de modo que do resultado da distribuição ninguém seja capaz de invejar o quinhão do outro(princípio da inveja). Ao final da distribuição, as pessoas poderão responsavelmente utilizar suas conchas da forma que achar melhor, podendo, inclusive, contratar seguros para garantir alguns valores considerados importantes para esse indivíduo. Esses seguros-extra podem ser comparados aos seguros complementares privados existentes nas sociedades capitalistas, justamente para cobrir despesas além daquelas que devem ser custeadas pelo Estado.[169]

Isso porque, na perspectiva da teoria da igualdade de Ronald Dworkin, a distribuição das conchas não levará a que o leiloeiro

---

166 KYMLICKA, Will. **Filosofia Política Contemporânea.** *Op.cit.*

167 DWORKIN, Ronald. **A Virtude Soberana: A Teoria e a Prática da Igualdade.** *Op.cit.*

168 DWORKIN, Ronald. **A Virtude Soberana: A Teoria e a Prática da Igualdade.** *Op.cit.*

169 DWORKIN, Ronald. **A Virtude Soberana: A Teoria e a Prática da Igualdade.** *Op.cit.*

distribua todas elas, pois ele deverá arcar com um seguro mínimo para que as pessoas não sejam reféns da má sorte ou de más escolhas. Assim, é claro, e trazendo o modelo para o mundo real, que o Estado não pode custear os desejos de pessoas que gostam de coisas caras, mas o Estado deve garantir a todos que suas escolhas possam ser bem refletidas e que as pessoas aprendam com os próprios erros.[170] Assim, um sujeito que usou todos os seus recursos em objetos de arte caros e, por um revés, tornou-se completamente pobre. A esse sujeito a comunidade deve dar condições mínimas de sobrevivência para que ele possa se reerguer e possa refletir em relação às suas escolhas do passado, de modo a construir uma biografia da qual ele e a comunidade possam se orgulhar. Daí a necessidade de um Estado Social que garanta tratamento universal, igualitário e de qualidade em setores importantes, tais como educação e saúde. Também nesse sentido, previdência pública para todos, de modo a garantir que as pessoas não percam seu igual respeito no final da vida. O que o Estado deve garantir é um valor minimamente necessário para a subsistência. Caso indivíduo queira investir mais que o faça. A questão é saber quanto é esse mínimo![171]

Dworkin pretende "domesticar" o capitalismo, de modo a que a estrutura de mercado seja utilizada para que as pessoas tenham mais igualdade e liberdade e possam desenvolver com a maior amplitude possível sua personalidade.

Justamente nesse sentido que me parece que a Constituição de 1988 foi além, ao garantir, por exemplo, um direito constitucional de herança(artigo 5º, XXX, CF/88). Afinal, de que modo um direito de herança contribui para o igual respeito e consideração?

De modo algum, eu respondo, inclusive, possibilitando que filhos de pais ricos não se sintam estimulados a trabalhar e produzir, já que herdarão fortunas dos seus pais. Além disso, o direito de herança é perverso, já que qual a contribuição dos herdeiros para a construção do patrimônio? Resposta: nenhuma.

---

170 KYMLICKA, Will. **Filosofia Política Contemporânea.** *Op.cit.*

171 DWORKIN, Ronald. **A Virtude Soberana: A Teoria e a Prática da Igualdade.** *Op.cit.*

Não há, assim, qualquer justificativa legítima que leve a se afirmar um direito constitucional de herança, devendo ser retirado da Constituição de 1988. Para utilizar uma expressão de Ronald Dworkin, o direito à herança deveria ser, se muito, um direito legal e não um direito constitucional e moral, como é em nossa Constituição de 1988.[172]

A propriedade em nosso sistema constitucional deve ser um instrumento de realização dos projetos de felicidade dos indivíduos e é justamente por isso que deve atender a sua função social. Essa função social pode se realizar tanto na propriedade urbana quanto na rural.

Quanto à função social da propriedade urbana, o Texto Constitucional estabelece que a propriedade urbana cumpre sua função social quando atende às exigências fundamentais de ordenação da cidade expressas no plano diretor(artigo 182, §2º, CF/88). O plano diretor é uma lei aprovada pela Câmara Municipal em que constará o modelo de desenvolvimento do Município, de modo a garantir o direito fundamental de todo cidadão do Município a usufruir democraticamente do espaço urbano. Essa lei é obrigatória para cidades com mais de vinte mil habitantes, constituindo-se no instrumento básico da política de desenvolvimento e de expansão urbana(artigo 182, §1º, CF/88).

Caso o proprietário urbano não realize a função social de seu imóvel, o Poder Público Municipal, mediante lei específica incluída no plano diretor, poderá exigir do proprietário que promova seu adequado aproveitamento(artigo 182, §4º, CF/88). A resistência do proprietário possibilitará que o Município tome as seguintes medidas: parcelamento ou edificação compulsórios; instituição de imposto sobre a propriedade predial e territorial urbana(IPTU) progressivo no tempo; desapropriação com pagamento mediante títulos da dívida pública de emissão previamente aprovada pelo Senado Federal, com prazo de resgate de até dez anos, em parcelas anuais, iguais e sucessivas, assegurados o valor real da indenização e os juros legais(artigo 182, §4º, incisos I a III, CF/88).

---

172 DWORKIN, Ronald. **O Direito da Liberdade: A Leitura Moral da Constituição de 1988.** *Op.cit.*

Ainda quanto à propriedade urbana, a Constituição instituiu modalidade nova de usucapião, denominado de usucapião urbano especial constitucional, nos seguintes termos:

> Art. 183. Aquele que possuir como sua área urbana de até duzentos e cinquenta metros quadrados, por cinco anos, ininterruptamente e sem oposição, utilizando-a para sua moradia ou de sua família, adquirir-lhe-á o domínio, desde que não seja proprietário de outro imóvel urbano ou rural.

Essa possibilidade de aquisição de propriedade urbana foi instituída justamente para diminuir os problemas relacionados à habitação urbana e tentar garantir dignidade para um conjunto amplo da população brasileira.

Já em relação à propriedade rural, a Constituição de 1988 também fixa parâmetros mínimos relacionados à função social da propriedade. Assim, o artigo 186 dispõe:

> Art. 186. A função social é cumprida quando a propriedade rural atende, simultaneamente, segundo critérios e graus de exigência estabelecidos em lei, aos seguintes requisitos:
>
> I – aproveitamento racional e adequado;
>
> II – utilização adequada dos recursos naturais disponíveis e preservação do meio ambiente;
>
> III – observância das disposições que regulam as relações de trabalho;
>
> IV – exploração que favoreça o bem-estar dos proprietários e dos trabalhadores;

Portanto, ao contrário do que comumente se pensa, a função social da propriedade rural é bem mais complexa do que apenas a terra ser produtiva, já que o dispositivo constitucional citado, exige que sejam atendidos todos os critérios ao mesmo tempo para que a propriedade rural tenha atendida sua função social.

E nem se argumente, como faz Thiago dos Santos Acca[173], que tal compreensão desconsidera o disposto no artigo 185, II, da Constituição de 1988:

> Art. 185. São insuscetíveis de desapropriação para fins de reforma agrária:
>
> [...]
>
> II – a propriedade produtiva.

Ora, uma interpretação consistente da Constituição leva a que se considere que uma propriedade somente será considerada produtiva se já cumprir sua função social, justamente assim impedindo a desapropriação para fins de reforma agrária. Nessa linha argumentativa, os artigos 185 e 186 do Texto Constitucional se encontram integrados em um todo harmônico e consistente. Mais uma vez, a perspectiva do ouriço se faz valer.

A perspectiva aqui adotada considera a propriedade não apenas em seu aspecto físico, como se direito individual fosse, mas também em seu aspecto imaterial, podendo-se defender que a propriedade se torna um direito instrumental difuso, quando a Constituição protege o direito ao meio ambiente ecologicamente equilibrado. Assim, o artigo 225, CF/88, representou um avanço, na medida em que não é possível fundar uma sociedade fraterna se a própria comunidade não se desenvolve em um espaço saudável. Nesse sentido:

> Art. 225. Todos têm direito ao meio ambiente ecologicamente equilibrado, bem de uso comum do povo e essencial à sadia qualida-

---

173 ACCA, Thiago dos Santos. **Teoria Brasileira dos Direitos Sociais.** São Paulo: Saraiva, 2013, p. 72 a 74.

de de vida, impondo-se ao Poder Público e à coletividade o dever de defendê-lo e preservá-lo para as presentes e futuras gerações.

Por fim, a propriedade como direito instrumental, ou seja, como direito que visa a realizar outros direitos, não pode ser pensada apenas como propriedade privada. Existem comunidades dentro da comunidade brasileira que travam uma relação diversa com a propriedade. Para essas comunidades, e podemos pensar nos quilombolas e indígenas, a propriedade é desenvolvida como um elemento coletivo, ou seja, não há, para eles, propriedade privada.

Os quilombolas, descendentes dos quilombos, comunidades de resistência à opressão dos negros durante a Colônia e o Império, passando, inclusive pela República, somente compreendem a propriedade como algo coletivo, a ser usufruída por todos os membros da comunidade. Como receberam proteção constitucional específica, através do artigo 68 do ADCT, compreendo, a partir dos ensinamentos do Professor Matheus de Mendonça Gonçalves Leite, Professor do Curso de Direito da PUC Minas Serro, Coordenador do SAJ do Curso de Direito da PUC Minas Serro e desenvolvedor do projeto de extensão do Curso de Direito da PUC Minas Serro que luta pelo reconhecimento das comunidades quilombolas da cidade do Serro – MG, que o ordenamento jurídico estatal brasileiro no que se refere à propriedade não se aplica às comunidades quilombolas. Isso porque se aplicássemos o Direito Civil às comunidades quilombolas para regulamentar a propriedade da comunidade, teríamos a morte da própria comunidade, pois o desenvolvimento de sua forma de vida passa necessariamente por essa relação especial que seus membros desenvolvem com a terra.

Portanto, a justificação da propriedade em uma democracia constitucional funda-se na realização de uma comunidade fraterna, que busca tratar a todos com igual respeito e consideração, de modo a garantir, inclusive, formas alternativas de relação dos sujeitos com a propriedade, como é o caso dos quilombolas e dos indígenas.[174]

---

174 Cito os indígenas, pois também eles se relacionam com a propriedade de um modo muito peculiar na perspectiva do branco europeu. Nesse sentido, vide: ALBUQUER-

Também em relação aos indígenas, há uma proteção constitucional especial, como se percebe nos artigos 231 e 232 da Constituição Federal. Nesse sentido, a Constituição reconhece aos índios sua organização social, costumes, línguas, crenças e tradições, e os direitos originários sobre as terras que tradicionalmente ocupam, competindo à União demarcá-las, proteger e fazer respeitar todos os seus bens(artigo 231, CF/88), dando-lhes, inclusive, direitos processuais autônomos para ingressarem em juízo em defesa de seus direitos e interesses, devendo o Ministério Público intervir em todos os atos do processo(artigo 232, CF/88).

Além disso, a Constituição de 1988 cuidou de explicitar a compreensão do que sejam terras tradicionalmente ocupadas pelos índios como as que são por eles habitadas em caráter permanente, as utilizadas para suas atividades produtivas, as imprescindíveis à preservação dos recursos ambientais necessários a seu bem-estar e as necessárias a sua reprodução física e cultural, segundo seus usos, costumes e tradições(§1º do artigo 231, CF/88).

Outro grande avanço no tocante aos direitos indígenas foi a proibição de sua remoção de suas terras, a não ser que o Congresso Nacional referende, mas apenas em situações excepcionais elencadas no §5º do artigo 231 da Constituição de 1988. Ainda quanto às terras indígenas, elas são inalienáveis e indisponíveis, e os direitos sobre elas, imprescritíveis(§4º do artigo 231, CF/88).

Em outras palavras, toda a regulamentação constitucional relacionada aos índios serve justamente para reconhecer uma forma de vida e de relação com a propriedade diversa da forma tradicional e dominante da propriedade privada.

Portanto, não se pode afirmar que a propriedade privada seja um direito fundamental autônomo.

QUE, Antônio Armando Ulian do Lago. **Multiculturalismo e Direito à Autodeterminação dos Povos Indígenas.** Porto Alegre: Sérgio Antônio Fabris Editor, 2008.

CAPÍTULO 3

Os direitos processuais na Constituição de 1988

Nesse capítulo, apresentarei os direitos processuais na Constituição de 1988. Na verdade, como mostrarei mais a frente, toda a Teoria da Constituição como também os diversos direitos constitucionais e infraconstitucionais devem ser compreendidos, interpretados e aplicados a partir da assunção do processualismo democrático entre nós.

Como defendi em obras anteriores[175], na medida em que o Direito apresenta um caráter hermenêutico e textual, a definição do sentido e alcance de um direito depende necessariamente de um debate em contraditório entre os interessados. Assim, uma compreensão constitucionalmente adequada do processo é fundamental para a efetividade das normas constitucionais.

Mas, antes de adentrar nos diversos direitos processuais estabelecidos na Constituição de 1988, é de fundamental importância discutir, mesmo que rapidamente, uma distinção que tem sido apresentada pela doutrina tradicional no Brasil.

Segundo essa doutrina[176], haveria uma distinção entre direito processual constitucional e direito constitucional processual. Essa diferença foi incorporada pela doutrina brasileira a partir de autores alemães e italianos e não seria um mero jogo de palavras.

---

175 OMMATI, José Emílio Medauar. **Liberdade de Expressão e Discurso de Ódio na Constituição de 1988.** *Op.cit.*; OMMATI, José Emílio Medauar. **Teoria da Constituição.** *Op.cit.*

176 Por todos, vide: NERY JÚNIOR, Nélson. **Princípios do Processo na Constituição Federal: Processo Civil, Penal e Administrativo.** 11ª edição, São Paulo: Editora Revista dos Tribunais, 2013, p. 45 a 48.

Seguindo o ensinamento da doutrina tradicional, o **Direito Processual Constitucional** é o processo através do qual a Jurisdição Constitucional é exercida ou o conjunto de procedimentos que estruturam a Jurisdição Constitucional; já o **Direito Constitucional Processual** é o conjunto de normas constitucionais que estruturam o direito processual. Dessa diferença, advém a distinção entre juiz constitucional e juiz ordinário. Assim:

> O Direito Constitucional Processual seria formado a partir dos princípios basilares do "devido processo" e do "acesso à justiça", e se desenvolveria através de princípios constitucionais referentes às partes, ao juiz, ao Ministério Público, enfim, os princípios do contraditório, da ampla defesa, da proibição das provas ilícitas, da publicidade, da fundamentação das decisões, do duplo grau, da efetividade, do juiz natural, etc.
>
> Já o Direito Processual Constitucional seria formado a partir de normas processuais de organização da Justiça Constitucional e de instrumentos processuais previstos nas Constituições, afetos à "Garantia da Constituição" e à "Garantia dos direitos fundamentais", controle de constitucionalidade, solução de conflitos entre os órgãos de cúpula do Estado, resolução de conflitos federativos e regionais, julgamento de agentes políticos, recurso constitucional, Habeas Corpus, Amparo, Mandado de Segurança, Habeas Data, etc.[177]

---

177 CATTONI, Marcelo. **Direito Processual Constitucional.** Belo Horizonte: Mandamentos, 2001, p. 211 a 212.

Contudo, como bem adverte Marcelo Cattoni, tanto a distinção entre **Direito Processual Constitucional** e **Direito Constitucional Processual** quanto aquela entre juiz ordinário e juiz constitucional são problemáticas no Brasil, pois:

> Por um lado, se o Direito Constitucional é o fundamento de validade de todo o ordenamento jurídico, posto que estabelece os processos através dos quais todas as demais normas serão produzidas, quer da perspectiva legislativa, quer da perspectiva da aplicação, não há Direito Processual que não deva ser, nesse sentido, "constitucional".
>
> Por outro lado, no Brasil, apesar de algumas vozes discordantes, o controle jurisdicional de constitucionalidade das leis e dos atos normativos é fundamentalmente difuso e incidental, como exigência constitucional basilar no esteio da melhor tradição democrática e constitucional brasileira.
>
> Assim, no Brasil e cada vez mais em toda parte, a Constituição estabelece um verdadeiro "modelo constitucional do processo", estruturante do Direito processual, que não pode ser desconsiderado, sob pena de inconstitucionalidade e até mesmo de descaracterização do instituto do processo enquanto tal.[178]

---

178 CATTONI, Marcelo. **Direito Processual Constitucional.** *Op.cit.*, p. 212. No mesmo sentido, vide: LEAL, Rosemiro Pereira. **Teoria Geral do Processo: Primeiros Estudos.** 8ª edição, revista e atualizada, Rio de Janeiro: Forense, 2009, p. 49 a 51.

Assim, tanto a distinção entre esses dois ramos do Processo como entre juiz ordinário e juiz constitucional não se sustentam no Brasil, pois acabam por cair no equívoco de se colocar o processo fora da Constituição, como bem alerta Rosemiro Pereira Leal.[179]

No Brasil, todo processo é processo constitucional e todo juiz é juiz constitucional, já que nossa tradição jurídica é configurada através do controle difuso de constitucionalidade das leis. A Constituição de 1988, ao configurar um modelo constitucional do processo, estabeleceu um verdadeiro conjunto de direitos processuais que todo cidadão tem direito de usufruir. E mais: a não realização desses direitos processuais torna o procedimento desenvolvido seja no âmbito do Legislativo, do Executivo ou do Judiciário, nulo.

Para a correta compreensão de todos esses aspectos, é de fundamental importância que se entenda adequadamente afinal de contas o que é processo e como distingui-lo do procedimento. Após essa análise, passarei a discutir os direitos processuais estabelecidos na Constituição de 1988.

3.1. A distinção entre processo e procedimento

Para que se possa demonstrar a razão do processo ter sido alçado à categoria de direito fundamental de todo e qualquer cidadão brasileiro, é necessário que se compreenda adequadamente qual a concepção de processo assumida pela Constituição de 1988. Nesse sentido, será de fundamental importância analisar as diversas teorias processuais, mesmo que rapidamente, para que fique clara a razão pela qual defenderei que o processo é um direito fundamental. E mais: porque não se pode mais compreender o processo como uma relação jurídica entre autor, réu e juiz.

Interessante perceber que no Estado de Direito ou Liberal, o Direito era compreendido como mera forma. E mais, a forma era um instrumento de garantia dos direitos fundamentais, entendidos como

---

179   LEAL, Rosemiro Pereira. **Teoria Geral do Processo: Primeiros Estudos. *Op.cit.***, p. 49.

direitos privados. Não foi por outro motivo que nesse momento histórico o processo era visto em uma perspectiva privatista. São dessa época as teorias do processo como contrato ou quase-contrato.[180]

Apenas com a passagem do Estado de Direito para o Estado de Bem-Estar Social que o processo se materializa, ganhando independência do Direito Material. Graças a Bülow, constrói-se a teoria do processo como relação jurídica. Agora, o processo não depende mais do direito material, como nas teorias do contrato ou quase-contrato, mas é marcado por uma relação jurídica específica que vincularia autor, réu e juiz.[181]

No entanto, adotando-se o marco da filosofia da linguagem, hoje nem mais é correto dizer que Bülow teria fundado a moderna teoria processual ao afastar o direito processual do direito material.

Como demonstra André Cordeiro Leal, embora os partidários de Bülow defendam tal posição, ela não subsiste a uma análise mais rigorosa. Ora, a opção pela relação jurídica como marco de compreensão daquilo que se denomina "processo" tem desdobramentos teóricos embaraçosos. O primeiro é o de que, embora Bülow houvesse demonstrado que o que chama de "processo" não se confundiria com o direito debatido entre as partes, adotou o modelo da relação jurídica oriundo de um enfoque privatístico do direito, apenas adaptando-o às bases do direito público, mantendo-se intocado, no entanto, a questão do vínculo de subordinação entre pessoas, fundamento típico do direito privado obrigacional.[182]

Justamente por isso que os partidários de Bülow, como, por exemplo, Cândido Rangel Dinamarco, darão amplos poderes ao

---

180   CINTRA, Antônio Carlos de Araújo, GRINOVER, Ada Pellegrini e DINAMARCO, Cândido Rangel. **Teoria Geral do Processo.** 21ª edição, São Paulo: Malheiros, 2005, p. 287 a 288.

181   CINTRA, Antônio Carlos de Araújo, GRINOVER, Ada Pellegrini e DINAMARCO, Cândido Rangel. **Op.cit.** Nesse sentido, vide: BÜLOW, Oskar von. **Teoria das Exceções e dos Pressupostos Processuais.** 2ª edição, Campinas: LZN, 2005, p. 5 a 10.

182   LEAL, André Cordeiro. **Instrumentalidade do Processo em Crise.** Belo Horizonte: Mandamentos, 2008, p. 28.

juiz para prestarem jurisdição.[183] Essas teorias do processo não conseguem pensar a atividade jurisdicional desatreladas da figura do juiz como um sujeito dotado de superpoderes. O máximo que essas teorias conseguem fazer é diminuir a carga de subjetividade do juiz no ato decisório. Não conseguem perceber que o ato de decisão decorre de um processo hermenêutico em que há um diálogo em igualdade de condições entre autor, réu e juiz, de modo que o juiz não pode decidir de modo diverso do que discutido ao longo do procedimento jurisdicional.[184]

E a expressão "prestar jurisdição" já revela seu caráter autoritário. O cidadão é visto como mero cliente e o Estado deve "prestar jurisdição" e não apresentar fundamentadamente, após todo um debate processual informado e conformado pelos direitos constitucionais, as razões pelas quais juridicamente o autor ou o réu tem razão. Nesse sentido, não haveria qualquer problema em diminuir o espaço-tempo processual de debate e discussão entre as partes, já que em um mundo em que tudo deve ser realizado rapidamente, também a jurisdição deve ser dada pelo Estado da forma mais rápida possível! A jurisdição aqui é vista como atividade do Estado e o processo é um instrumento para a realização dessa atividade.

Justamente por essas razões que a idéia de processo como relação jurídica marca a passagem da Ciência Processual para o Estado de Bem-Estar Social, na medida em que, como demonstrado, essa teoria confere ao juiz amplos poderes decisórios, desconhecendo-se inclusive a centralidade que deve ter a participação dos interessados com seus argumentos para a construção do provimento final(sentença). É nesse sentido que os adeptos da teoria da relação jurídica processual desenvolverão a idéia de instrumentalidade do processo.

De acordo com eles, além do processo ser uma relação jurídico--processual, o processo é também instrumento da jurisdição. Portanto, o processo serviria apenas para a realização de um dos Poderes

---

183 DINAMARCO, Cândido Rangel. **A Instrumentalidade do Processo.** 10ª edição, São Paulo: Malheiros, 2002.

184 LEAL, André Cordeiro. **Instrumentalidade do Processo em Crise.** *Op.cit.*, p. 27 a 29.

do Estado, a jurisdição. Isso é muito claro em uma passagem de Luiz Guilherme Marinoni e Sérgio Cruz Arenhart, quando escrevem:

> Se a jurisdição é apenas uma das manifestações do poder do Estado, é lógico que ela deve ser exercida por alguém e por meio de algo.
>
> A jurisdição é exercida pelo juiz, devidamente investido no poder do Estado, e por meio do processo. Em outras palavras, o processo é o instrumento pelo qual o Estado exerce a jurisdição.[185]

Percebe-se, então, que a jurisdição aparece como uma simples atuação ou poder do Estado, que o exercerá através do processo, instrumento da jurisdição, e o juiz aparecerá como esse sujeito solitário que garantirá esse poder do Estado. Inclusive, o processo não serviria apenas para acertar uma situação litigiosa apresentada pelas partes, discutidas e provadas por estas, para ser decidida por um terceiro imparcial, o juiz. O processo também deveria desenvolver e realizar escopos metajurídicos, passíveis de serem realizados em decorrência da formação moral e ética do juiz, o guardião dos valores da sociedade. Nesse sentido:

> Por isso é que, hoje, todo estudo teleológico da jurisdição e do sistema processual há de extrapolar os lindes do direito e da sua vida, projetando-se para fora. É preciso, além do objetivo puramente jurídico da jurisdição, encarar também as tarefas que lhe cabem perante a sociedade e perante o Estado como tal. O processualista contemporâneo tem a responsabilidade

---

185 MARINONI, Luiz Guilherme e ARENHART, Sérgio Cruz. **Manual do Processo de Conhecimento**. 3ª edição, São Paulo: Editora Revista dos Tribunais, 2004, p. 78.

de conscientizar esses três planos, recu-
sando-se a permanecer num só, sob pena
de esterilidade nas suas construções, ti-
midez ou endereçamento destoante das
matrizes do próprio Estado social.[186]

E é justamente por isso que Cândido Rangel Dinamarco
proporá que além dos objetivos ou escopos jurídicos, o processo
deveria atingir escopos sociais e políticos. É interessante notar que
dentre os escopos sociais, para Dinamarco, o processo deve pacifi-
car com justiça e servir para a educação.[187]

Mais uma vez, revela-se a face do Estado Social e a inteira dis-
cricionariedade deixada ao Magistrado, já que a realização desses
escopos não jurídicos do processo dependerá da atitude ética do juiz,
que deverá escolher os valores em conflito. Além disso, tal perspectiva desconhece justamente o fato do pluralismo, ou seja, que a sociedade é complexa e plural e perpassada por grandes conflitos no que
concerne aos valores e ao que seja vida boa. O processo encontra-se,
então, nessa perspectiva, sobrecarregado de valores, com o risco de
não conseguir realizar nem mesmo suas finalidades jurídicas.

Em vista de todos esses problemas que começou a se construir na Itália, a partir do pensamento de Elio Fazzalari, uma teoria mais realista e democrática do processo, que passa a ser entendido como procedimento em contraditório.

De acordo com Fazzalari, o processo é uma espécie de procedimento. Portanto, inicialmente, é importante que se entenda o
que seja procedimento. O procedimento se apresenta como uma
sequência de atos, que são previstos e valorados pelas normas. É
também uma série de faculdades, poderes, deveres, dependendo
das posições subjetivas possíveis. Assim, pode-se dizer, simplifica-
damente, que o procedimento é um conjunto de atos ordenados

---

186   DINAMARCO, Cândido Rangel. **A Instrumentalidade do Processo.** *Op.cit.*, p. 186.

187   Nesse sentido: DINAMARCO, Cândido Rangel. **A Instrumentalidade do Processo.** *Op.cit.*, p. 193 a 214.

Uma Teoria dos Direitos Fundamentais

e coordenados normativamente que visam a atingir um resultado final. É nesse sentido que Fazzalari afirma:

> [...]por aqui basta dizer, novamente, que o "procedimento" se verifica quando se está de frente a uma série de normas, cada uma das quais reguladora de uma determinada conduta(qualificando-a como lícita ou obrigatória), mas que enunciam como condição de sua incidência o cumprimento de uma atividade regulada por outra norma da série, e assim por diante, até a norma reguladora de um "ato final".[188]

Quando esse procedimento se realiza em contraditório, temos o processo, de acordo com Fazzalari.[189]

A questão é saber o que seja o contraditório. De acordo com Fazzalari e Aroldo Plínio Gonçalves, o contraditório não é apenas o dizer e o contra-dizer. Não é também o contraditório simplesmente a idéia de "paridade de armas", mas a condição de simétrica paridade em que se encontram os destinatários do ato final(provimento jurisdicional, no caso do Poder Judiciário) para contribuir para a formação do provimento. É dizer: o contraditório é a condição dada a todos aqueles que serão afetados pelo provimento de apresentar seus argumentos e provas para contribuírem para a construção do próprio provimento. Não é, portanto, um dever dos interessados, mas um direito deles em igualdade de condições. Como afirma Aroldo Plínio Gonçalves, o contraditório pode ser visto como uma decorrência dos princípios da igualdade e liberdade em um ordenamento democrático:

> O contraditório não é o "dizer" e o "contradizer" sobre matéria controvertida,

---

188 FAZZALARI, Elio. **Instituições de Direito Processual.** 1ª edição, Campinas: Bookseller, 2006, p. 93.

189 FAZZALARI, Elio. **Instituições de Direito Processual.** *Op.cit.*, p. 94.

não é a discussão que se trava no processo sobre a relação de direito material, não é a polêmica que se desenvolve em torno dos interesses divergentes sobre o conteúdo do ato final. Essa será a sua matéria, o seu conteúdo possível.

O contraditório é a igualdade de oportunidade no processo, é a igual oportunidade de igual tratamento, que se funda na liberdade de todos perante a lei.

É essa igualdade de oportunidade que compõe a essência do contraditório enquanto garantia de simétrica paridade de participação no processo.[190]

E por que o processo não pode mais ser visto como relação jurídica?

Justamente porque a idéia de relação jurídica pressupõe a noção de que os pólos da relação deteriam direitos e obrigações uns em relação com os outros. Ora, se no processo o encadeamento dos atos já vem previamente fixado na lei, não se pode dizer que o autor tenha como exigir determinada conduta do réu, enquanto direito seu, ou que o réu tenha como exigir, enquanto direito seu, determinada conduta do autor, ou ainda, que o juiz possa exigir de autor e réu determinada conduta. O que se coloca no processo é justamente a idéia de simétrica paridade, ou seja, de igualdade ou isonomia entre as partes, para poderem discutir as questões e apresentar argumentos para a construção do ato final, o provimento jurisdicional. Assim, o processo deixa de ser visto como instrumento da jurisdição

---

190 GONÇALVES, Aroldo Plínio. **Técnica Processual e Teoria do Processo.** 1ª edição, Rio de Janeiro: Aide Editora, 1992, p. 127.

e passa a ser visto como direito fundamental dos cidadãos, o que, inclusive, está de acordo com a Constituição de 1988.[191]

Também equivocado seria falar em escopos metajurídicos do processo, pois se o processo aparece agora não mais como instrumento da jurisdição, o juiz deixa também de ser esse sujeito onisciente que decide para nós o que é melhor para nós. Além do mais, de acordo com Aroldo Plínio Gonçalves:

> A admissão de escopos metajurídicos da jurisdição e do processo pressupõe, necessariamente, a existência de três ordens normativas distintas: a jurídica, a social e a política. Os escopos metajurídicos só poderiam ser entendidos, portanto, como escopos pré-jurídicos. Seria possível pensar-se logicamente nessa fase pré-jurídica em relação aos momentos de transformação, que preparam o advento de uma nova ordem jurídica. No momento que antecede a cristalização dos valores que serão acolhidos pelas normas, das ideologias que constituirão o conteúdo das normas, pode-se, por certo, pensar em escopos metajurídicos que serão postos no ordenamento jurídico pela norma que funda toda sua legitimidade. A recente experiência brasileira foi um verdadeiro laboratório para a observação da eleição das ideologias que iriam compor a nova ordem estabelecida, sob uma nova Constituição.

---

191   Nesse sentido, vide: FAZZALARI, Elio. **Instituição de Direito Processual. *Op.cit.***; GONÇALVES, Aroldo Plínio. **Técnica Processual e Teoria do Processo. *Op.cit.***; DIAS, Ronaldo Brêtas de Carvalho. **Responsabilidade do Estado pela Função Jurisdicional.** Belo Horizonte: Del Rey, 2004; DIAS, Ronaldo Brêtas de Carvalho. **As Reformas do Código de Processo Civil e o Processo Constitucional. *IN*:** DIAS, Ronaldo Brêtas de Carvalho e NEPOMUCENO, Luciana Diniz(Coordenadores e Co-autores). **Processo Civil Reformado.** Belo Horizonte: Del Rey, 2007, p. 217 a 252; LEAL, Rosemiro Pereira. **Teoria Geral do Processo: Primeiros Estudos. *Op.cit.***

> Uma vez que o ordenamento jurídico se
> institui e se consolida em normas, condutas
> e relações humanas, valoradas como lícito
> ou ilícito, como conduta devida e conduta
> que inobserva aquela estatuída como câno-
> ne valorativo, já não se pode mais cindir o
> ordenamento da sociedade para, paralela-
> mente à ordem jurídica que ela instaurou,
> pensar-se em uma ordem social autônoma e
> em uma ordem política autônoma.[192]

Mais uma vez, com Aroldo Plínio Gonçalves, podemos dizer:

> Não há outra base na ciência do Direito Pro-
> cessual Civil, para se afirmar a existência de
> escopos da jurisdição e do processo, como
> instrumento de sua manifestação, a não ser
> o próprio ordenamento jurídico, dentro do
> qual se acomodam as ideologias, e, nesse
> caso, os escopos são todos jurídicos.[193]

A finalidade do processo, portanto, compreendida em toda
a extensão e profundidade do princípio do contraditório, aparecerá de sua própria instrumentalidade técnica. E essa finalidade,
como ressalta Aroldo Plínio Gonçalves, não é pequena, estreita
ou dispensável; ao contrário, é enorme, profunda e necessária.[194]
Mais uma vez, as palavras de Aroldo Plínio Gonçalves merecem
ser citadas em uma longa e importante passagem:

> Essa finalidade permite que as partes
> recebam uma sentença, não construída

---

192 GONÇALVES, Aroldo Plínio. **Técnica Processual e Teoria do Processo.**
Op.cit., p. 182.

193 GONÇALVES, Aroldo Plínio. **Técnica Processual e Teoria do Processo.**
Op.cit., p. 185.

194 GONÇALVES, Aroldo Plínio. **Técnica Processual e Teoria do Processo.** *Op.cit.*,
p. 187 a 188.

unilateralmente pela clarividência do juiz, não dependente dos princípios ideológicos do juiz, não condicionada pela magnanimidade de um fenômeno **Magnaud**, mas gerada na liberdade de sua participação recíproca, e pelo recíproco controle dos atos do processo.

A finalidade do processo, como procedimento desenvolvido em contraditório entre as partes, na preparação de um provimento que irá produzir efeitos na universalidade dos direitos de seu destinatário, é a preparação participada da sentença.

Os resultados dela não são desprezíveis. Por ela os homens e a sociedade, dotados de liberdade e de dignidade, poderão saber que têm um direito assegurado, que não são condenados e não têm seus supostos direitos rejeitados em nome de qualquer outro nome, a não ser em nome do Direito, do Direito que a própria sociedade formulou e do Direito cuja existência foi por ela consentida.[195]

Apesar de todo o avanço da teoria de Fazzalari para o Direito Processual, o autor italiano ainda ficou preso a pressupostos positivistas, como bem ressalta André Cordeiro Leal, não conseguindo se desvencilhar nem mesmo do paradoxo de Bülow, já que, pela teoria de Fazzalari, seria possível jurisdição sem processo, continuando o processo a ser uma atividade do julgador e da força do

---

195 GONÇALVES, Aroldo Plínio. **Técnica Processual e Teoria do Processo**. *Op.cit.*, p. 188.

Estado, mantendo-se intocado o problema da jurisdição como atividade solitária do juiz.[196]

Tentando superar as aporias da teoria do processo como procedimento em contraditório, Rosemiro Pereira Leal constroi sua **teoria neoinstitucionalista do processo**.[197]

O interessante da teoria e de seu autor é que estão em permanente construção. É uma teoria ainda não acabada, mas que se formula e reformula a partir do aprofundamento de incursões que o seu autor faz na Filosofia, Sociologia, Direito Constitucional, Direito Processual, etc. E isso ocorre porque o marco da teoria neoinstitucionalista do processo é Karl Popper.

Inicialmente, não se pode compreender instituição no sentido de bloco de condutas aleatoriamente construído pelas supostas leis naturais da sociologia ou da economia. O termo instituição utilizado pela teoria em análise se refere a um conjunto de princípios e institutos jurídicos reunidos ou aproximados pelo texto constitucional com a denominação jurídica de processo, cuja característica é assegurar, pelos princípios do contraditório, ampla defesa, isonomia, direito ao advogado e livre acesso à jurisdicionalidade, o exercício dos direitos criados e expressos no ordenamento constitucional e infraconstitucional por via de procedimentos estabelecidos em modelos legais(devido processo legal) como instrumentalidade manejável pelos juridicamente legitimados.[198]

Assim:

> O **processo**, como instituição constitucionalizada, deflui de uma Comunidade Política consciente de um projeto constitucional arbitrado pela atividade legiferante e

---

196 LEAL, André Cordeiro. **A Instrumentalidade do Processo em Crise. Op.cit.**, p. 115 a 127.

197 LEAL, Rosemiro Pereira. **Teoria Geral do Processo: Primeiros Estudos. Op.cit.**; LEAL, Rosemiro Pereira. **A Teoria Neoinstitucionalista do Processo: Uma Trajetória Conjectural.** Belo Horizonte: Arraes Editores, 2013.

198 LEAL, Rosemiro Pereira. **Teoria Geral do Processo: Primeiros Estudos. Op.cit.**, p. 86.

Uma Teoria dos Direitos Fundamentais

> não por órgãos de representação integral de um povo ficticiamente considerado(povo icônico). A partir do momento histórico em que a Constituição se proclama condutora de uma Sociedade Jurídico-Política sob a denominação de **Estado Democrático de Direito,** como se lê no art. 1º da CR/88 do Brasil, é inarredável que, pouco importando o que seja o existir brasileiro, o **mundo jurídico** institucionalizado do Brasil é o contido no **texto** constitucional e não mais o das estruturas morais, éticas e econômicas do quotidiano nacional.[199]

No entanto, apesar dos ganhos democráticos com a teoria neoinstitucionalista do processo, parece-me que há alguns equívocos e incompreensões insuperáveis na teoria que fazem com que sua adoção deva ocorrer com temperamentos. Ora, quando Rosemiro Pereira Leal afirma que o que importa é o mundo jurídico institucionalizado do Brasil através do texto constitucional, parece desconsiderar que um texto não tem sentido em si mesmo. O trabalho com textos é sempre um trabalho de atribuição de sentidos e nunca de descoberta de um sentido imanente ao texto.[200] E o autor labora nesse equívoco justamente em virtude de seu marco teórico ser Karl Popper, um autor positivista.

Isso porque, tal como Popper, Rosemiro Pereira Leal acredita ser possível a construção de uma metalinguagem, ou seja, uma linguagem capaz de controlar a linguagem ordinária. Contudo, mais uma vez, a hermenêutica filosófica e a filosofia pragmática de au-

---

199   LEAL, Rosemiro Pereira. **Teoria Geral do Processo: Primeiros Estudos.** *Op.cit.,* p. 87.

200   STRECK, Lênio Luiz. **Hermenêutica Jurídica e(m) Crise: Uma Exploração Hermenêutica da Construção do Direito.** 10ª edição, revista, atualizada e ampliada. Porto Alegre: Livraria do Advogado, 2011. Ainda: OMMATI, José Emílio Medauar. **Teoria da Constituição.** *Op.cit.*

tores como Ludwig Wittgenstein e John Austin, por exemplo, já demonstraram o equívoco de tal tentativa.[201]

Um último problema da teoria neoinstitucionalista do processo que me faz adotá-la com algumas adaptações é o fato de compreender que a democracia somente é possível através do processo. Mais uma vez, desconsidera o autor que a democracia é um processo que se afirma não apenas por meio do processo institucionalizado do Direito, mas fundamentalmente através da luta política, do debate público, da mobilização.

Assim, mesmo reconhecendo os avanços democráticos da teoria neoinstitucionalista do processo, não posso concordar com toda a teoria, na medida em que tenta controlar por meio de uma linguagem pura e neutra o debate jurídico, além de desconsiderar a Política como elemento fundamental do Direito.

A partir de agora, apresentarei uma concepção adequada ao constitucionalismo democrático para os direitos processuais tais como estabelecidos na Constituição de 1988.

3.2. Os direitos ao contraditório, isonomia e ampla defesa

Algo que talvez não tenha ficado explícito e que convém explicitar é se a Constituição de 1988 teria assumido a teoria do processo como um procedimento que se desenvolve em contraditório, eliminando as aporias da perspectiva de Fazzalari, tal como apresentadas no tópico anterior.

A resposta me parece positiva. Tanto é assim que o artigo 5º, LV, da Constituição de 1988 assevera:

> Art. 5º.[...]
>
> LV – aos litigantes, em processo judicial ou administrativo, e aos acusados em geral são assegurados o contraditório e ampla defesa, com os meios e recursos a ela inerentes;

---

201 Nesse sentido, defendendo a possibilidade de construção de uma metalinguagem através do processo como instituição constitucionalizada, ou seja, nos marcos da teoria neoinstitucionalista do processo, vide: ALMEIDA, Andréa Alves de. **Espaço Jurídico Processual na Discursividade Metalinguística.** Curitiba: Editora CRV, 2012.

Uma Teoria dos Direitos Fundamentais

Assim, segundo a Constituição de 1988, só há processo se o mesmo se desenvolver em contraditório, assegurando-se, ao mesmo tempo, a ampla defesa. Processo, portanto, não é algo que se desenvolve apenas perante o Poder Judiciário, mas também há processos administrativos e legislativos. Tanto é assim que a própria Constituição se refere, a partir do seu artigo 59, ao Processo Legislativo. A característica de todo e qualquer processo é o fato de o procedimento se desenvolver em contraditório, assegurando-se a ampla defesa.

Como já apresentado no tópico anterior, o contraditório não é apenas o dizer e o contradizer e nem mesmo a chamada "paridade de armas", mas sim iguais condições e possibilidades de discussão processual da questão em análise. Portanto, somente se pode falar de contraditório se for pressuposta também a isonomia entre os participantes do debate processual. Processo sem isonomia(igualdade enquanto igual respeito e consideração) é uma farsa. Já a ampla defesa significa que o ordenamento jurídico deverá conferir as maiores possibilidades de participação daqueles que serão afetados pelo provimento de modo que possam discutir em igualdade de condições o significado a ser atribuído a determinado texto jurídico. Daí porque não se compatibiliza com o contraditório, a ampla defesa e a isonomia as medidas legislativas que vêm diminuindo o espaço democrático de discussão do significado do Direito, ou seja, o espaço da cognição.[202]

Justamente porque não pode haver processo sem contraditório, ampla defesa e isonomia que a teoria neoinstitucionalista do processo trabalha tais princípios como princípios institutivos do processo. Sobre o contraditório, as palavras de Rosemiro Pereira Leal:

> Por conseguinte, o **princípio do contraditório** é referente lógico-jurídico do **processo** constitucionalizado, traduzindo, em seus conteúdos, a dialogicidade necessária

---

202 Sobre isso, vide o belíssimo trabalho do Professor Dhenis Cruz Madeira: MADEIRA, Dhenis Cruz. **Processo de Conhecimento & Cognição: Uma Inserção no Estado Democrático de Direito.** Curitiba: Juruá, 2008.

> entre interlocutores(partes) que se postam
> em defesa ou disputa de direitos alegados,
> podendo, até mesmo, exercer a liberdade
> de nada dizerem(silêncio), embora tendo
> **direito-garantia** de se manifestarem. Daí,
> o direito ao contraditório ter seus funda-
> mentos na liberdade jurídica tecnicamen-
> te exaurida de contradizer, que, limitada
> pelo tempo finito(prazo) da lei, converte-
> -se em ônus processual se não exercida.
> Conclui-se que o **processo**, ausente o con-
> traditório, perderia sua base democrático-
> -jurídico-principiológica e se tornaria um
> meio procedimental inquisitório em que o
> arbítrio do julgador seria a medida coloni-
> zadora da liberdade das partes.[203]

É justamente nessa perspectiva que Dierle José Coelho Nunes trabalhará o contraditório como um direito de comparticipação e de não surpresa. É dizer, quando se perspectiva o processo como procedimento em contraditório retira-se do juiz o fardo solitário e autoritário de dizer o Direito. Até porque como o Direito é texto não tem o juiz a interpretação privilegiada do texto. Ainda: como ser humano, a interpretação do juiz pode estar errada juridicamente. Daí porque em democracia a interpretação e aplicação do Direito são sempre atividades compartilhadas por todos aqueles que serão afetados pela decisão estatal. Por isso que se defende aqui que uma compreensão adequada do contraditório implica na necessidade de que, mesmo em questões nas quais o juiz pode decidir de ofício, ele deva abrir prazo às partes para que elas se pronunciem sobre a interpretação dada pelo Magistrado.[204]

---

203 LEAL, Rosemiro Pereira. **Teoria Geral do Processo: Primeiros Estudos.** *Op.cit.*, p. 97.

204 NUNES, Dierle José Coelho. **Processo Jurisdicional Democrático: Uma Análise Crítica das Reformas Processuais.** Curitiba: Juruá, 2008.

Quanto à isonomia, além de tudo o que já afirmado, com razão Rosemiro Pereira Leal:

> O **princípio da isonomia** é direito-garantia hoje constitucionalizado em vários países de feições democráticas. É referente lógico-jurídico indispensável do procedimento em contraditório(**processo**), uma vez que a liberdade de contradizer no Processo equivale à **igualdade temporal** de dizer e contradizer para a construção, entre partes, da estrutura procedimental. A asserção de que há de se dar tratamento igual a iguais e desigual a desiguais é tautológica, porque, na estruturação do procedimento, o dizer e contradizer, em regime de liberdade assegurada em lei, não se operam pela distinção jurisdicional do economicamente igual ou desigual. O direito ao Processo não tem conteúdos de criação de direitos diferenciados pela disparidade econômica das partes, mas é direito assegurador de **igualdade** de realização construtiva do **procedimento**. Por isso, é oportuno distinguir **isonomia** de **simétrica paridade**, porque esta significa a condição já constitucionalmente assegurada dos direitos fundamentais dos legitimados ao processo quanto à vida digna, liberdade e igualdade(direitos líquidos e certos) no plano constituinte do Estado Democrático de Direito.[205]

Em relação à ampla defesa, verdadeiro corolário do contraditório, significa, nas palavras de Nélson Nery Júnior, permitir às partes a dedução adequada de alegações que sustentem sua pretensão(autor)

---

205 LEAL, Rosemiro Pereira. **Teoria Geral do Processo: Primeiros Estudos. Op.cit.**, p. 98.

ou defesa(réu) no processo judicial(civil, penal, eleitoral, trabalhista) e no processo administrativo, com a consequente possibilidade de fazer a prova dessas mesmas alegações e interpor os recursos cabíveis contra as decisões judiciais e administrativas.[206]

Assim, ampla defesa e contraditório estão interligados, já que somente é possível a dedução das alegações, interposição de recursos, bem como a produção de provas em iguais condições de participação no curso do procedimento, possibilitando-se, com isso o controle democrático da atividade jurisdicional.

3.3. O devido processo legal, direito ao advogado e juiz e promotor naturais

Como estabelecido anteriormente, o processo é instituição constitucionalizada em que se desenvolve mediante os direitos-garantia do contraditório, ampla defesa e isonomia. Como também já assentado, o contraditório não é apenas o dizer e o contradizer, nem mesmo a paridade de armas, mas o direito assegurado a todo aquele que sofrerá o impacto do provimento de participar em iguais condições na construção do próprio provimento, seja ele judiciário, legislativo ou administrativo. Daí porque o contraditório é melhor compreendido como o direito de comparticipação na construção da decisão e de não surpresa.

Nessa ordem de ideias, o devido processo legal, também assegurado constitucionalmente, nos termos do artigo 5º, LIV, deve ser compreendido como uma decorrência lógica-jurídica dos princípios institutivos do processo, quais sejam, isonomia, ampla defesa e contraditório. Portanto, não é correta a afirmativa de Nélson Nery Júnior no sentido de que o princípio do devido processo legal é o princípio constitucional fundamental do processo civil a partir do qual decorrem

---

206 NERY JÚNIOR, Nélson. **Princípios do Processo na Constituição Federal: Processo Civil, Penal e Administrativo.** *Op.cit.*, p. 259.

todos os demais princípios e regras regedores do processo.[207] E o autor sustenta tal assertiva, em razão do surgimento do referido princípio no direito anglo-americano.[208] Justamente por isso que, ainda hoje, doutrina e jurisprudência ainda se referem aos aspectos do devido processo legal procedimental e devido processo legal substantivo.[209]

O devido processo legal procedimental seria aquele aspecto do devido processo que garante àqueles que serão afetados pelo provimento o direito de participar em iguais condições e iguais liberdades na construção do provimento, apresentando suas razões e contrarrazões, suas provas, tudo nos prazos estabelecidos em lei. Já o devido processo legal substancial ou substantivo é o aspecto do devido processo que garante àqueles que serão afetados pelo provimento a possibilidade de discutir o conteúdo das normas.[210]

Contudo, se é verdade que o devido processo legal nasceu e se desenvolveu na tradição anglo-americana, não se pode mais compreender tal princípio a partir dessa matriz, como bem adverte Rosemiro Pereira Leal.[211] Isso porque o devido processo nasceu na Inglaterra e nos Estados Unidos para a proteção da propriedade.[212]

---

207 NERY JÚNIOR, Nélson. **Princípios do Processo na Constituição Federal: Processo Civil, Penal e Administrativo.** *Op.cit.*, p. 92.

208 NERY JÚNIOR, Nélson. **Princípios do Processo na Constituição Federal: Processo Civil, Penal e Administrativo.** *Op.cit.*, p. 93 a 94.

209 SILVA, Rosemary Cipriano da. **Direito e Processo: A Legitimidade do Estado Democrático de Direito através do Processo.** Belo Horizonte: Arraes Editores, 2012. No mesmo sentido: NERY JÚNIOR, Nélson. **Princípios do Processo na Constituição Federal: Processo Civil, Penal e Administrativo.** *Op.cit.*, p. 96 a 100; LIMA, Maria Rosynete Oliveira. **Devido Processo Legal.** Porto Alegre: Sérgio Antônio Fabris, 1999; MARTEL, Letícia de Campos Velho. **Devido Processo Legal Substantivo: Razão Abstrata, Função e Características de Aplicabilidade.** Rio de Janeiro: Lumen Juris, 2005.

210 Por todos, vide: SILVA, Rosemary Cipriano da. **Direito e Processo: A Legitimidade do Estado Democrático de Direito através do Processo.** *Op.cit.*

211 LEAL, Rosemiro Pereira. **O Due Process e o Devir Processual Democrático.** *IN:* SOARES, Carlos Henrique e DIAS, Ronaldo Brêtas de Carvalho(Coordenadores). **Direito Processual Civil Latino-Americano.** Belo Horizonte: Arraes Editores, 2013, p. 1 a 13. No mesmo sentido: LEAL, Rosemiro Pereira. **A Teoria Neoinstitucionalista do Processo: Uma Trajetória Conjectural.** *Op.cit.*

212 LEAL, Rosemiro Pereira. **O Due Process e o Devir Processual Democrático.** *IN:* SOARES, Carlos Henrique e DIAS, Ronaldo Brêtas de Carvalho(Coordenadores).

E no nosso sistema constitucional, o devido processo é direito-
-garantia de participação na construção dos provimentos estatais
que afetarão os direitos dos cidadãos. É justamente por isso que
Rosemiro Pereira Leal afirma que o que vai designar a existência
do *status* democrático do direito é a autoabertura irrestrita a que
o ordenamento jurídico se permite ao oferecer legalmente a todos
o exercício da discursividade crítica à fiscalização(correição) processual continuada para a construção, reconstrução, confirmação,
concreção, atuação e aplicação do direito vigorante.[213]

Assim, não faz mais sentido falar em devido processo legal substantivo e devido processo legal procedimental, já que o devido processo legal corretamente compreendido engloba esses dois aspectos:

> Fica claro, agora, como o *due process of
> law* está diretamente ligado à questão da
> legitimidade do direito. Com efeito, atra-
> vés da análise da legitimidade do direito
> em sua versão processual, evidencia-se
> tanto o *substantive due process* quanto o
> *procedural due process*. Isso porque a de-
> cisão só será legítima à medida que efe-
> tivar a participação das partes na elabo-
> ração da decisão(*procedural due process*),
> o que só será possível desde que garan-
> tidos os princípios atinentes ao devido
> processo(isonomia, contraditório e ampla
> defesa). Por outro lado, a aplicação desses
> mesmos princípios abre às partes a possi-
> bilidade do questionamento do conteúdo
> das leis(*substantive due process*), o que ga-
> rante a legitimidade do direito.[214]

Direito Processual Civil Latino-Americano. *Op.cit.*; LEAL, Rosemiro Pereira. A
Teoria Neoinstitucionalista do Processo: Uma Trajetória Conjectural. *Op.cit.*

213   LEAL, Rosemiro Pereira. **Teoria Processual da Decisão Jurídica.** São Paulo: Landy, 2002, p. 171.

214   SILVA, Rosemary Cipriano da. **Direito e Processo: A Legitimidade do Estado
Democrático de Direito através do Processo.** *Op.cit.*, p. 96.

O devido processo constitucionalmente assegurado pode ser compreendido como devido processo constitucional e devido processo jurisdicional.[215] Ou, ainda, na linguagem de Rosemiro Pereira Leal, não apenas como devido processo legal, ou seja, que o procedimento deve estar previamente estabelecido em lei, mas como devido processo legiferante.[216] E devido processo legiferante exatamente porque o devido processo constitucional possibilita não apenas a possibilidade de o afetado pela decisão participar na construção da mesma como também que os cidadãos em geral possam fiscalizar e controlar a própria produção normativa, através de um devido processo legislativo. Sobre o devido processo entendido como devido processo constitucional, precisas as palavras de Ronaldo Brêtas de Carvalho Dias:

> Contudo, não é somente a obediência ao princípio da reserva da lei que permitirá o exercício constitucionalizado da função jurisdicional e a consequente decisão vinculada ao Estado Democrático de Direito. Adicione-se a tal desiderato a garantia do devido processo constitucional, que não pode ser olvidada. Assim o é, porque a decisão jurisdicional(sentença, provimento) não é ato solitário do órgão jurisdicional, pois somente obtida sob inarredável disciplina constitucional principiológica(devido processo constitucional), por meio da garantia fundamental de uma *estrutura normativa metodológica*(devido processo legal), a permitir que aquela decisão seja construída com os argumentos de-

---

215 DIAS, Ronaldo Brêtas de Carvalho. **Processo Constitucional e Estado Democrático de Direito.** Belo Horizonte: Del Rey, 2010.

216 LEAL, Rosemiro Pereira. **Processo como Teoria da Lei Democrática.** Belo Horizonte: Fórum, 2010.

senvolvidos em contraditório por aqueles que suportarão seus efeitos, em torno das questões de fato e de direito sobre as quais controvertem no processo.[217]

Recentemente, parte da doutrina processual brasileira vem insistindo na ideia de que o devido processo legal, insculpido no artigo 5º, LIV, da Constituição de 1988, se transformou em um direito fundamental ao processo justo.[218] Contudo, é, no mínimo questionável, e, no máximo, errado, afirmar que o devido processo, que deve ser lido como devido processo constitucional, se transfigurou em um direito constitucional a um processo justo. E isso porque o significado de processo justo é extremamente controvertido. Além do mais, tal suposto direito é tautológico, pois, nos dizeres de Luiz Guilherme Marinoni, Daniel Mitidiero e Ingo Wolfgang Sarlet, o direito ao processo justo visa a assegurar a obtenção de uma decisão justa.[219] Mas, afinal o que é um processo justo? O que é uma decisão justa?

Sociedades extremamente divididas sobre o sentido do bem, tal como a brasileira atual, não chegam a um consenso mínimo sobre essas questões. Além disso, essa visão padece dos males dos escopos metajurídicos do processo, já aqui criticados. Ora, a função do processo não é buscar a verdade ou a justiça, mas sim assegurar que aqueles que serão afetados pelo provimento possam participar da construção do mesmo, controlando e fiscalizando a função jurisdicional, de modo a democratizar, por outras vias que não a eleitoral, essa importante função estatal, cumprindo-se os princípios republicano e democrático.

---

217 DIAS, Ronaldo Brêtas de Carvalho. **Processo Constitucional e Estado Democrático de Direito. Op.cit.**, p. 123 a 124.

218 SARLET, Ingo Wolfgang, MARINONI, Luiz Guilherme e MITIDIERO, Daniel. **Curso de Direito Constitucional.** 1ª edição em e-book baseada na 2ª edição impressa, São Paulo: Editora Revista dos Tribunais, 2013, capítulo 4 da segunda parte.

219 SARLET, Ingo Wolfgang, MARINONI, Luiz Guilherme e MITIDIERO, Daniel. **Curso de Direito Constitucional. Op.cit.**

Justamente para assegurar essa estrutura procedimental previamente estabelecida em lei ou na Constituição que foram assegurados também os direitos ao juiz e promotor naturais e se proibiu tribunal de exceção, no artigo 5º, incisos LIII e XXXVII, da Constituição de 1988, com o seguinte teor:

> Art. 5º[...].
>
> LIII – ninguém será processado nem sentenciado senão pela autoridade competente;
>
> XXXVII – não haverá juízo ou tribunal de exceção;

Esses dispositivos devem ser interpretados conjuntamente como decorrências quase que naturais do devido processo constitucional. Ora, o devido processo constitucional assegura que quem sofrerá os efeitos do provimento possa participar em iguais liberdades da construção do mesmo. E, para poder participar com iguais liberdades da construção do provimento, os afetados devem ter a possibilidade de conhecer com antecedência, a partir da regulamentação legal ou constitucional, para quem vão se dirigir e com quem vão dialogar. Daí a ideia de que a autoridade que vai processar(promotor, membro do Ministério Público, administrador público) como também a autoridade que vai julgar(juízo) devem ser conhecidos com antecedência, em nome, inclusive, da segurança jurídica e do Estado de Direito. A proibição de juízo ou tribunal de exceção é justamente a proibição de que se instituam órgãos competentes para julgamento de demandas posteriormente à ocorrência dos fatos, evitando-se, mais uma vez, que os cidadãos sejam surpreendidos com a fixação de um juízo para o julgamento após a ocorrência dos fatos.[220]

---

220 Sobre isso, vide: DIAS, Ronaldo Brêtas de Carvalho. **Processo Constitucional e Estado Democrático de Direito.** *Op.cit.*; NERY JÚNIOR, Nélson. **Princípios do Processo na Constituição Federal: Processo Civil, Penal e Administrativo.** *Op.cit.*

Por fim, a Constituição de 1988 estabeleceu pela primeira vez na história jurídica brasileira um direito fundamental ao advogado no artigo 133, com o seguinte teor:

> Art. 133. O advogado é indispensável à administração da justiça, sendo inviolável por seus atos e manifestações no exercício da profissão, nos limites da lei.

Embora o dispositivo não se encontre no rol do artigo 5º da Constituição, pode-se afirmar que, em face do próprio §2º do artigo 5º da Constituição, o artigo 133 é um verdadeiro direito fundamental de todo e qualquer cidadão, na medida em que o direito ao advogado pretende realizar os direitos de igualdade e liberdade nas discussões processuais. Isso porque não é possível se falar seriamente em contraditório, ampla defesa, isonomia e devido processo legal se um daqueles que serão afetados pela decisão e que participam da construção dessa decisão estiver desacompanhado de um profissional técnico habilitado que o represente, enquanto o outro afetado vier acompanhado desse profissional.[221] Claramente em tal situação haverá a quebra da isonomia e do contraditório, violando-se, portanto, a estrutura democrática do processo pensada pela Constituição de 1988. Assim, a constitucionalização do direito ao advogado não foi fruto do *lobby* bem sucedido dessa classe profissional, como muitos pensam, mas é uma decorrência lógica da tentativa de se afirmar as iguais liberdades, já que poucos dominam a estrutura técnica do Direito.

Tanto é assim que o artigo 5º, LXXIV, da Constituição de 1988, assegurou a todos o direito à assistência jurídica integral e gratuita, através da Defensoria Pública, nos seguintes termos:

> Art. 5º.[...]
>
> LXXIV – o Estado prestará assistência jurídica integral e gratuita aos que comprovarem insuficiência de recursos;

---

221 Nesse sentido, vide: SOARES, Carlos Henrique. **O Advogado e o Processo Constitucional.** Belo Horizonte: Decálogo, 2004.

Uma Teoria dos Direitos Fundamentais

Embora o dispositivo citado não faça referência à Defensoria Pública, o artigo 134 da Constituição, ao regulamentar essa Instituição, assim o faz:

> Art. 134. A Defensoria Pública é instituição essencial à função jurisdicional, incumbindo-lhe a orientação jurídica e a defesa, em todos os graus, dos necessitados, na forma do art. 5º, LXXIV.

Dizendo a Constituição que a Defensoria Pública é instituição essencial à função jurisdicional, tal como o Ministério Público e a advocacia, seja ela particular ou pública, sempre defendi em minhas aulas de Teoria da Constituição que a Defensoria Pública deveria ter os mesmos direitos e obrigações dos juízes e membros do Ministério Público, inclusive quanto à autonomia administrativa e financeira e isonomia em seus subsídios. Contudo, essa tese nunca vingou na prática jurídica brasileira, talvez pelo fato de a Defensoria Pública fazer a defesa jurídica e a orientação dos pobres e marginalizados, só alcançando alguma vitória com a Emenda Constitucional 45/04, que estabeleceu autonomia funcional e administrativa para a referida Instituição. Contudo, ainda hoje, pelo menos em Minas Gerais, os defensores públicos ganham bem menos do que os juízes e promotores, o que se configura, para mim, uma inconstitucionalidade flagrante, por violação ao direito de igualdade.

Do mesmo modo, sempre defendi em minhas aulas de Teoria da Constituição que a organização constitucional da Defensoria Pública levaria à consequência da não recepção da legislação que possibilita a nomeação de advogados dativos para os procedimentos. Isso porque se o Estado se aparelhou para assessorar e representar todos os cidadãos, inclusive aqueles que não podem pagar um advogado, não faz sentido que se permita que a OAB, órgão de representação dos advogados continue a indicar dativos para se substituírem aos defensores públicos. Para mim, isso é uma clara afronta ao Texto Constitucional e ao papel dos defensores públicos.

Todavia, apesar da clareza do Texto Constitucional, leis infraconstitucionais teimam em dispensar a atividade técnica do advogado em clara afronta à Constituição, em nome de uma suposta celeridade na tramitação de alguns procedimentos. Exemplos de práticas inconstitucionais temos nos Juizados Especiais Cíveis e Criminais Estaduais e Federais e na Justiça do Trabalho em que procedimentos podem ser ajuizados sem a participação de um profissional habilitado para tanto, o advogado. A justificativa para tal estado de coisas é a busca pela celeridade processual, como se a causa da morosidade do Poder Judiciário fosse a presença do advogado. Ora, uma série de autores, tais como Dierle José Coelho Nunes, Fernando Horta Tavares, Flávio Pedron e Bernardo Gonçalves Fernandes, Marco Félix Jobim e Roberto Apolinário de Castro Júnior, apenas para citarmos alguns, já mostraram que a morosidade do Judiciário não decorre da presença ou não do advogado em um procedimento, mas da falta de estrutura do próprio órgão encarregado pela Constituição de solucionar as controvérsias quando provocado.[222]

Voltarei ao tema a seguir.

---

222 Nesse sentido, vide: NUNES, Dierle José Coelho. **Processo Jurisdicional Democrático: Uma Análise Crítica das Reformas Processuais.** *Op.cit.*; TAVARES, Fernando Horta. **Tempo e Processo.** *IN:* TAVARES, Fernando Horta.(Coordenador). **Urgências de Tutela, Processo Cautelar e Tutela Antecipada: Reflexões sobre a Efetividade do Processo no Estado Democrático de Direito.** Curitiba: Juruá, 2007, p. 111 a 118; FERNANDES, Bernardo Gonçalves e PEDRON, Flávio Quinaud. **Poder Judiciário e(m) Crise: Reflexões de Teoria da Constituição e Teoria Geral do Processo sobre o Acesso à Justiça e as Recentes Reformas do Poder Judiciário à Luz de Ronald Dworkin, Klaus Günther e Jürgen Habermas.** Rio de Janeiro: Lumen Juris, 2008; JOBIM, Marco Félix. **O Direito à Duração Razoável do Processo: Responsabilidade Civil do Estado em Decorrência da Intempestividade Processual.** 2ª edição revista e ampliada, Porto Alegre: Livraria do Advogado, 2012; CASTRO JÚNIOR, Roberto Apolinário de. **Eficiência Jurisdicional: A Razoável Duração dos Procedimentos Frente as Garantias Fundamentais.** Belo Horizonte: Arraes Editores, 2012.

3.4. Os direitos à razoável duração dos procedimentos e à celeridade procedimental

A partir da EC 45/2004, conhecida como Reforma do Judiciário, o Texto Constitucional passou a contemplar dois direitos processuais, quais sejam, o direito à razoável duração dos procedimentos e à celeridade procedimental, exatamente no inciso LXXVIII, do artigo 5º, com a seguinte dicção:

> Art. 5º[...]
>
> LXXVIII – a todos, no âmbito judicial e administrativo, são assegurados a razoável duração do processo e os meios que garantam a celeridade de sua tramitação.

Embora o dispositivo constitucional mencionado se refira a razoável duração do processo, o correto é compreender tal expressão como razoável duração do procedimento, pois o processo enquanto conjunto de instituições constitucionalizadas não transcorre, não apresenta razoável duração ou não, não é célere ou lento; o que apresenta tais características é o procedimento, compreendido como um conjunto de atos ordenados e coordenados previamente pela lei ou pela Constituição no qual a prática do ato posterior decorre da prática do ato anterior com vistas à produção do ato final, designado de provimento.

Apesar da afirmação explícita desses direitos no Texto Constitucional ter ocorrido apenas em 2004, com a já citada Emenda 45, na verdade, segundo Roberto Apolinário de Castro Júnior[223]e Marco Félix Jobim[224], tais direitos já existiam em nosso ordenamento jurídico, já que o Brasil ratificou a Convenção Americana

---

223 CASTRO JÚNIOR, Roberto Apolinário de. **Eficiência Jurisdicional: A Razoável Duração dos Procedimentos Frente as Garantias Fundamentais.** *Op.cit.*

224 JOBIM, Marco Félix. **O Direito à Duração Razoável do Processo: Responsabilidade Civil do Estado em Decorrência da Intempestividade Processual.** *Op.cit.*

de Direitos Humanos, também conhecida como Pacto de San José da Costa Rica, que, em seu artigo 8º, inciso I, estabelece que toda pessoa terá o direito de ser ouvida, com as devidas garantias e dentro de um prazo razoável, por um juiz ou Tribunal competente, independente e imparcial. Tal norma se incorporou ao ordenamento jurídico como norma constitucional em 1992, data da ratificação do Brasil do referido Pacto.

Contudo, houve-se por bem em, por meio de Emenda Constitucional, assegurar-se o que já estava assegurado em razão de nossa miopia hermenêutica.

A questão que se coloca é a melhor compreensão de tais direitos. Afinal, como compreender adequadamente os direitos da razoável duração dos procedimentos e celeridade em sua tramitação?

Com razão, mais uma vez, Fernando Horta Tavares[225], Roberto Apolinário de Castro Júnior[226], Marco Félix Jobim[227], dentre tantos outros autores, que chamam a atenção para o fato de que os direitos de razoável duração do procedimento e a celeridade de tramitação não devem levar à restrição ou eliminação dos outros direitos processuais, tais como contraditório, isonomia e ampla defesa, sob pena de se violar a própria estrutura constitucional dos procedimentos, sejam eles administrativos, jurisdicionais ou legislativos. Assim, razoável duração do procedimento e celeridade na tramitação devem ser compatibilizados com a estipulação legal de prazo minimamente razoável para que possa haver um debate processual entre aqueles que serão afetados pelo provimento, de modo que eles possam apresentar suas razões, contrarrazões e provas, de modo que esses afetados possam se enxergar como coautores da própria decisão.

---

225 TAVARES, Fernando Horta. **Tempo e Processo.** *IN*: TAVARES, Fernando Horta. (Coordenador). **Urgências de Tutela, Processo Cautelar e Tutela Antecipada: Reflexões sobre a Efetividade do Processo no Estado Democrático de Direito.** *Op.cit.*

226 CASTRO JÚNIOR, Roberto Apolinário de. **Eficiência Jurisdicional: A Razoável Duração dos Procedimentos Frente as Garantias Fundamentais.** *Op.cit.*

227 JOBIM, Marco Félix. **O Direito à Duração Razoável do Processo: Responsabilidade Civil do Estado em Decorrência da Intempestividade Processual.** *Op.cit.*

Assim, com Ronaldo Brêtas de Carvalho Dias, podemos afirmar:

> O povo tem não só o direito fundamental à jurisdição, como também, o direito a que este serviço público essencial do Estado lhe seja prestado 'dentro de um prazo razoável'[...]. Isto significa dever de prestação do serviço público jurisdicional pelo Estado mediante a garantia de um processo sem dilações indevidas, processos cujos atos sejam realizados naqueles prazos fixados pelo próprio Estado nas normas do direito processual. Em outras palavras, o direito fundamental do povo de acesso à jurisdição envolve o direito de obter do Estado uma decisão jurisdicional em prazo razoável.[228]

Nesse sentido, a razoável duração do procedimento e a celeridade em sua tramitação devem levar a uma reestruturação do próprio aparato estatal, justamente para que sejam eliminados os chamados "tempos mortos do processo". Essa expressão "tempos mortos do processo" quer significar aqueles momentos procedimentais nos quais as partes já não podem mais atuar, ou seja, são aqueles momentos nos quais é dever do Estado "movimentar" o procedimento.

Assim, por exemplo, quando um procedimento retorna à Secretaria do Juízo, para que seja dada uma decisão de especificação de provas. Essa decisão não depende mais daqueles que participam do procedimento como autor ou réu, mas depende apenas e exclusivamente do próprio Estado, encarregado de executar a função jurisdicional. Não se garante razoável duração do procedimento com violação aos princípios constitucionais que configuram o processo, pois, mais uma vez, com Ronaldo Brêtas de Carvalho Dias:

> Advirta-se, porém, que a exigência normativa de se obter a decisão jurisdicional

---

228 DIAS, Ronaldo Brêtas de Carvalho. **Responsabilidade do Estado pela Função Jurisdicional.** Belo Horizonte: Del Rey, 2004, p. 116 a 117.

em tempo útil ou prazo razoável, o que significa adequação temporal da jurisdição, mediante processo sem dilações indevidas, não permite impingir o Estado ao povo a aceleração dos procedimentos pela diminuição das garantias processuais constitucionais(por exemplo, suprimir o contraditório, proibir a presença de advogado no processo, eliminar o duplo grau de jurisdição, abolir a instrumentalidade das formas, restringir o direito das partes à produção de provas, dispensar o órgão jurisdicional do dever de fundamentação). A restrição de quaisquer das garantias processuais, sob a canhestra e antidemocrática justificativa de agilizar ou tornar célere o procedimento, com o objetivo de proferir decisão jurisdicional em tempo razoável, é estimular o arbítrio, fomentar a insegurança jurídica e escarnecer da garantia fundamental do povo ao devido processo legal, em suma, deslavada agressão ao princípio constitucional do Estado Democrático de Direito.[229]

O problema, portanto, da morosidade do Poder Judiciário, não se encontra nas garantias constitucionais processuais, mas sim em uma estrutura defasada do próprio Estado que ora não tem servidores, inclusive juízes, em quantidade suficiente, ora falta material de trabalho, ora falta estrutura técnica, tal como informatização e aparelhos eletrônicos para o exercício da função, ora falta tudo isso ao mesmo tempo. Além disso, em muitas situações, contribuem para a morosidade da atividade jurisdicional a própria conduta dos litigantes, do Magistrado(que deixa de aplicar a litigância de má-fé

---

229   DIAS, Ronaldo Brêtas de Carvalho. **Responsabilidade do Estado pela Função Jurisdicional.** *Op.cit.*, p. 117.

Uma Teoria dos Direitos Fundamentais

quando devida), além da própria complexidade de muitas demandas que levam necessariamente a um procedimento mais lento para que se possibilite uma discussão processual ampla, como requerem os direitos constitucionais do contraditório, isonomia e ampla defesa.

Para concluir, é equivocado apostar na realização dos direitos à celeridade e razoável duração dos procedimentos apenas suprimindo-se os momentos lógico-temporais da cognição que se configuram como direitos fundamentais inafastáveis de todo e qualquer cidadão[230], já que as causas da morosidade são bastante diversificadas não podendo ser atacadas com a restrição de direitos fundamentais.[231]

3.5. Os direitos de publicidade e fundamentação das decisões

A Constituição de 1988 assegurou mais dois direitos fundamentais processuais em seu artigo 93, inciso IX, inclusive como decorrências diretas do próprio modelo social instituído dentre nós, qual seja, o Estado Democrático de Direito. Como já mostrei em capítulo anterior, o princípio do Estado de Direito requererá a publicidade e justificação de todos os atos estatais, sob pena de nulidade, justamente para permitir a qualquer um do povo o controle e fiscalização das ações estatais, cumprindo, dessa forma, o princípio republicano.

Nesse sentido, o artigo 93, IX, da Constituição de 1988, reitera esses deveres estatais, estabelecendo dois direitos fundamentais a qualquer um do povo:

> Art. 93[...]
>
> IX – todos os julgamentos dos órgãos do Poder Judiciário serão públicos, e fundamentadas todas as decisões, sob pena de

---

230 MADEIRA, Dhenis Cruz. **Processo de Conhecimento & Cognição: Uma Inserção no Estado Democrático de Direito.** *Op.cit.*

231 Sobre a questão, vide o excelente trabalho de pesquisa empírica sobre a morosidade da função jurisdicional no Brasil: GABBAY, Daniela Monteiro e CUNHA, Luciana Gross.(Organizadoras). **Litigiosidade, Morosidade e Litigância Repetitiva no Judiciário: Uma Análise Empírica.** São Paulo: Saraiva, 2012.

> nulidade, podendo a lei limitar a presença, em determinados atos, às próprias partes e a seus advogados, ou somente a estes, em casos nos quais a preservação do direito à intimidade do interessado no sigilo não prejudique o interesse público à informação;

Por expressa previsão constitucional, todo procedimento é público, a não ser em situações excepcionais em que estão envolvidos direitos relacionados à intimidade de um dos litigantes. Além disso, toda decisão jurisdicional deverá ser fundamentada, sob pena de nulidade.

Embora o Texto Constitucional refira-se apenas ao Judiciário, já é cediço em nossa doutrina e jurisprudência que o dever de fundamentação de seus atos não se limita apenas ao Judiciário, estendendo-se também aos atos executivos e legislativos. É dizer: todo e qualquer órgão público deve fundamentar suas ações, como forma de permitir que os afetados pela decisão possam controlar seu teor, fiscalizando a atuação dos órgãos estatais.

Embora a fundamentação seja uma exigência para todos os órgãos públicos, centrarei minha atenção para o Judiciário e, por óbvio, o que vale para o Judiciário, valerá também para os demais entes estatais.

No caso que nos interessa, a fundamentação das decisões jurisdicionais, sendo um direito fundamental do cidadão, implica um dever constitucional por parte dos órgãos jurisdicionais em apresentar a fundamentação da decisão, ou seja, explicitar as razões de fato e de direito que levaram o órgão jurisdicional a decidir de uma maneira e não de outra.[232]

Mas, por que afirmei que a fundamentação das decisões é direito fundamental de todo e qualquer cidadão, se tal exigência não se encontra no artigo 5º do Texto Constitucional? E que direito fundamental seria esse?

Bem, como já demonstrado ao longo da presente obra, a própria Constituição estabelece em seu artigo 5º, §2º, que os direitos e

---

232 Nesse sentido: NERY JÚNIOR, Nélson. **Princípios do Processo na Constituição Federal.** *Op.cit.*

garantias expressos na Constituição não são apenas os constantes no artigo 5º do seu texto, mas abarcam também outros decorrentes do regime e dos princípios por ela adotados, além daqueles estabelecidos em tratados internacionais em que a República Federativa do Brasil seja parte.[233]

Assim, embora o artigo 93, IX, não faça parte do rol do artigo 5º, é, de fato e de direito, um direito fundamental, pois é um corolário do direito fundamental ao processo instituído pela Constituição, como requisito para que todos os possíveis afetados pelas decisões estatais possam ser seus autores, realizando-se os princípios do Estado de Direito, da democracia e da república, sem falar nos princípios da igualdade e liberdade.[234] Vejamos como todos esses princípios, verdadeiros direitos, se relacionam, de modo a formar uma teia inconsútil, ou seja, unitária.[235]

Não custa lembrar que a Constituição de 1988 estabeleceu a ideia de uma democracia constitucional, no sentido de que a comunidade brasileira se constitui como uma comunidade fraterna, de princípios, de modo a que todos os cidadãos sejam tratados pelo Estado e entre si com igual respeito e consideração. Daí o estabelecimento de direitos de igualdade e liberdade tanto na esfera privada(direito de escolha da profissão, direito de escolha da religião, direito de escolher com quem se unir, quantos filhos ter, direito

---

233   Eis a redação do dispositivo constitucional: Art. 5º.(...) §2º - Os direitos e garantias expressos nesta Constituição não excluem outros decorrentes do regime e dos princípios por ela adotados, ou dos tratados internacionais em que a República Federativa do Brasil seja parte.

234   Adoto aqui a perspectiva do ordenamento jurídico como integridade, tal como defendido por Ronald Dworkin em suas obras. Para mais detalhes, vide: DWORKIN, Ronald. O Império do Direito. São Paulo: Martins Fontes, 1999; OMMATI, José Emílio Medauar. Teoria da Constituição. 2ª edição, Rio de Janeiro: Lumen Juris, 2013; OMMATI, José Emílio Medauar. Liberdade de Expressão e Discurso de Ódio na Constituição de 1988. Rio de Janeiro: Lumen Juris, 2012.

235   A ideia de teia inconsútil ou da unidade e interdependência dos valores e normas encontra-se também em Ronald Dworkin, principalmente nas seguintes obras: DWORKIN, Ronald. O Império do Direito. Op.cit.; DWORKIN, Ronald. Justiça para Ouriços. Coimbra: Almedina, 2012.

de escolher as crenças e convicções políticas, filosóficas e religiosas, direito de estar e ficar só, ao se proteger a casa como asilo inviolável, etc.), quanto na esfera pública(direito de difundir o pensamento, de exercitar publicamente a religião escolhida, de se associar ou se desligar de associações, sindicatos, partidos políticos, etc.). Assim, a democracia constitucional brasileira não se resume apenas aos períodos eleitorais, mas se realiza também no cotidiano com a possibilidade aberta a todos os cidadãos de discutirem e participarem da tomada das decisões que afetarão sua esfera de vida. Nesse sentido, a democracia brasileira não se resume à regra da maioria, mas também possibilita a proteção às minorias. E a Instituição fundamental para tal proteção é, sem dúvida, o Poder Judiciário.[236]

Se a legitimidade dos órgãos Executivo e Legislativo se dá pelo processo político-eleitoral, ou seja, através da regra da maioria, no caso do Judiciário sua legitimidade advém de dois elementos complementares: a participação daqueles que serão afetados pela decisão a ser produzida com iguais liberdades, apresentando suas razões, argumentos e provas, de modo a que o órgão que tomará a decisão deverá necessariamente responder com base nos fatos acertados e nos argumentos produzidos por esses cidadãos, qual a decisão correta para a situação; e a fundamentação exaustiva do órgão jurisdicional. Assim, a legitimidade do Judiciário não se encontra no processo eletivo, mas em levar a sério o Direito construído por essa comunidade fraterna historicamente a partir dos procedimentos jurisdicionais. É nesse sentido que o dever de fundamentação das decisões jurisdicionais por parte do Judiciário deve ser visto como um direito do cidadão decorrente do próprio direito ao contraditório estabelecido no artigo 5º, LV, da Constituição de 1988. E é também por isso que o processo, nessa pers-

---

236 Nesse sentido, vide: ABBOUD, Georges. **Jurisdição Constitucional e Direitos Fundamentais.** São Paulo: RT, 2011. Ainda: DWORKIN, Ronald. **O Direito da Liberdade: A Leitura Moral da Constituição Norte-Americana.** São Paulo: Martins Fontes, 2006; DWORKIN, Ronald. **Uma Questão de Princípio.** São Paulo: Martins Fontes, 2000; DWORKIN, Ronald. **A Virtude Soberana: A Teoria e a Prática da Igualdade.** São Paulo: Martins Fontes, 2005.

pectiva, deixa de ser um instrumento da jurisdição e passa a ser um direito fundamental de qualquer cidadão brasileiro.[237]

E isso se dá, porque a Constituição de 1988, como já mostrei anteriormente nessa obra, estabeleceu uma perspectiva teórica no sentido de que o processo não é mais uma relação jurídica entre autor, réu e juiz, como defendia Oskar von Bülow[238], de modo que o juiz seria um ser supremo a realizar escopos metajurídicos por meio do processo, tais como a busca por paz social, educação, cidadania, etc.[239], mas sim um procedimento constitucionalizado que se realiza em contraditório com vistas à produção de um ato final, denominado de provimento.[240]

E é justamente nesse sentido que a Constituição se refere a processo administrativo e processo legislativo, além do processo jurisdicional. Nessa perspectiva, processo não ocorre apenas no Judiciário, mas em todo órgão público, desde que o procedimento se realize em contraditório. A relação entre processo e procedimento passa a ser de espécie(processo) e gênero(procedimento). É dizer: todo processo é um procedimento, mas com uma característica distintiva: a existência do contraditório.

A questão passa a ser a correta compreensão do contraditório. Como mostrei nessa obra e seguindo a Escola Mineira de Processo, o contraditório não significa apenas dizer e contradizer. Não sig-

---

237 Defendendo a posição de que o processo é instrumento da jurisdição, vide: DI-NAMARCO, Cândido Rangel. **A Instrumentalidade do Processo.** 10ª edição, São Paulo: Malheiros, 2002. Criticando tal posicionamento, dentre tantos: LEAL, Rosemiro Pereira Leal. **Teoria Geral do Processo: Primeiros Estudos.** 8ª edição, Rio de Janeiro: Forense, 2009; LEAL, André Cordeiro. **A Instrumentalidade do Processo em Crise.** Belo Horizonte: Mandamentos, 2008; Em uma perspectiva diferente e muito interessante, vide: ABBOUD, Georges. **Jurisdição Constitucional e Direitos Fundamentais.** *Op.cit.*

238 BÜLOW, Oskar von. **Teoria das Exceções e dos Pressupostos Processuais.** 2ª edição, Campinas: LZN, 2005.

239 DINAMARCO, Cândido Rangel. **A Instrumentalidade do Processo.** *Op.cit.*

240 Adoto aqui a perspectiva de Elio Fazzalari com as adaptações realizadas por Dierle José Coelho Nunes. Para mais detalhes, vide: FAZZALARI, Elio. **Instituições de Direito Processual.** 1ª edição, Campinas: Bookseller, 2006; NUNES, Dierle José Coelho. **Processo Jurisdicional Democrático: Uma Análise Crítica das Reformas Processuais.** Curitiba: Juruá, 2008.

nifica também apenas a bilateralidade de audiência ou a paridade de armas. Contraditório é muito mais do que isso. O contraditório está intimamente ligado aos direitos de igualdade e liberdade, na medida em que significa que aqueles que serão afetados pelo provimento deverão ter o direito de apresentar suas razões e provas com iguais liberdades, de modo a influir na decisão final. O contraditório se realiza com a possibilidade de discussão e de participação dos interessados e não necessariamente com a participação real e efetiva. Daí porque a revelia, por exemplo, não ferir o contraditório, já que, dada a possibilidade de participar do procedimento, abrindo--se prazo para tanto, se o réu resolveu não fazê-lo, arca com o ônus de sua omissão, recebendo depois o processo no estágio em que se encontrar. Daí a íntima relação do contraditório com os direitos de igualdade e liberdade, pois um cidadão somente é tratado com igual respeito e consideração se as decisões que afetarão sua esfera de vida forem tomadas após todo um diálogo entre os poderes públicos e aqueles que sofrerão o impacto da decisão.

Aqui, já consigo demonstrar a relação fundamental entre contraditório e fundamentação das decisões, seguindo os ensinamentos de André Cordeiro Leal.[241] Ora, como afirma André Cordeiro Leal, se o contraditório significa o direito daquele que será atingido pela decisão a participar da construção da mesma, logo, o órgão responsável por tomar a decisão deve fundamentá-la, justamente para explicitar os acertos e equívocos dos interessados na construção do Direito. É justamente por isso que todas as decisões devem ser fundamentadas, não apenas aquelas que põem fim ao processo, mas todo e qualquer ato com conteúdo decisório, ou seja, que afetem a esfera de direitos dos indivíduos.

Nesse sentido, a fundamentação deve explicitar as razões pelas quais o Judiciário aceita ou rejeita determinadas interpretação e compreensão do e sobre o Direito estabelecidas pelo cidadão. A fundamentação não serve para estabelecer o que determinado juiz,

---

241 LEAL, André Cordeiro. **O Contraditório e a Fundamentação das Decisões no Direito Processual Democrático.** Belo Horizonte: Mandamentos, 2002.

desembargador ou ministro acha sobre o direito. Isso é motivação, algo irrelevante para o direito democrático. A fundamentação tem como objetivo fixar a decisão juridicamente correta e, portanto, prescinde das posições pessoais dos magistrados.[242] Da mesma forma, a partir da constitucionalização do direito fundamental à fundamentação, não se pode mais falar em livre convicção motivada ou em decidir conforme a própria consciência, como muitos juízes e doutrinadores ainda teimam em fazer.[243]

Por fim, a fundamentação das decisões jurisdicionais exige que os juízes e tribunais respondam a todos os argumentos desenvolvidos e discutidos pelas partes durante o procedimento, mesmo que o Magistrado já se tenha convencido apenas por algum deles. Mais uma vez, a fundamentação deve ser plena e completa, para que os próprios destinatários do ato estatal possam controlar a interpretação, compreensão e aplicação do Direito realizada pelo Magistrado. Decorrência dos princípios do Estado de Direito, democracia, república, igualdade, liberdade, enfim da própria comunidade de princípios que a Carta Republicana quis estabelecer entre nós.

3.6. A inafastabilidade da jurisdição

Como já ressaltado ao longo do presente capítulo, a Constituição de 1988 inverteu a lógica até então prevalecente da doutrina e prática processuais em nosso país. Se, até a Constituição de

---

242 Sobre a distinção entre fundamentação e motivação, vide: OLIVEIRA, Marcelo Andrade Cattoni de e PEDRON, Flávio Quinaud. **O que é uma decisão fundamentada? Reflexões para uma perspectiva democrática do exercício da jurisdição no contexto da reforma processual civil. IN:** BARROS, Flaviane de Magalhães e MORAIS, José Luís Bolzan de.(Coordenadores). **Reforma do Processo Civil: Perspectivas Constitucionais.** Belo Horizonte: Fórum, 2010, p. 119 a 152.

243 Incorrendo nesse erro, temos: NERY JÚNIOR, Nélson. **Princípios do Processo na Constituição Federal. Op.cit.** Criticando de há muito a livre convicção e as decisões segundo a consciência do magistrado, temos: STRECK, Lênio Luiz. **O que é isto? Decido conforme minha consciência?** Porto Alegre: Livraria do Advogado, 2010; STRECK, Lênio Luiz. **Compreender Direito: Desvelando as Obviedades do Discurso Jurídico.** São Paulo: RT, 2013.

1988, poderia ser correto defender que o processo é instrumento da jurisdição e que poderia, inclusive, servir para outros objetivos, além do objetivo técnico de estabelecer quem tem ou quem não tem direito, a partir de 1988, tudo isso se afigura extremamente equivocado e constitucionalmente inadequado.

A jurisdição, enquanto função estatal, como bem afirma Ronaldo Brêtas de Carvalho Dias, serve ao processo como direito fundamental de qualquer um do povo.[244] Nesse sentido, não é o processo que é instrumento da jurisdição, mas a jurisdição que é instrumento do processo e isso porque, mais uma vez com Ronaldo Brêtas de Carvalho Dias, a jurisdição é também serviço público e, como tal, deve ser realizada pelo Estado com eficiência e qualidade.[245]

A fundamentalidade da jurisdição se encontra justamente no fato de que, em geral, não é dado a ninguém fazer justiça com as próprias mãos. Até para proteger e garantir o direito de todos, a comunidade democrática retira dos particulares o direito de fazer justiça com as próprias mãos, entregando tal função a um terceiro imparcial, o Estado, que deve cumprir tal atividade com eficiência, qualidade e agilidade, de modo a garantir que o Direito seja realizado a partir da própria participação na construção do resultado final daqueles que serão afetados pelo próprio provimento.

Justamente nesse sentido que a Constituição de 1988 assegurou no seu artigo 5º, XXXV, o chamado princípio ou direito à jurisdição:

> Art. 5º[...]
>
> XXXV – a lei não excluirá da apreciação do Poder Judiciário lesão ou ameaça a direito;

Mais do que direito à jurisdição, o Texto Constitucional instituiu um direito de se provocar o Judiciário sempre que o cidadão entender que um direito seu foi violado ou encontra-se em vias de ser violado.

---

244 DIAS, Ronaldo Brêtas de Carvalho. **Responsabilidade do Estado pela Função Jurisdicional**. *Op.cit.*

245 DIAS, Ronaldo Brêtas de Carvalho. **Responsabilidade do Estado pela Função Jurisdicional**. *Op.cit.*

Embora alguns autores compreendam tal princípio como o direito de acesso à justiça[246], o correto é compreender como o princípio ou direito de inafastabilidade da jurisdição[247] ou, ainda, de amplo acesso à jurisdição[248], pois a expressão acesso à justiça leva a muitas incompreensões, como já afirmei ao longo do presente capítulo. Assim, com Ronaldo Brêtas de Carvalho Dias, pode-se afirmar:

> Em resumo, no Estado Democrático de Direito, a jurisdição é direito fundamental das pessoas naturais e jurídicas, sejam estas de direito público ou de direito privado, porque positivado ou expresso no texto da Constituição Federal de 1988(art. 5º, inciso XXXV). Exatamente por isto, se é direito fundamental do povo, em contrapartida, é atividade-dever do Estado, prestada pelos seus órgãos competentes, indicados no texto da própria Constituição, somente possível de ser exercida sob petição daquele que a invoca(direito de ação) e mediante a indispensável garantia fundamental do devido processo constitucional(art. 5º, incisos LIII, LIV e LV).[249]

Convém esclarecer que o direito de acesso amplo à jurisdição ou o direito de inafastabilidade da jurisdição não leva a que o demandante tenha direito a uma decisão favorável. Na verdade,

---

246 Por todos, vide: NERY JÚNIOR, Nélson. **Princípios do Processo na Constituição Federal: Processo Civil, Penal e Administrativo.** *Op.cit.*, p. 186 a 195.

247 DIAS, Ronaldo Brêtas de Carvalho. **Processo Constitucional e Estado Democrático de Direito.** *Op.cit.*, p. 67 a 75.

248 FERNANDES, Bernardo Gonçalves. **Curso de Direito Constitucional.** 5ª edição, revista, ampliada e atualizada até a EC 71, de 29/12/2012, e em consonância com a Jurisprudência do STF. *Op.cit.*, p. 443 a 444.

249 DIAS, Ronaldo Brêtas de Carvalho. **Processo Constitucional e Estado Democrático de Direito.** *Op.cit.*, p. 74 a 75.

o que se garante como direito fundamental é que o cidadão possa provocar o Judiciário para que ele se pronuncie, após todo um debate envolvendo aqueles que serão afetados pelo provimento, sobre a correta definição do Direito em discussão.

Da mesma forma, a inafastabilidade da jurisdição, como prefiro denominar, nos remete, como bem lembra Bernardo Gonçalves Fernandes[250], à inexistência, entre nós, da figura da jurisdição condicionada ou instância administrativa de cunho forçado. É dizer, com a garantia ou direito de inafastabilidade da jurisdição, não existe em nosso ordenamento jurídico a necessidade de o cidadão ter que percorrer as instâncias administrativas para, só ao final, recorrer ao judiciário, na luta por seu direito. Também em razão desse direito, no Brasil não há dualidade jurisdicional, ou seja, ao contrário da maior parte dos países europeus, não há aqui uma Jurisdição Comum e uma Jurisdição Administrativa.[251]

3.7. O direito ao recurso

Normalmente, a doutrina tradicional tem compreendido o direito ao recurso como a garantia do duplo grau de jurisdição, havendo, inclusive, polêmica sobre a existência desse direito em nosso sistema constitucional. Nesse sentido, Gilmar Mendes, Inocêncio Coelho e Paulo Branco afirmam:

> Assim, o Supremo Tribunal Federal tem acentuado a não configuração de um direito ao duplo grau de jurisdição, a não ser naqueles casos em que a Constituição expressamente assegura ou garante esse direito, como nas hipóteses em que ou-

---

250 FERNANDES, Bernardo Gonçalves. **Curso de Direito Constitucional.** 5ª edição, revista, ampliada e atualizada até a EC 71, de 29/12/2012, e em consonância com a Jurisprudência do STF. *Op.cit.*, p. 444.

251 Por todos, vide: MEDAUAR, Odete. **Direito Administrativo Moderno.** 17ª edição, São Paulo: Editora Revista dos Tribunais, 2013.

Uma Teoria dos Direitos Fundamentais

torga possibilidade de recurso ordinário ou apelação para instância imediatamente superior(arts. 102, II; 104, II; 108, II).[252]

Mais a frente, os autores concluem que o próprio modelo jurisdicional positivado na Constituição afasta a possibilidade de aplicação geral do princípio do duplo grau de jurisdição.[253]

Já para Ingo Sarlet, Luiz Guilherme Marinoni e Daniel Mitidiero, o direito ao duplo grau de jurisdição significa ter direito a um duplo exame de mérito por dois órgãos distintos do Poder Judiciário. Assim, segundo os autores e partindo-se desse conceito, seria óbvio o fato de que a nossa Constituição não consagra o direito ao duplo grau de jurisdição no processo civil. O fato de a Constituição ter previsto tribunais com competências recursais ordinárias não impede o legislador infraconstitucional de permitir, por exemplo, que o tribunal conheça do mérito da causa sem que o tenha feito anteriormente o juízo de primeiro grau(art. 515, §3º, do CPC), nem impede, tampouco, a limitação do próprio direito ao recurso em causas de menor expressão econômica(por exemplo, art. 34 da Lei 6.830, de 1980).[254]

Ainda segundo os autores, solução diversa deve ser dada quando se tratar de processo penal, pois a Convenção Interamericana de Direitos do Homem prevê expressamente o direito ao duplo grau de jurisdição no processo penal, de modo que é possível afirmá-lo como elemento essencial para conformação do processo justo no âmbito penal. Ainda de acordo com Sarlet, Marinoni e Mitidiero, isso não implica, contudo, a inexistência de exceções ao duplo grau mesmo nesse terreno. É óbvio, para os citados autores, que o direito ao duplo grau não se aplica em caso de competência

---

252 MENDES, Gilmar Ferreira, COELHO, Inocêncio Mártires e BRANCO, Paulo Gustavo Gonet. **Curso de Direito Constitucional.** *Op.cit.*, p. 592 a 593.

253 MENDES, Gilmar Ferreira, COELHO, Inocêncio Mártires e BRANCO, Paulo Gustavo Gonet. **Curso de Direito Constitucional.** *Op.cit.*, p. 594.

254 SARLET, Ingo Wolfgang, MARINONI, Luiz Guilherme e MITIDIERO, Daniel. **Curso de Direito Constitucional.** *Op.cit.*, cap. 4, item 4.14.2.

penal originária do Supremo Tribunal Federal. Nesse caso, está suficientemente resguardado o direito ao processo justo do réu pelo simples fato de ser julgado pela mais alta corte do País.[255]

Também Nélson Nery Júnior afirma não existir uma garantia constitucional do duplo grau de jurisdição, mas mera previsão, podendo, inclusive, o legislador infraconstitucional limitar o direito de recurso.[256]

Apesar da doutrina tradicional afirmar a inexistência do referido princípio e se utilizar da expressão duplo grau de jurisdição, prefiro, a partir dos ensinamentos de Dierle José Coelho Nunes, utilizar a expressão direito ao recurso em substituição ao duplo grau de jurisdição.[257]

Isso porque, segundo o processualista mineiro, o sentido do duplo grau de jurisdição não se encontra realmente ligado à possibilidade de existência de várias jurisdições, ou seja, de diversas atividades pelas quais o Estado com eficácia vinculativa plena, elimina a lide, declarando e/ou realizando o direito em concreto e/ou de diversas atividades desenvolvidas pelos órgãos judiciários predispostos à tutela dos direitos.[258]

De acordo com Dierle José Coelho Nunes, essa diversidade não é possível, uma vez que a jurisdição é una, qualquer que seja o conflito a se resolver, mesmo que seus órgãos, seus graus e seus atos sejam plúrimos.[259]

---

255 SARLET, Ingo Wolfgang, MARINONI, Luiz Guilherme e MITIDIERO, Daniel. **Curso de Direito Constitucional.** *Op.cit.*, cap. 4, item 4.14.2.

256 NERY JÚNIOR, Nélson. **Princípios do Processo na Constituição Federal: Processo Civil, Penal e Administrativo.** *Op.cit.*, p. 295.

257 NUNES, Dierle José Coelho. **Direito Constitucional ao Recurso: Da Teoria Geral dos Recursos, das Reformas Processuais e da Comparticipação nas Decisões.** Rio de Janeiro: Lumen Juris, 2006, p. 111 e seguintes.

258 NUNES, Dierle José Coelho. **Direito Constitucional ao Recurso: Da Teoria Geral dos Recursos, das Reformas Processuais e da Comparticipação nas Decisões.** *Op.cit.*, p. 112.

259 NUNES, Dierle José Coelho. **Direito Constitucional ao Recurso: Da Teoria Geral dos Recursos, das Reformas Processuais e da Comparticipação nas Decisões.** *Op.cit.*, p. 112.

Nesse sentido, arremata o autor:

> Dessa forma, o termo duplo grau de juris-
> dição não seria o mais perfeito, apesar de
> tradicionalmente ser assim denominado,
> pois este diz respeito a uma pluralidade
> de graus de competência, permitindo um
> duplo grau de cognição e julgamento.[260]

Daí porque acertadamente o autor passará a desenvolver um direito constitucional ao recurso como possibilidade jurídico-discursiva das garantias da ampla defesa e do contraditório.[261]

Nesse sentido, o instituto do recurso não pode ser analisado de modo unitário com o princípio do duplo grau de jurisdição, que garante um duplo exame de todas as questões debatidas em juízo, mas sim deve ser visto como uma decorrência do contraditório e o da ampla defesa, possibilitando uma intervenção das partes e um diálogo destas com o juízo todas as vezes que a decisão recorrida não tenha levado em consideração o seu contributo crítico.[262] Nessa ordem de ideias, o instituto do recurso, em face do perigo e da possibilidade de um desenvolvimento incompleto da primeira instância, a permitir uma mácula do contraditório e da ampla defesa, passa a ser indissociável do nosso modelo constitucional de processo.[263]

---

260 NUNES, Dierle José Coelho. **Direito Constitucional ao Recurso: Da Teoria Geral dos Recursos, das Reformas Processuais e da Comparticipação nas Decisões.** *Op.cit.*, p. 112.

261 NUNES, Dierle José Coelho. **Direito Constitucional ao Recurso: Da Teoria Geral dos Recursos, das Reformas Processuais e da Comparticipação nas Decisões.** *Op.cit.*, p. 160 e seguintes.

262 NUNES, Dierle José Coelho. **Direito Constitucional ao Recurso: Da Teoria Geral dos Recursos, das Reformas Processuais e da Comparticipação nas Decisões.** *Op.cit.*, p. 161.

263 NUNES, Dierle José Coelho. **Direito Constitucional ao Recurso: Da Teoria Geral dos Recursos, das Reformas Processuais e da Comparticipação nas Decisões.** *Op.cit.*, p. 167.

Podemos, então, concluir com Dierle José Coelho Nunes, que, de fato, o duplo grau de jurisdição não é realmente um princípio constitucional, pois não há necessidade de um duplo exame de todas as questões suscitadas e debatidas. Contudo, o instituto do recurso se apresenta como corolário das garantias do contraditório e da ampla defesa, permitindo sua implementação sucessiva ao proferimento das decisões judiciais. Dessa forma, é possível perceber que o duplo exame não constitui uma garantia ineliminável, pois existem casos em que a utilização do recurso como instrumento técnico de implementação do contraditório e da ampla defesa de maneira sucessiva possibilita a legitimidade da estrutura procedimental com a suficiente intersubjetividade na formação da decisão e sem a ampliação temporal demasiada que o reenvio traria, sem comprovação de seus benefícios.[264]

3.8. Os direitos processuais penais

A Constituição de 1988 estabeleceu direitos processuais aplicáveis tão-somente aos procedimentos penais. São eles, o direito ou estado de inocência, também conhecido como presunção de inocência(artigo 5º, LVII); a inadmissibilidade de provas obtidas por meios ilícitos no processo(artigo 5º, LVI); o direito do preso ficar calado, sendo-lhe assegurada a assistência da família e de advogado(artigo 5º, LXIII); e a instituição do júri, sendo assegurados a plenitude da defesa, o sigilo das votações, a soberania dos veredito, com competência para o julgamento dos crimes dolosos contra a vida(artigo 5º, XXXVIII).

Por força desse conjunto de direitos fundamentais assegurados no processo penal é que a doutrina mais contemporânea do processo penal vem afirmando que a Constituição de 1988 instituiu um

---

264 NUNES, Dierle José Coelho. **Direito Constitucional ao Recurso: Da Teoria Geral dos Recursos, das Reformas Processuais e da Comparticipação nas Decisões.** *Op.cit.*, p. 168 a 169.

modelo predominantemente acusatório de processo penal, substituindo o modelo anterior, predominantemente inquisitório.[265]

O modelo acusatório de processo penal é aquele no qual, como bem demonstra José de Assis Santiago Neto[266], cada parte processual ocupa um lugar bem definido. Assim, o Ministério Público acusa, o réu se defende e o juiz julga. Daí porque nesse modelo processual penal, o processo somente pode ser compreendido como uma instituição constitucionalizada que se realiza em contraditório, tal como estabelecido em nosso Texto Constitucional. Também por isso que nesse modelo há uma preocupação fundamental em se estabelecer direitos inarredáveis ao acusado, já que ele passa a ser tratado como um sujeito de direitos e não mais como um objeto, tal como ocorre no modelo inquisitorial.[267]

Como alerta Gustavo Noronha de Ávila, devemos superar essas falsas dicotomias entre sistemas acusatório e inquisitório, modelos acusatório e inquisitório ou princípios acusatório e in-

---

265 Sobre o modelo acusatório e sua diferença em relação ao modelo inquisitório no processo penal, vide: COUTINHO, Jacinto Nélson de Miranda. **Introdução aos Princípios Gerais do Direito Processual Penal Brasileiro.** *IN*: Revista de Estudos Criminais. Porto Alegre, n. 1, 2001, p. 26 a 51; COUTINHO, Jacinto Nélson de Miranda. **Um Devido Processo Legal(Constitucional) é incompatível com o sistema do CPP, de todo inquisitorial.** *IN*: PRADO, Geraldo e MALAN, Diogo(Coord.). **Processo Penal e Democracia: Estudos em Homenagem aos 20 Anos da Constituição da República de 1988.** Rio de Janeiro: Lumen Juris, 2009, p. 253 a 262; COUTINHO, Jacinto Nélson de Miranda. **A Contribuição da Constituição Democrática ao Processo Penal Inquisitório Brasileiro.** *IN*: MACHADO, Felipe Daniel Amorim e OLIVEIRA, Marcelo Andrade Cattoni de(Coord.). **Constituição e Processo: A Contribuição do Processo ao Constitucionalismo Brasileiro.** Belo Horizonte: Del Rey, 2009, p. 221 a 231; LOPES JÚNIOR, Aury. **Direito Processual Penal.** 10ª edição, São Paulo: Saraiva, 2013; PACELLI, Eugênio. **Curso de Processo Penal.** 17ª edição, São Paulo: Atlas, 2013; ROSA, Alexandre Morais da e SILVEIRA FILHO, Sylvio Lourenço da. **Para um Processo Penal Democrático: Crítica à Metástase do Sistema de Controle Social.** 3ª tiragem, Rio de Janeiro: Lumen Juris, 2011; SANTIAGO NETO, José de Assis. **Estado Democrático de Direito e Processo Penal Acusatório: A Participação dos Sujeitos no Centro do Palco Processual.** Rio de Janeiro: Lumen Juris, 2012.

266 SANTIAGO NETO, José de Assis. **Estado Democrático de Direito e Processo Penal Acusatório: A Participação dos Sujeitos no Centro do Palco Processual.** *Op.cit.*

267 Sobre essas ideias, remeto às indicações bibliográficas já feitas anteriormente.

quisitório. A partir de autores tais como Rui Cunha Martins e Montero Aroca, Gustavo Noronha de Ávila defende que processo penal somente é possível se for acusatório, sendo um pleonasmo falar-se em processo penal acusatório. Inquisitório somente pode ser um procedimento penal, nunca um processo penal, pois a característica fundante de um processo é justamente o contraditório e o modelo ou sistema ou princípio inquisitório caracteriza-se pela ausência de contraditório, pois o investigado ou o réu não é considerado pessoa, mas objeto.[268]

Nesse sentido, a necessidade de superação da própria doutrina processual penal mais avançada no Brasil, para, com Gustavo Noronha de Ávila, defender-se que o princípio fundamental do processo penal, a partir da Constituição de 1988, é o da democraticidade! É dizer: não faz mais sentido em se falar em processo penal acusatório ou inquisitório. Com a Constituição de 1988, o processo penal brasileiro deve ser democrático![269]

Justamente para realizar essa ideia fundante de processo penal que a Constituição de 1988 estabeleceu a chamada presunção de inocência e ainda direitos do preso(melhor seria dizer do acusado) de ficar calado e de ser informado de seus direitos, inclusive à assistência da família e de advogado. A presunção de inocência e o correlato direito de ficar calado, que se traduz no direito de o acusado ter o direito de não fazer prova contra si mesmo, significa uma presunção constitucional de não culpabilidade, vedando-se qualquer forma de prejulgamento por parte do aparato estatal e da própria sociedade, bem como dos órgãos do Poder Judiciário.[270]

Contudo, na correta dicção constitucional, o direito de não ser considerado culpado até o trânsito em julgado de sentença pe-

---

268 ÁVILA, Gustavo Noronha de. **Falsas Memórias e Sistema Penal: A Prova Testemunhal em Xeque.** Rio de Janeiro: Lumen Juris, 2013, p. 6 a 45.

269 ÁVILA, Gustavo Noronha de. **Falsas Memórias e Sistema Penal: A Prova Testemunhal em Xeque.** Rio de Janeiro: Lumen Juris, 2013, p. 28.

270 FERNANDES, Bernardo Gonçalves. **Curso de Direito Constitucional.** 5ª edição, revista, ampliada e atualizada até a EC 71, de 29/12/2012, e em consonância com a Jurisprudência do STF. *Op.cit.*, p. 444.

nal condenatória, estabelecido no artigo 5º, LVII, é mais do que a **presunção de inocência**. É um verdadeiro **estado de inocência**. Significa dizer que todo cidadão já é, de plano, **inocente**, devendo o Estado, através do Ministério Público que, constitucionalmente recebeu a atribuição de promover as ações penais públicas incondicionadas(artigo 129, I, da Constituição de 1988), provar cabalmente a culpa do cidadão.

Isso porque sobrando alguma dúvida sobre a culpabilidade do cidadão, o dever do Magistrado, enquanto terceiro imparcial que deve aplicar o Direito Constitucional e infraconstitucional ao caso, é de absolver. As dúvidas do Magistrado não podem ser utilizadas para que ele passe a investigar e requisitar mais provas, como ainda ocorre no Brasil, já que o Magistrado não é parte, devendo, portanto, nesses casos, julgar pela absolvição do indivíduo por falta de prova. Com razão, nesse aspecto, José de Assis Santiago Neto, quando afirma:

> O processo penal no paradigma do Estado Democrático de Direito não comporta o juiz ator, protagonista, este modelo de juiz volta-se ao inquisidor, prima por colocar a hipótese em preponderância sobre os fatos. O juiz deve deixar às partes a atuação ativa, apenas interferindo para fins de assegurar a isonomia entre os sujeitos. Isso não faz com que o julgador se torne condescendente com o crime ou com a criminalidade, mas apenas o faz imparcial e assegura às partes a isonomia necessária para que possam participar da construção do provimento.[271]

Somente assim se realizam o contraditório e ampla defesa em um processo penal, tal como estabelecidos na Constituição de 1988.

---

271 SANTIAGO NETO, José de Assis. **Estado Democrático de Direito e Processo Penal Acusatório: A Participação dos Sujeitos no Centro do Palco Processual.** *Op.cit.*, p. 174.

Mais uma vez, merece citação passagem da obra de José de Assis Santiago Neto sobre a posição de cada sujeito no processo penal:

> O juiz no Estado Democrático de Direito não é nem o juiz inerte do paradigma liberal e nem o juiz justiceiro do Estado Social, deve encontrar seu lugar no equilíbrio como garantidor dos direitos fundamentais e, consequentemente, assegurar que as partes tenham iguais oportunidades de fala e de produção probatória durante o procedimento.[272]

Assim, em nome dos direitos ao contraditório, ampla defesa, devido processo legal, que se aplicam ao processo penal, bem como ao estado de inocência e ao direito de não produzir prova contra si mesmo, não há mais espaço para juízes e promotores paranoicos, na feliz expressão de Franco Cordero.[273] Juízes e promotores paranoicos são aqueles que, em nome de um clamor popular difuso, tentam a qualquer preço condenar pessoas, principalmente em casos de grande repercussão midiática. São também conhecidos como juízes e promotores justiceiros. Nada mais distante da aplicação e realização de nosso Texto Constitucional do que tais figuras psicóticas que, infelizmente, ainda encontramos em nosso país.

Justamente para tentar evitar tais práticas que a Constituição de 1988 estabeleceu direitos fundamentais para o acusado, independentemente do crime que a ele está sendo imputado. A Constituição de 1988, democrática como é, veio trazer uma ideia extremamente simples, mas que, para nossa realidade, é uma verdadeira revolução: o acusado de ter cometido um crime também é um cidadão, mesmo depois de sua culpa ter sido comprovada em um devido processo

---

272 SANTIAGO NETO, José de Assis. **Estado Democrático de Direito e Processo Penal Acusatório: A Participação dos Sujeitos no Centro do Palco Processual.** *Op.cit.*, p. 174.

273 CORDERO, Franco. **Procedimiento Penal.** Tomo 1. Santa Fé de Bogotá: Temis, 2000.

penal constitucional. Tanto é assim que a Constituição de 1988 estabelece direitos não apenas para os acusados, mas também para os presos, tais como o direito do preso ser informado dos seus direitos, inclusive o de ficar calado, bem como o direito de assistência da família e de advogado(artigo 5º, LXIII); o direito à identificação dos responsáveis por sua prisão ou por seu interrogatório policial(artigo 5º, LXIV); o direito a que sua prisão e local onde se encontre sejam imediatamente comunicados ao juiz competente, bem como à sua família ou a uma pessoa indicada por ele(artigo 5º, LXII).

Desenvolvendo esse modelo constitucional de processo penal, a Constituição de 1988 estabeleceu, ainda, a proibição de utilização de provas obtidas por meios ilícitos(artigo 5º, LVI). Tal proibição, verdadeiro direito fundamental de qualquer acusado ao desenvolvimento válido e regular do procedimento penal, serve justamente para se evitar que uma parte, no caso o acusador que, em geral, é o Ministério Público, tenha uma vantagem ilícita sobre a outra parte, o cidadão que, normalmente, encontra-se já bastante fragilizado emocionalmente em razão de um procedimento penal que se desenvolve contra ele. O jogo processual deve se desenvolver seguindo as regras previamente estabelecidas pela própria comunidade democrática.[274]

A grande questão é saber como compreender adequadamente a proibição de utilização de provas obtidas por meios ilícitos. Quanto a essa questão, o alerta de Bernardo Gonçalves Fernandes é interessante. Segundo o autor, a Constituição determina que é proibida a prova obtida por meio ilícito. Portanto, não é a prova

---

274 Alexandre Morais da Rosa, recentemente, desenvolveu a ideia de que o processo penal democrático pode ser vislumbrado a partir da metáfora do jogo ou da teoria dos jogos. Concordo em parte com o autor, pois, de fato, todo e qualquer processo é um jogo que deve ser jogado segundo as regras estabelecidas previamente pela própria comunidade democrática. Contudo, o autor se equivoca quando afirma que, nesse jogo, devem-se, inclusive, conhecer as regras utilizadas pelo árbitro, ou seja, pelo juiz. Isso porque em uma democracia constitucional como a nossa o juiz não pode ter regras diversas daquelas compartilhadas por toda a comunidade. Isso seria violar frontalmente a Constituição como um documento da comunidade que visa afirmar as iguais liberdades de todos os membros dessa comunidade. Para mais detalhes, vide: ROSA, Alexandre Morais da. **Guia Compacto do Processo Penal Conforme a Teoria dos Jogos.** Rio de Janeiro: Lumen Juris, 2013.

que é ilícita, mas sim o meio de obtenção da mesma, que a torna ilícita.[275] Exemplificando: a confissão não é prova ilícita, mas se a confissão for conseguida mediante tortura, tal prova se torna ilícita, já que obtida por meios proibidos juridicamente.

Nesse tema, muito utilizada é a chamada teoria dos frutos da árvore envenenada, proveniente do direito norte-americano. Tal teoria busca resolver o problema da obtenção de uma prova lícita a partir de uma prova obtida por meios ilícitos. Prevalece entre nós a chamada teoria da comunicabilidade, ou seja, segundo a teoria dos frutos da árvores envenenadas, mesmo que seja lícita uma prova, se o seu elemento foi decorrente de outra prova, esta sim obtida por meio ilícito, a primeira também será considerada ilícita e desconsiderada do processo.[276] Mas, em algumas situações, essa contaminação da prova lícita pela prova ilícita deve ser afastada, como já decidido pelo próprio STF.

Nesse sentido, quando a prova for absolutamente independente, ou seja, quando existirem outras provas no processo, independentes de uma determinada prova ilícita produzida, não há de se falar em contaminação, nem em aplicação da teoria dos frutos da árvore envenenada, pois, em não havendo vinculação nem relação de dependência, a prova ilícita não terá o condão de contaminar as demais. Nesse sentido, a decisão do STF no HC 82.139/BA.[277]

Uma outra situação é a da chamada descoberta inevitável, ou seja, se a prova que, circunstancialmente decorre de prova ilícita, seria conseguida de qualquer maneira, por atos de investigação válidos, ela será aproveitada, eliminando-se a contaminação. A inevi-

---

275 FERNANDES, Bernardo Gonçalves. **Curso de Direito Constitucional.** 5ª edição, revista, ampliada e atualizada até a EC 71, de 29/12/2012, e em consonância com a Jurisprudência do STF. *Op.cit.*, p. 450.

276 FERNANDES, Bernardo Gonçalves. **Curso de Direito Constitucional.** 5ª edição, revista, ampliada e atualizada até a EC 71, de 29/12/2012, e em consonância com a Jurisprudência do STF. *Op.cit.*, p. 451.

277 FERNANDES, Bernardo Gonçalves. **Curso de Direito Constitucional.** 5ª edição, revista, ampliada e atualizada até a EC 71, de 29/12/2012, e em consonância com a Jurisprudência do STF. *Op.cit.*, p. 451.

tabilidade da descoberta leva ao reconhecimento de que não houve um proveito real, com a violação legal. A prova ilícita, que deu ensejo à descoberta de uma outra prova, que seria colhida mesmo sem a existência da ilicitude, não terá o condão de contaminá-la. Exemplo: não se deve reconhecer como ilícita as declarações de testemunha que foi descoberta mediante interceptação telefônica sem autorização judicial, se esta pessoa foi indicada por várias outras, não vinculadas à interceptação, como testemunha de fato. Mesmo que a interceptação não existisse, a testemunha seria revelada pelas declarações das demais. A interceptação acabou não sendo decisiva para o descobrimento desta pessoa, que inevitavelmente figuraria como testemunha, já que as demais a indicaram como tal.[278]

A última hipótese é a da contaminação expurgada ou conexão atenuada, segundo a qual é possível que o vínculo entre a prova ilícita e a derivada seja tão tênue ou superficial que acabe não havendo contaminação. Esta seria expungida, eliminada do procedimento. Perceba-se que a ausência de vínculo não é absoluta. Ele existe, porém acaba sendo tão insólito que é irrelevante, preservando-se a licitude da prova derivada.[279]

Tema correlato ao da proibição de provas obtidas por meios ilícitos é o relativo a uma diferenciação completamente sem sentido realizada pelo Supremo Tribunal Federal. Segundo o Tribunal, na questão da proibição de provas obtidas por meios ilícitos, duas situações devem ser diferenciadas, obtendo-se resultados distintos. Haveria as provas ilícitas e as provas ilegítimas.

No primeiro caso, as provas ilícitas seriam obtidas mediante a violação de norma material, ou seja, contrariando direito

---

278   atualizada até a EC 71, de 29/12/2012, e em consonância com a Jurisprudência do STF. *Op.cit.*, p. 451.
FERNANDES, Bernardo Gonçalves. **Curso de Direito Constitucional.** 5ª edição, revista, ampliada e atualizada até a EC 71, de 29/12/2012, e em consonância com a Jurisprudência do STF. *Op.cit.*, p. 452.

279   FERNANDES, Bernardo Gonçalves. **Curso de Direito Constitucional.** 5ª edição, revista, ampliada e atualizada até a EC 71, de 29/12/2012, e em consonância com a Jurisprudência do STF. *Op.cit.*, p. 452.

material(sejam norma de direito civil, ou mesmo princípios penais, etc.). O instrumento de prova obtido por tal meio – como, por exemplo, confissão mediante tortura, gravação clandestina ou interceptação telefônica sem autorização judicial, ou ainda a violação a um domicílio – não pode adentrar ao universo processual, ou se já adentrada, deve ser imediatamente retirada dos autos assim que declarada como tal. Não há qualquer possibilidade de convalidação da referida prova.

Já no segundo, das provas ilegítimas, teríamos as provas que seriam obtidas mediante desrespeito ao direito processual, ou seja, são provas obtidas com a violação de normas processuais(como, por exemplo: decisão de CPI de quebra de sigilo bancário sem a devida fundamentação; ou em termos processuais, laudo pericial subscrito por apenas um perito). Neste tipo, a prova pode permanecer nos autos, mas será nula. Todavia, há a possibilidade de convalidação da mesma se o fundamento para tal prática ilícita for aceita pelo órgão jurisdicional.[280]

Apesar da distinção ser aceita e utilizada pelo STF, entendo que ela é equivocada por uma série de razões.

Primeiro: o pressuposto da distinção entre prova ilícita e prova ilegítima seria a maior gravidade da primeira em relação à segunda. Ora, o que está por trás desse raciocínio é, mais uma vez, o tratamento do Direito como valor passível de ponderação e a ideia de que os direitos fundamentais seriam relativos. Já mostrei nos capítulos anteriores os equívocos dessas ideias. Além disso, a própria Constituição de 1988 não faz tal diferença, não cabendo ao intérprete fazê-lo.

Segundo: a diferença se assenta em uma distinção também extremamente equivocada entre normas de direito material e normas de direito processual. Ora, a mais contemporânea teoria do direito e do direito processual já mostrou o equívoco de tal distin-

---

280 FERNANDES, Bernardo Gonçalves. **Curso de Direito Constitucional.** 5ª edição, revista, ampliada e atualizada até a EC 71, de 29/12/2012, e em consonância com a Jurisprudência do STF. *Op.cit.*, p. 450. No mesmo sentido: MENDES, Gilmar Ferreira, COELHO, Inocêncio Mártires e BRANCO, Paulo Gustavo Gonet. **Curso de Direito Constitucional.** 5ª edição, São Paulo: Saraiva, 2007.

Uma Teoria dos Direitos Fundamentais

ção. Afinal, toda norma de direito processual apresenta também conteúdo, sendo, portanto, norma de direito material. Além do mais, de novo, a Constituição não pressupõe tal distinção ao se referir à proibição de utilização de provas obtidas por meios ilícitos.

Terceiro: mesmo que se aceite a diferença entre prova ilícita e prova ilegítima, tal distinção leva a um subjetivismo desmedido no momento de aplicação dessa teoria. Assim, a confissão mediante tortura é prova ilícita ou ilegítima? De acordo com a referida teoria, seria prova ilícita, já que a tortura é crime. Mas, não poderia ser vislumbrada como prova ilegítima, já que a confissão, embora meio lícito de prova, foi obtida através de um processo ilícito, ou seja, foi colhida desrespeitando as normas processuais sobre o assunto?

Portanto, entendo que tal teoria não merece acolhida em nosso sistema jurídico, seja porque a Constituição de 1988 não a incorporou, seja pelos diversos problemas de aplicação do Direito aqui levantados.

Por fim, a Constituição estabeleceu a instituição do júri, mas apenas para o julgamento de crimes dolosos contra a vida.

O júri é um corpo de julgadores retirados do povo, dos cidadãos em geral, que farão os julgamentos sobre os fatos ocorridos. Segundo a nossa sistemática, somente há júri para o julgamento de crimes dolosos contra a vida. Convém ressaltar que o corpo de jurados não faz julgamento jurídico, mas apenas fático. Assim, não cabe ao júri fazer a correta capitulação legal do crime, nem mesmo atribuir o *quantum* da pena, caso considere o acusado culpado; cabe ao júri apenas definir se os fatos ocorreram ou não.

Para isso, os jurados deverão responder a uma série de questões estabelecidas pelo Magistrado responsável pela condução do julgamento.

A Constituição estabelece, ainda, sobre o júri que haverá plenitude de defesa, sigilo das votações e soberania dos veredictos. O que mais importa discorrer neste momento é sobre o sigilo das votações e a soberania dos veredictos, pois já se explicitou anteriormente sobre a melhor compreensão da ampla defesa.

O sigilo das votações significa que o corpo de jurados responde aos quesitos propostos de modo separado e sem deliberação entre os seus membros. Aqui, parece haver um equívoco da realização da norma constitucional do sigilo das votações, pois é o único procedimento jurídico no Brasil em que o responsável pela decisão não precisa fundamentá-la e logo para decidir situações extremamente graves em que o Direito valoriza de modo extremamente severo: nos crimes dolosos contra a vida! Melhor seria estabelecer um procedimento diferenciado, resguardando-se o sigilo das votações, pois tal sigilo deve ser do júri em relação ao público e não entre os membros do júri. Dessa forma, compreendo que a melhor forma de realização da instituição do júri, de modo a torná-la ainda mais democrática, seria estabelecer que o corpo de jurados deve se reunir em uma única sala e deliberar entre si, de modo que a decisão pela absolvição ou culpa do acusado somente possa ocorrer por unanimidade.

Já a soberania dos veredictos significa que a decisão do corpo dos jurados sobre a situação fática é, em princípio, irreversível, não podendo ser modificada por nenhum juiz ou tribunal, a não ser em situações excepcionais.

Para a nossa proposta, essas ideias bem gerais sobre o corpo de jurados é suficiente. Um maior aprofundamento deverá ser buscado seja em obras específicas sobre o Tribunal do Júri, seja em obras genéricas sobre o processo penal brasileiro.

3.9. As ações constitucionais

Como já afirmado nesse capítulo, todo processo no Brasil é processo constitucional. Assim, não teria sentido em se falar em ações constitucionais, pois todo direito de ação e todo o desenvolvimento de uma ação judicial deve respeitar o modelo constitucional estabelecido. Contudo, doutrina e jurisprudência pátrias vêm repetindo a expressão "ações constitucionais" para designar aqueles procedimentos jurisdicionais que encontram sede inicial e previsão jurídica diretamente na Constituição. No caso da Constituição de 1988, seriam os procedimentos de mandado de segurança individual e coletivo(artigo 5º, LXIX e LXX, da

CF/88); *habeas corpus*(artigo 5º, LXVIII, da CF/88), o mandado de injunção(artigo 5º, LXXI, da CF/88); o *habeas data*(artigo 5º, LXXII, da CF/88); a ação popular(artigo 5º, LXXIII, da CF/88) e a ação civil pública(artigo 129, III, da CF/88) que, apesar de não fazer parte do rol do artigo 5º da Constituição, deve ser considerada um direito fundamental, já que se pretende com o referido procedimento proteger-se e defender direitos difusos e transindividuais.

Neste trabalho, abordarei apenas as ações de natureza cível, remetendo o leitor mais curioso sobre o *habeas corpus* para a doutrina processual penal. Além disso, como o objetivo da presente obra é de apresentar uma teoria que torne consistente e interdependente os diversos direitos constitucionais, não terei a pretensão de descer a minúcias em relação a cada procedimento aqui analisado. Serão apresentados apenas alguns elementos gerais sobre cada procedimento. Somente em relação ao mandado de injunção, propositalmente apresentarei reflexões um pouco mais aprofundadas, pois, mesmo com a mudança de entendimento do STF sobre o assunto, ainda me parece que o Tribunal não compreendeu adequadamente o referido instituto. Então, maiores reflexões serão necessárias.

Pois bem. O primeiro procedimento a ser analisado é o **mandado de segurança**. Esse procedimento foi estabelecido em dois dispositivos constitucionais, mais especificamente no artigo 5º, incisos LXIX e LXX, tento o primeiro amparado a modalidade individual do instituto e o último possibilitado a modalidade coletiva. De acordo com o artigo 5º, LXIX, da Constituição de 1988:

> Art. 5º.[...]
>
> LXIX – conceder-se-á mandado de segurança para proteger direito líquido e certo, não amparado por "habeas corpus" ou "habeas data", quando o responsável pela ilegalidade ou abuso de poder for autoridade pública ou agente de pessoa jurídica no exercício de atribuições do Poder Público;

José Emílio Medauar Ommati

Tal ação constitucional foi introduzida no ordenamento jurídico pátrio na Constituição de 1934, com o intuito de superar a então chamada doutrina brasileira do *habeas corpus*.[281] A doutrina brasileira do *habeas corpus* foi construída durante a vigência da Constituição de 1891 com o objetivo de superar a falta de um instrumento processual que defendesse o cidadão da época de possíveis abusos do Poder Público não relacionados às liberdades de ir e vir e de locomoção. Como, à época, o Texto Constitucional estabelecia o *habeas corpus* para a proteção das liberdades constitucionais, sem limitá-lo aos direitos de ir e vir e de locomoção, passou-se a entender, inclusive no STF, que o instrumento processual protegeria também outras liberdades constitucionais, tais como o direito de parlamentares assumirem suas vagas nas Casas Legislativas, dentre outros.[282] Com a Constituição de 1934, estabeleceu-se um procedimento para a defesa de outros direitos constitucionais não relacionados aos de locomoção e de ir e vir, protegendo-se com esse novo instrumento apenas um direito certo e incontestável contra ilegalidade ou abuso de poder.[283] O *habeas corpus* voltava, a partir desse momento, a assumir sua configuração histórica inicial, nascido que foi no direito anglo-americano para a proteção dos direitos de locomoção e de ir e vir.[284]

---

281 FERNANDES, Bernardo Gonçalves. **Curso de Direito Constitucional.** 5ª edição, revista, ampliada e atualizada até a EC 71, de 29/12/2012, e em consonância com a Jurisprudência do STF. *Op.cit.*, p. 466.

282 RODRIGUES, Lêda Boechat. **História do Supremo Tribunal Federal. Tomo I: 1891-1898. Defesa das Liberdades Civis.** 2ª edição, Rio de Janeiro: Civilização Brasileira, 1991. Ainda: COSTA, Emília Viotti da. **O Supremo Tribunal Federal e a Construção da Cidadania.** São Paulo: Unesp, 2006.

283 MENDES, Gilmar Ferreira, COELHO, Inocêncio Mártires e BRANCO, Paulo Gustavo Gonet. **Curso de Direito Constitucional.** 5ª edição. *Op.cit.*, p. 632.

284 FERNANDES, Bernardo Gonçalves. **Curso de Direito Constitucional.** 5ª edição, revista, ampliada e atualizada até a EC 71, de 29/12/2012, e em consonância com a Jurisprudência do STF. *Op.cit.*, p. 466. No mesmo sentido: BARBI, Celso Agrícola. **Do Mandado de Segurança.** 12ª edição, Rio de Janeiro: Forense, 2009. FERRAZ, Sérgio. **Mandado de Segurança.** 3ª edição, São Paulo: Malheiros, 2006. BUENO, Cássio Scarpinella. **A Nova Lei do Mandado de Segurança.** 2ª edição, São Paulo: Saraiva, 2010.

Uma Teoria dos Direitos Fundamentais

De início, o dispositivo constitucional se referia a direito certo e incontestável, o que gerou na doutrina e jurisprudência da época grande perplexidade. Tentando-se evitar e superar as discussões sobre o significado e alcance da referida expressão, posteriormente alterou-se a dicção do dispositivo do mandado de segurança adotando-se a forma do direito líquido e certo.[285]

Contudo, a mudança da expressão não levou a que se pacificasse a questão sobre o conteúdo e alcance do termo direito líquido e certo. Apesar das controvérsias, o certo é que direito líquido e certo significa todo e qualquer direito que possa ser comprovado de plano, sem dilação probatória, ou seja, apenas e tão-somente através de documentos.[286]

O Texto Constitucional se refere a ilegalidade ou abuso de poder cometido por autoridade pública ou agente de pessoa jurídica no exercício de atribuições do Poder Público. Assim, cabe mandado de segurança não apenas contra agentes estatais que desenvolvem funções administrativas, mas também particulares que fazem as vezes do Poder Público, tais como, por exemplo, diretores de Faculdades, Reitores de Universidades Particulares, etc.[287]

A Constituição de 1988 possibilitou também a modalidade coletiva do mandado de segurança que apresenta os mesmos requisitos iniciais para a propositura da ação. Além desses requisitos até agora analisados, o mandado de segurança coletivo somente pode ser impetrado por partido político com representação no Congresso Nacional e por organização sindical, entidade de classe ou associação legalmente constituída e em funcionamento há pelo

---

285 Nesse sentido, vide: BARBI, Celso Agrícola. **Do Mandado de Segurança. *Op.cit.*;** FERRAZ, Sérgio. **Mandado de Segurança. *Op.cit.*;** BUENO, Cássio Scarpinella. **A Nova Lei do Mandado de Segurança. *Op.cit.***

286 BARBI, Celso Agrícola. **Do Mandado de Segurança. *Op.cit.*;** FERRAZ, Sérgio. **Mandado de Segurança. *Op.cit.*;** BUENO, Cássio Scarpinella. **A Nova Lei do Mandado de Segurança. *Op.cit.***

287 FERNANDES, Bernardo Gonçalves. **Curso de Direito Constitucional.** 5ª edição, revista, ampliada e atualizada até a EC 71, de 29/12/2012, e em consonância com a Jurisprudência do STF. *Op.cit.*, p. 466 a 468.

menos um ano, em defesa dos interesses de seus membros ou associados, de acordo com o artigo 5º, LXX, da Constituição de 1988. No mandado de segurança coletivo, as entidades elencadas na Constituição não podem defender direitos próprios, mas sempre os direitos de seus representados sejam em sua totalidade ou de parte dos seus representados. Para isso, a entidade que representa essa classe de pessoas não precisa da autorização expressa dos seus membros para a impetração do mandado de segurança coletivo.[288] Instrumento processual novo criado pela Constituição de 1988 foi o *habeas data*. De acordo com o artigo 5º, LXXII, do Texto Constitucional, o *habeas data* será concedido para assegurar o conhecimento de informações relativas à pessoa do impetrante, constantes de registros ou bancos de dados de entidades governamentais ou de caráter público e para a retificação de dados, quando não se prefira fazê-lo por processo sigiloso, judicial ou administrativo. Além disso, pode-se também impetrar tal procedimento para ter conhecimento dessas informações e o cidadão percebendo algum erro em relação a essas informações pessoais requerer a correção nos autos do mesmo procedimento.[289]

Importante reconhecer que a Constituição de 1988 fez uma clara distinção entre público e governamental e isso fica claro no dispositivo do *habeas data*. Assim, cabe a impetração desse instituto seja quando a informação pessoal estiver na posse de bancos de dados governamentais, como também em bancos de dados particulares, mas com caráter público. Exemplo dessa última situação é o Serviço de Proteção ao Crédito(SPC).[290]

Para a proteção dos direitos difusos e transindividuais, a Constituição de 1988 trouxe a ação popular e a ação civil pública, nos artigos 5º, LXXIII e 129, III, respectivamente.

---

288 MENDES, Gilmar Ferreira, COELHO, Inocêncio Mártires e BRANCO, Paulo Gustavo Gonet. **Curso de Direito Constitucional**. 5ª edição. *Op.cit.*, p. 634.

289 MATTA, José Eduardo Nobre. **Habeas Data**. Rio de Janeiro: Lumen Juris, 2005.

290 FERNANDES, Bernardo Gonçalves. **Curso de Direito Constitucional**. 5ª edição, revista, ampliada e atualizada até a EC 71, de 29/12/2012, e em consonância com a Jurisprudência do STF. *Op.cit.*, p. 532.

Na verdade, tais procedimentos já existiam no ordenamento jurídico pátrio, tendo sido constitucionalizados em 1988. Assim, a ação popular foi regulamentada ainda em 1965, através da Lei 4.717; enquanto a ação civil pública foi inicialmente estabelecida na Lei 6.938, de 1981, sendo posteriormente ampliada na Lei 7.347, de 1985. Com a Constituição de 1988, esses dois importantes instrumentos de defesa dos direitos difusos e transindividuais passam a ter respaldo constitucional, devendo, inclusive as leis regulamentadoras ser lidas a partir do sistema constitucional.

Nesse sentido, a Constituição de 1988 estabelece em seu artigo 5º, LXXIII, que a titularidade para a propositura da ação popular é de qualquer cidadão. A melhor compreensão do termo cidadão se refere a todos os titulares de direitos fundamentais, e não apenas aos detentores dos direitos políticos de votar e ser votado. Até porque se compreendermos que o cidadão é apenas o titular dos direitos eleitorais, o referido dispositivo não poderá ser aplicado aos estrangeiros residentes no país, descumprindo-se o comando do *caput* do artigo 5º que exige que todos os direitos fundamentais, inclusive o direito de impetração da ação popular, possam ser exercitados não apenas por brasileiros, mas também por estrangeiros residentes no país.

A ação popular visa a proteger qualquer direito relacionado ao patrimônio público, moralidade administrativa, meio ambiente e o patrimônio histórico e cultural, sendo o autor da ação isento de custas processuais, a não ser que se configure a má-fé processual.

Já a ação civil pública, constitucionalizada no artigo 129, III, visa a defender praticamente os mesmos direitos fundamentais da ação popular. A diferença entre os dois mecanismos processuais, dentre outras estabelecidas nas respectivas leis de regência, se encontra na titularidade das respectivas ações. Nesse sentido, enquanto a ação popular somente pode ser manuseada por um cidadão, a ação civil pública somente pode ser impetrada ou pelo Ministério Público ou por associações civis regularmente constituídas há pelo menos um ano devendo constar em seu estatuto como objetivo social a defesa daquele direito difuso(artigo 5º, V, da Lei 7.347/85). Além do

Ministério Público e das associações civis regularmente constituídas há pelo menos um ano, também podem impetrar ação civil pública, segundo o artigo 5º da Lei 7.347/85, a Defensoria Pública, a União, os Estados, o Distrito Federal e os Municípios, a autarquia, empresa pública, sociedade de economia mista e a fundação.

Por fim, o **mandado de injunção**, instrumento processual criado pela Constituição de 1988 em seu artigo 5º, LXXI, que merece maiores reflexões. Vejamos, inicialmente, o teor do dispositivo:

> Art. 5º.[...]
>
> LXXI - conceder-se-á mandado de injunção sempre que a falta da norma regulamentadora torne inviável o exercício dos direitos e liberdades constitucionais e das prerrogativas inerentes à nacionalidade, à soberania e à cidadania;

Como defendi em minha obra Teoria da Constituição[291], pela simples leitura do dispositivo, parecia claro que o intuito do mandado de injunção era o de possibilitar que a falta de norma regulamentadora não inviabilizasse o exercício dos direitos fundamentais do cidadão. Em outras palavras, a Constituição de 1988, com o mandado de injunção intentava dar eficácia e aplicabilidade ao próprio §1º do artigo 5º, quando afirma que as normas definidoras dos direitos e garantias fundamentais têm aplicação imediata.

Contudo, por muito tempo, o STF considerou que o mandado de injunção apresentava os mesmos efeitos da Ação Direta de Inconstitucionalidade por Omissão, estabelecida no §2º do artigo 103:

> Art. 103. [...]
>
> §2º Declarada a inconstitucionalidade por omissão de medida para tornar efetiva nor-

---

291 OMMATI, José Emílio Medauar. **Teoria da Constituição**. 2ª edição, Rio de Janeiro: Lumen Juris, 2013, p. 227 a 228.

ma constitucional, será dada ciência ao Poder competente para a adoção das providências necessárias e, em se tratando de órgão administrativo, para fazê-lo em trinta dias.

Em outras palavras, para o STF, durante muitos anos após a Constituição de 1988, mandado de injunção serviria apenas para notificar o Legislativo que ele se encontrava em omissão ao não ter editado a norma regulamentadora do direito fundamental, resultado claramente contrário à dicção do próprio Texto Constitucional. Tudo começou com o Mandado de Injunção 107, em que o STF fixou esse entendimento de todo equivocado.[292]

Após a decisão no MI 107, o STF passou a dar uma conformação mais ampla ao instituto, sem, contudo, corrigir o erro inicial. No MI 283, o Tribunal, pela primeira vez, estipulou prazo para que fosse colmatada a lacuna relativa à mora legislativa, sob pena de assegurar ao prejudicado a satisfação dos direitos negligenciados. O mesmo ocorreu no MI 232, ao se reconhecer que, passados seis meses sem que o Congresso Nacional tivesse editado a lei referida no artigo 195, §7º, da Constituição de 1988, o requerente passaria a gozar da imunidade requerida. No mesmo sentido, foi a decisão do MI 284 proferida pelo STF em 1991.[293]

A mudança jurisprudencial do STF sobre o mandado de injunção se dá a partir do julgamento dos mandados de injunção 670 e 712, na sessão de 07/06/2006, ou seja, quase dezoito anos após a promulgação do Texto Constitucional![294]

---

292 MENDES, Gilmar Ferreira, COELHO, Inocêncio Mártires e BRANCO, Paulo Gustavo Gonet. **Curso de Direito Constitucional.** 5ª edição. *Op.cit.*, p. 1381. Criticando tal posicionamento, vide: OLIVEIRA, Marcelo Andrade Cattoni de. **Tutela Jurisdicional e Estado Democrático de Direito: Por uma Compreensão Constitucionalmente Adequada do Mandado de Injunção.** Belo Horizonte: Del Rey, 1999.

293 MENDES, Gilmar Ferreira, COELHO, Inocêncio Mártires e BRANCO, Paulo Gustavo Gonet. **Curso de Direito Constitucional.** 5ª edição. *Op.cit.*, p. 1381 a 1384.

294 MENDES, Gilmar Ferreira, COELHO, Inocêncio Mártires e BRANCO, Paulo Gustavo Gonet. **Curso de Direito Constitucional.** 5ª edição. *Op.cit.*, p. 1386 a 1390.

Contudo, apesar de aparentemente representar um avanço, a nova posição do STF ainda não leva a sério a Constituição e o instituto do mandado de injunção. Segundo nossa Corte Suprema, o mandado de injunção levaria a que o STF se substituísse temporariamente ao legislador, editando um texto normativo geral para o direito de greve dos servidores públicos, até que o legislador ordinário realizasse sua função constitucional. Nos autos do MI 712/PA, não se aceitou a tese de que o mandado de injunção teria um efeito apenas *inter partes*, devendo o STF estabelecer como o impetrante exerceria seu direito inviabilizado por falta de norma regulamentadora, por sinal, única tese correta em relação ao instituto, como nos mostra Marcelo Cattoni[295], pois acabaria por inviabilizar o próprio STF que passaria a receber vários mandados de injunção, tornando-se quase uma Justiça Trabalhista.[296]

Resolveu o Tribunal editar uma regulamentação para o direito de greve do servidor público tomando por base uma aplicação analógica da lei de greve do setor privado, até que o legislador imponha uma legislação específica sobre o tema.[297]

O que foi mais engraçado e paradoxal da decisão proferida nesses mandados de injunção que tratavam da greve do servidor público foi o fato de os Ministros afirmarem estar construindo o programa da norma para os casos concretos analisados e, ao mesmo tempo, se apressarem em dizer que isso não significava que o Tribunal estava ocupando o lugar do legislador. Mas, se com Friedrich Müller, autor da expressão programa da norma utilizada por alguns Ministros do STF, compreendemos que a construção do

---

295 OLIVEIRA, Marcelo Andrade Cattoni de. **Tutela Jurisdicional e Estado Democrático de Direito: Por uma Compreensão Constitucionalmente Adequada do Mandado de Injunção. Op.cit.**

296 Sobre a questão, vide o debate travado entre os Ministros nos autos do MI 712/PA.

297 O Tribunal parece desconhecer que um ordenamento principiológico não se coaduna com os velhos mecanismos de colmatação de lacunas, como bem demonstra Lênio Luiz Streck. Nesse sentido: STRECK, Lênio Luiz. **Jurisdição Constitucional e Decisão Jurídica.** 3ª edição, São Paulo: Revista dos Tribunais, 2013.

Uma Teoria dos Direitos Fundamentais

programa da norma se dá a partir de textos legislativos com a utilização dos métodos clássicos de interpretação, o grande problema no caso era justamente a falta dos referidos textos! Havia apenas a dicção constitucional asseguradora do direito de greve aos servidores públicos e nada mais, pelo menos, aparentemente.[298]

O que, portanto, pode parecer um grande avanço jurisprudencial a retirar o mandado de injunção do limbo jurídico no qual ele se encontrava, acaba por ser mais um atentado à Constituição, já que, agora, em nome de realizar o instituto do mandado de injunção, o STF se arvora o poder de legislar, substituindo-se ao Poder Legislativo democraticamente eleito, ferindo de morte a harmonia e independência dos poderes.

Como demonstra Marcelo Cattoni, o STF ainda não compreendeu o significado da atividade jurisdicional em um Estado Democrático de Direito, transitando ora por uma compreensão liberal, ora por uma perspectiva típica de Estado Social.[299] Permanece aquilo que Lênio Streck denomina de crise paradigmática do Direito no Brasil.[300]

Ora, quando se impetra um mandado de injunção com base no artigo 5º LXXI, da Constituição de 1988, não se busca uma legislação abstrata até que o legislador realize seu trabalho. O intuito do autor do procedimento é fazer valer o exercício do seu direito fundamental inviabilizado por alguém que alega não possibilitar o exercício do direito fundamental por ausência de norma

---

298 Sobre a distinção entre programa e âmbito da norma, vide: MÜLLER, Friedrich. **Discours de la Méthode Juridique.** 1ª edição, Paris: PUF, 1996; MÜLLER, Friedrich. **Métodos de Trabalho do Direito Constitucional.** 3ª edição, Rio de Janeiro: Renovar, 2005; MÜLLER, Friedrich. **O Novo Paradigma do Direito: Introdução à Teoria e Metódica Estruturantes do Direito.** São Paulo: Editora Revista dos Tribunais, 2007; ABBOUD, Georges. **Jurisdição Constitucional e Direitos Fundamentais.** São Paulo: Editora Revista dos Tribunais, 2011; OMMATI, José Emílio Medauar. **Teoria da Constituição.** 2ª edição. *Op.cit.*

299 OLIVEIRA, Marcelo Andrade Cattoni de. **Tutela Jurisdicional e Estado Democrático de Direito: Por uma Compreensão Constitucionalmente Adequada do Mandado de Injunção.** *Op.cit.*

300 STRECK, Lênio Luiz. **Jurisdição Constitucional e Decisão Jurídica.** *Op.cit.*

regulamentadora. O papel do Judiciário, portanto, é o de definir se o impetrante de fato tem aquele direito fundamental e, em caso positivo, como deverá exercitar seu direito.

E o Judiciário deve fazê-lo, se reconhecer a existência do direito fundamental inviabilizado de ser exercitado por falta de norma regulamentadora, a partir de todo o ordenamento jurídico, tomando-o(o ordenamento jurídico)como um conjunto coerente de princípios. Assim, não há espaço para analogia ou outras técnicas positivistas ultrapassadas de superação de lacunas do ordenamento jurídico, já que, levando a sério o caráter principiológico do Direito, deve-se concluir pela inexistência de lacunas, já que sempre haverá uma única decisão correta para todo e qualquer caso jurídico levado a julgamento.[301]

Em nome de dar maior força normativa ao mandado de injunção, o STF acabou por violar a harmonia e independência dos poderes(artigo 2º, CF/88), também conhecido como princípio da separação dos poderes. Não há, portanto, o que se comemorar.

---

301 Para mais detalhes, remeto o leitor às minhas obras: OMMATI, José Emílio Medauar. **Liberdade de Expressão e Discurso de Ódio na Constituição de 1988.** *Op.cit.*; OMMATI, José Emílio Medauar. **Teoria da Constituição.** 2ª edição. *Op.cit.*

CAPÍTULO 4

A justiciabilidade dos direitos sociais na Constituição de 1988

Neste capítulo final, não pretendo apresentar o rol extenso de direitos sociais estabelecidos na Constituição de 1988. Pretendo justamente fugir dos equívocos levantados acertadamente por Thiago dos Santos Acca ao analisar a doutrina brasileira dos direitos sociais que ora tem apenas apresentado, sem maiores problematizações, o rol dos direitos sociais elencados no Texto Constitucional de 1988, ora recorre de modo acrítico a uma história dos direitos sociais sem qualquer conexão com o que se pretende analisar.[302]

Segundo o autor, a doutrina brasileira de direitos sociais tem sido extremamente descritiva, não contribuindo, em geral, para a resolução dos problemas práticos que se apresentam em nossos Tribunais envolvendo, fundamentalmente, os direitos à saúde e educação.[303]

Aqui, por uma questão de recorte metodológico, pretendo discutir a possibilidade de implementação dos direitos sociais através dos direitos sociais, o que parte da doutrina denomina de justiciabilidade dos direitos sociais.[304]

302　ACCA, Thiago dos Santos. **Teoria Brasileira dos Direitos Sociais. Op.cit.**, p. 163 a 177.

303　ACCA, Thiago dos Santos. **Teoria Brasileira dos Direitos Sociais. Op.cit.**, p. 163 a 177.

304　Sobre isso, veja, por exemplo: QUEIROZ, Cristina. **Direitos Fundamentais Sociais: Funções, Âmbito, Conteúdo, Questões Interpretativas e Problemas de Justiciabilidade.** Coimbra: Coimbra Editora, 2006; QUEIROZ, Cristina. **O Princípio da Não Reversibilidade dos Direitos Fundamentais Sociais: Princípios Dogmáticos e Prática Jurisprudencial.** Coimbra: Coimbra Editora, 2006.

Dentre os vários direitos sociais, focarei especificamente no direito à saúde, pois o que mais tem causado preocupações dentre os juristas nacionais, com pronunciamentos jurisdicionais, desde o STF até os juízes de primeiro grau. Decisões que, diga-se de passagem, não levam a sério a complexidade que tal direito merece.

Tentarei aqui não cair no equívoco levantado acertadamente por Thiago dos Santos Acca que demonstra que a doutrina brasileira dos direitos sociais não dialoga entre si.[305] Pretendo discutir com parte da doutrina já estabelecida sobre o direito à saúde no Brasil, mostrando seus erros e acertos.

Mais uma vez, pretendo observar e estabelecer uma compreensão que me parece a constitucionalmente adequada dessa questão a partir da teoria do Direito como Integridade, de Ronald Dworkin.

E aqui é interessante perceber que a doutrina majoritária sobre o tema no Brasil tem desconsiderado a perspectiva do autor norte-americano que contribui, a meu ver, para a construção de parâmetros para o conhecimento das questões de direito à saúde pelo Judiciário no Brasil. A exceção honrosa é o trabalho de Bernardo Augusto Ferreira Duarte que se, por um lado, se refere às reflexões de Dworkin sobre o direito à saúde, considera a teoria da integridade incompleta para uma solução adequada para o problema.[306]

Como passo a mostrar, a partir de agora, a doutrina majoritária no Brasil tem trabalhado a possibilidade de implementação de direitos sociais pelo Judiciário a partir de algumas palavras-chave que têm servido muito mais como fórmulas vazias do que como instrumentos de apoio para uma decisão jurisdicional adequada.[307] Assim, a doutrina majoritária tem respondido à questão da justiciabilidade do direito à saúde a partir de expressões tais

---

305 ACCA, Thiago dos Santos. **Teoria Brasileira dos Direitos Sociais.** *Op.cit.*, p. 177 a 183.

306 DUARTE, Bernardo Augusto Ferreira. **Direito à Saúde e Teoria da Argumentação: Em Busca da Legitimidade dos Discursos Jurisdicionais.** Belo Horizonte: Arraes Editores, 2012.

307 ACCA, Thiago dos Santos. **Teoria Brasileira dos Direitos Sociais.** *Op.cit.*, p. 183 a 189.

Uma Teoria dos Direitos Fundamentais

como dignidade da pessoa humana, mínimo existencial e reserva do possível, devendo o Magistrado promover, com base em uma ponderação de princípios, a partir da proporcionalidade, a compatibilização dos direitos contrapostos. Nessa linha argumentativa, o Magistrado deverá compatibilizar o direito à saúde do cidadão, em virtude de sua dignidade e do seu direito à vida, garantindo-lhe o mínimo existencial por um lado, e os princípios orçamentários de organização do Estado, representado pela reserva do possível, pois como já cediço no Brasil e já afirmado ao longo do presente estudo, todo direito apresenta um custo.[308]

Contudo, ao longo dos anos, vem se desenvolvendo consistente argumentação teórica no sentido de se responsabilizar politicamente o Judiciário por decisões teratológicas na área do direito à saúde, tais como concessão de cirurgia de calvície às custas do Estado em nome do direito à dignidade humana, concessão de medicamento caro para tratar de impotência sexual não custeado pelo SUS para garantir a mesma dignidade e outros absurdos jurídicos.[309]

---

308 Nesse sentido, vide: LEIVAS, Paulo Gilberto Cogo. **Teoria dos Direitos Fundamentais Sociais.** Porto Alegre: Livraria do Advogado, 2006; LEAL, Rogério Gesta. **Condições e Possibilidades Eficaciais dos Direitos Fundamentais Sociais: Os Desafios do Poder Judiciário no Brasil.** Porto Alegre: Livraria do Advogado, 2009; DUARTE, Luciana Gaspar Melquíades. **Possibilidades e Limites do Controle Judicial sobre as Políticas Públicas de Saúde: Um Contributo para a Dogmática do Direito à Saúde.** Belo Horizonte: Fórum, 2011; LEIVAS, Paulo Gilberto Cogo. **O Direito Fundamental à Saúde Segundo o Supremo Tribunal Federal.** *IN:* SARMENTO, Daniel e SARLET, Ingo Wolfgang.(Coordenadores). **Direitos Fundamentais no Supremo Tribunal Federal: Balanço e Crítica.** Rio de Janeiro: Lumen Juris, 2011, p. 635 a 648; TORRES, Ricardo Lobo. **O Mínimo Existencial como Conteúdo Essencial dos Direitos Fundamentais.** *IN:* SOUZA NETO, Cláudio Pereira e SARMENTO, Daniel.(Coordenadores). **Direitos Sociais: Fundamentos, Judicialização e Direitos Sociais em Espécie.** Rio de Janeiro: Lumen Juris, 2008, p. 313 a 339; BARCELLOS, Ana Paula de. **Eficácia Jurídica dos Princípios Constitucionais: O Princípio da Dignidade da Pessoa Humana.** *Op.cit.*

309 Exemplos retirados da obra de Lênio Luiz Streck: STRECK, Lênio Luiz. **Jurisdição Constitucional e Decisão Jurídica.** *Op.cit.*

Dessa forma, autores os mais díspares como Gustavo Amaral[310], Virgílio Afonso da Silva[311], Álvaro Ricardo de Souza Cruz[312], Bernardo Augusto Ferreira Duarte[313] e, em um trabalho conjunto extremamente instigante, Fernando Facury Scaff e António José Avelãs Nunes[314]. Se todos eles apresentam o problema relacionado ao direito à saúde no sentido de que implementar tal direito leva necessariamente à discussão sobre políticas públicas, o que seria, em princípio, inviável na esfera judicial, já que preocupada apenas com a micro justiça, ou seja, a justiça nas relações interindividuais, tais autores não apresentam uma solução minimamente consistente que possa direcionar o aplicador em tais casos. António José Avelãs Nunes e Fernando Facury Scaff em sua obra[315] chegam, inclusive, a defender a perspectiva de que o direito à saúde não seria passível de justicialização, já que seria muito mais uma política pública do que um direito. Se, em princípio, os autores têm razão, a afirmação, no entanto, não pode ser aplicada em todos os casos. Haverá, sim, situações nas quais o Judiciário deverá intervir para a garantia do direito à saúde.

---

310 AMARAL, Gustavo. **Direito, Escassez & Escolha: Critérios Jurídicos para Lidar com a Escassez de Recursos e as Decisões Trágicas.** *Op.cit.*

311 SILVA, Virgílio Afonso da. **O Judiciário e as Políticas Públicas: Entre Transformação Social e Obstáculo à Realização dos Direitos Sociais.** *IN:* SOUZA NETO, Cláudio Pereira e SARMENTO, Daniel.(Coordenadores). **Direitos Sociais: Fundamentos, Judicialização e Direitos Sociais em Espécie.** Rio de Janeiro: Lumen Juris, 2008, p. 587 a 599.

312 CRUZ, Álvaro Ricardo de Souza. **Um Olhar Crítico-Deliberativo sobre os Direitos Sociais no Estado Democrático de Direito.** *IN:* SOUZA NETO, Cláudio Pereira e SARMENTO, Daniel.(Coordenadores). **Direitos Sociais: Fundamentos, Judicialização e Direitos Sociais em Espécie.** Rio de Janeiro: Lumen Juris, 2008, p. 87 a 136; CRUZ, Álvaro Ricardo de Souza. **Hermenêutica Jurídica e(m) Debate.** Belo Horizonte: Fórum, 2007.

313 DUARTE, Bernardo Augusto Ferreira. **Direito à Saúde e Teoria da Argumentação: Em Busca da Legitimidade dos Discursos Jurisdicionais.** *Op.cit.*

314 NUNES, António José Avelãs e SCAFF, Fernando Facury. **Os Tribunais e o Direito à Saúde.** Porto Alegre: Livraria do Advogado, 2011.

315 NUNES, António José Avelãs e SCAFF, Fernando Facury. **Os Tribunais e o Direito à Saúde.** *Op.cit.*

Bernardo Augusto Ferreira Duarte, em sua obra[316], mostra a dificuldade de realizar o direito à saúde no Judiciário, justamente porque tal direito implica todo um conjunto de políticas públicas, bem como uma discussão orçamentária realizada nas casas do Legislativo Federal, além de um número considerável de entidades da Administração Pública responsável pela aprovação de medicamentos e tratamentos cirúrgicos que não pode ser desconsiderado simplesmente em nome de um mínimo existencial e dos direitos à vida e à dignidade. Contudo, o autor também não consegue apresentar parâmetros consistentes para se saber quando uma decisão judicial na área do direito à saúde foi correta ou não.

Percebe-se, portanto, a complexidade do tema que não pode ser corretamente discutido, ao contrário do que expôs certa vez o Ministro Celso de Mello[317] em um voto sobre o direito à saúde, apenas contrapondo em uma problemática ponderação de interesses, o interesse financeiro do Estado *versus* o direito à saúde do cidadão, devendo o Magistrado escolher por esse último, já que o interesse financeiro do Estado não é algo secundário e de menor importância em relação à realização dos direitos, e não apenas dos sociais, como pretendeu o Ministro do STF em seu voto. Isso porque se não forem respeitadas as normas relativas ao orçamento e às competências financeiras do Estado estabelecidas na Constituição, inviabiliza-se a própria realização dos direitos, pois todo direito implica custo.

Há ainda autores que chegam a se referir ao problema orçamentário, mas acabam por solucionar a questão mais uma vez recorrendo a uma ponderação de princípios inadequada a um Estado Democrático de Direito.[318]

---

316 DUARTE, Bernardo Augusto Ferreira. **Direito à Saúde e Teoria da Argumentação: Em Busca da Legitimidade dos Discursos Jurisdicionais. Op.cit.**

317 Trata-se do AgRg no RE 271.286/RS, Rel. Min. CELSO DE MELLO, j. 12/09/2000, p. DJ 24/11/2000.

318 Exemplos dessa perspectiva encontramos nas seguintes obras: MAURÍCIO JR., Alceu. **A Revisão Judicial das Escolhas Orçamentárias: A Intervenção Judicial em Políticas Públicas.** Belo Horizonte: Fórum, 2009; SILVA, Sandoval Alves da. **Direitos Sociais: Leis Orçamentárias como Instrumento de Implementação.** Curitiba: Juruá, 2007.

A grande questão relacionada aos direitos sociais e que ainda não foi discutida a contento no Brasil é a tentativa de se responder a uma pergunta de natureza política: quanto uma comunidade deve gastar em saúde para sua população?[319]

Se a Constituição estabelece em seu artigo 196 que a saúde é direito de todos e dever do Estado, isso não significa que todos terão direito a tudo em questão de saúde. Até porque o próprio dispositivo constitucional afirma que esse direito será garantido mediante políticas sociais e econômicas que visem à redução do risco de doença e de outros agravos e ao acesso universal e igualitário às ações e serviços para sua promoção, proteção e recuperação. Corretos estão António José Avelãs Nunes e Fernando Facury Scaff quando afirmam que o direito à saúde seria um direito ao acesso às políticas públicas de saúde.[320] Mas, não só isso, pois, como mostrarei adiante, se os órgãos responsáveis pela promoção da saúde da população aprovarem tratamentos e medicamentos não poderão mais retroceder, devendo estabelecer em seus orçamentos verbas necessárias para o custeio desses serviços. Nesses casos, os cidadãos terão um direito subjetivo de pleitear junto ao Judiciário o fornecimento do medicamento previsto ou do tratamento estipulado.

Como bem demonstra Simone Reissinger, o Sistema Único de Saúde(SUS) representou um tremendo avanço na democratização do direito à saúde em relação ao modelo anterior.[321] Pretendeu universalizar e dar tratamento igualitário a todos os cidadãos quanto à saúde. E isso se realiza na construção e implementação de políticas públicas para o setor. Mas, apesar do avanço, não houve uma discussão séria sobre o quanto o Sistema deveria gastar com

---

319 Aqui começo a seguir os passos de Ronald Dworkin na obra A Virtude Soberana. DWORKIN, Ronald. **A Virtude Soberana: A Teoria e a Prática da Igualdade.** *Op.cit.*, capítulo 8.

320 NUNES, António José Avelãs e SCAFF, Fernando Facury. **Os Tribunais e o Direito à Saúde.** *Op.cit.*

321 REISSINGER, Simone. **Aspectos Controvertidos do Direito à Saúde na Constituição Brasileira de 1988.** Belo Horizonte: Programa de Pós-Graduação em Direito da Pontifícia Universidade Católica de Minas Gerais, Dissertação de Mestrado, 2008.

Uma Teoria dos Direitos Fundamentais

a comunidade. Nesse sentido, parece óbvio afirmar que o Poder Público não será obrigado a custear todo e qualquer tratamento médico, como também não será obrigado a fornecer todo e qualquer medicamento à população. E isso por uma razão simples: os poderes públicos devem também realizar os demais direitos fundamentais, tais como educação, segurança, liberdade de locomoção, previdência e assistência sociais, etc. E tudo isso custa dinheiro!

Parece claro que a questão do direito à saúde no Brasil deve começar a ser equacionado no espaço da política democrática, aquilo que Dworkin denomina de integridade na legislação. Segundo o autor, o Direito deve ser produzido pela comunidade de modo a ser coerente e consistente de modo a que a legislação possa ser vista como se produzida por um único autor, a comunidade personificada.[322] Aqui, nada mais é do que a reformulação da soberania popular. Também a construção do direito à saúde deve se iniciar por esse princípio básico.

Afinal, quanto uma comunidade democrática deve gastar com a saúde, de modo a não inviabilizar outras demandas sociais?

A resposta pode ser dada a partir de dois princípios que Dworkin denominará de princípio do resgate e do princípio do seguro prudente.[323]

O princípio do resgate apresenta-se em duas partes vinculadas. A primeira afirma que a vida e a saúde são os bens mais importantes: todo o resto tem menor importância e deve ser sacrificado em favor desses dois bens.[324] Se o leitor perceber alguma proximidade desse princípio com as decisões judiciais no Brasil sobre o tema da saúde não é mera coincidência!

A segunda parte do princípio do resgate afirma com veemência que se deve distribuir assistência médica com equidade que mes-

---

322   DWORKIN, Ronald. **O Império do Direito**. *Op.cit.*, capítulo 6.

323   DWORKIN, Ronald. **A Virtude Soberana: A Teoria e a Prática da Igualdade.** *Op.cit.*, p. 434 e seguintes.

324   DWORKIN, Ronald. **A Virtude Soberana: A Teoria e a Prática da Igualdade.** *Op.cit.*, p. 434.

mo em uma sociedade na qual as riquezas sejam muito desiguais e se deboche da igualdade, não se deve negar a ninguém a assistência médica de que precisa só por ser pobre demais para custeá-la.[325] Embora o princípio do resgate esteja alicerçado em ideais bastante nobres, ele é irrealizável, pois ele nos manda gastar tudo o que pudermos com assistência à saúde. Isso é impossível, pois a comunidade também precisa gastar com educação, transporte coletivo, previdência e assistência social, sem falar na proteção aos direitos de igualdade, liberdade, propriedade, à própria manutenção da democracia, por meio da realização de eleições livres, honestas e periódicas, etc.[326]

Se não é possível aplicar o princípio do resgate para saber quanto devemos gastar, enquanto comunidade, com a saúde, ele tem algo de positivo a nos dizer: ele afirma que, se é necessário o racionamento em questões de saúde, esse racionamento não pode ser feito com base no dinheiro. Mas, se não pode ser feita a distribuição da saúde com base no dinheiro, qual critério deve ser utilizado? Aqui, o princípio do resgate não nos ajuda.[327]

E não nos ajuda, porque o princípio do resgate afirma que a distribuição deve ser feita com base na necessidade. Contudo, o que significa necessidade? São tantas as possibilidades para se tentar estabelecer o que seja a necessidade que a resposta não é satisfatória.[328]

Nesse sentido, Dworkin propõe um outro princípio, mais atrativo, que ele vai denominar de princípio do seguro prudente ideal. Segundo esse princípio, devemos dividir os recursos entre a saúde e outras necessidades sociais, e entre os diversos pacientes que precisam de tratamento, tentando imaginar como seria a assistência médica se a deixássemos à mercê de um mercado

---

325 DWORKIN, Ronald. **A Virtude Soberana: A Teoria e a Prática da Igualdade.** *Op.cit.*, p. 434.

326 DWORKIN, Ronald. **A Virtude Soberana: A Teoria e a Prática da Igualdade.** *Op.cit.*, p. 435.

327 DWORKIN, Ronald. **A Virtude Soberana: A Teoria e a Prática da Igualdade.** *Op.cit.*, p. 435.

328 DWORKIN, Ronald. **A Virtude Soberana: A Teoria e a Prática da Igualdade.** *Op.cit.*, p. 435 e 436.

livre e não subsidiado e algumas deficiências fossem sanadas. A primeira deficiência seria a própria desigualdade na distribuição de riquezas; a segunda está ligada à falta de informações das pessoas quanto aos riscos de saúde e as tecnologias médicas; por fim, em um mercado livre e completamente não regulamentado nas condições atuais, as empresas de seguro-saúde cobrariam preços abusivos para custear planos de saúde para pessoas com histórico de saúde ruim ou que fossem membros de grupos étnicos especialmente suscetíveis a certas doenças ou que vivessem em áreas nas quais fossem maiores os riscos de ferimentos resultantes da violência.[329] Daí porque seguro prudente ideal, pois seria pensado para uma sociedade ideal na qual tais problemas não existiriam.

É claro que tal sociedade não existe e Dworkin sabe muito bem disso. Aqui, é apenas uma estratégia argumentativa utilizada pelo autor para tentar adaptar o modelo para nossas sociedades extremamente desiguais e precárias.

Imaginando tal sociedade na qual as pessoas seriam livres para contratar os seguros de saúde que bem entendessem, sem a intermediação do governo, pois teriam recursos suficientes para tanto, podemos fazer duas afirmações fundamentais sobre a justiça.

Em primeiro lugar, o que essa comunidade transformada gasta realmente com a assistência médica em conjunto é a quantia moralmente apropriada: não poderia ser criticada, com base na justiça, por gastar demais ou muito pouco.

Em segundo lugar, seja qual for a distribuição da assistência médica nessa sociedade, é justa para tal sociedade: a justiça não exigiria que se fornecesse assistência médica a quem não comprou. Assim, podemos dizer que a distribuição justa é aquela que as pessoas bem informadas criam para si por meio de escolhas individuais, contanto que o sistema econômico e a distribuição da riqueza na comunidade na qual essas escolhas são feitas sejam também justos.[330]

---

329 DWORKIN, Ronald. **A Virtude Soberana: A Teoria e a Prática da Igualdade.** *Op.cit.*, p. 436 a 437.

330 DWORKIN, Ronald. **A Virtude Soberana: A Teoria e a Prática da Igualdade.** *Op.cit.*, p. 437 a 440.

Com esses parâmetros bem gerais, é possível decidir qual assistência médica devemos almejar oferecer a todos na nossa própria comunidade imperfeita e injusta.[331] Assim, o teste do seguro prudente nos ajuda a redefinir os próprios tratamentos e remédios que serão oferecidos pelo SUS. Uma pessoa gastaria uma fortuna em uma operação de duvidosa eficácia? Uma pessoa minimamente racional gastaria uma alta quantia apenas para ficar com mais cabelo? Se a resposta for negativa, caro leitor, então é porque o Estado não deve custear tais absurdos!

Percebe-se, portanto, que as acusações no sentido de que a teoria de Dworkin não responderia as questões relacionadas aos direitos sociais e que seria uma teoria incompleta não procedem. A teoria dworkiniana está em um nível diferente, apostando no espaço da deliberação democrática e não necessariamente na resolução judicial dessas controvérsias.

A partir desses vetores bem gerais, podemos afirmar que se o Estado brasileiro assumiu a política de distribuição de determinado medicamento, mesmo que caro, significa que já fez uma ponderação política, econômica e social com os próprios membros da comunidade sobre a possibilidade de distribuição de tal medicamento. Não pode, assim, simplesmente deixar de distribuir!

Além do mais, a própria Constituição de 1988 já estipulou percentuais mínimos da receita de todos os entes da Federação a serem aplicados em ações e serviços públicos de saúde, segundo o artigo 198, §2º, do Texto Constitucional.

Vê-se que o problema é muito mais de realização dos compromissos políticos assumidos do que uma questão a ser resolvida judicialmente. É uma questão de responsabilidade política da própria comunidade.

E aqui temos um novo desafio a enfrentar: discutir e superar a visão distorcida de que a lei do orçamento não é impositiva. Devemos insistir na ideia de que, uma vez que a lei orçamentária

---

331 DWORKIN, Ronald. **A Virtude Soberana: A Teoria e a Prática da Igualdade.** *Op.cit.*, p. 446.

foi aprovada, ela deve ser realizada, sob pena de responsabilização política e jurisdicional dos envolvidos.[332] Somente assim poderemos avançar para a realização de uma saúde pública para todos e de qualidade, tal como estabelecido pela Constituição de 1988. Nesse sentido, o Judiciário deve ter muita cautela na realização de direitos sociais através de ações judiciais de cunho individual. Isso porque a concessão desses direitos por meio do Judiciário em demandas individuais poderá ter o condão de desorganizar a realização das políticas públicas de afirmação dos direitos sociais, na medida em que obrigará o Estado a cumprir a ordem judicial, realizando uma cirurgia cara ou comprando um medicamento não previsto no orçamento a preços muito maiores do que poderiam ser conseguidos se fossem precedidos pelo procedimento licitatório.

Justamente porque o foco da discussão do direito à saúde deve ser primordialmente político, como nos mostra Dworkin, é que a discussão sobre realização desse direito no Judiciário teria maiores possibilidades através de ações coletivas em que seria possível se demonstrar que uma pluralidade de pessoas estaria na mesma situação e que, portanto, a suposta pretensão poderia realmente ter o caráter de um direito já que generalizável e universalizável.[333]

Mas, enquanto não fizermos uma discussão séria sobre o tamanho do Sistema Único de Saúde no Brasil, ou seja, o quanto ele deve cobrir, deixando-se o restante para as empresas privadas de seguro-saúde, não avançaremos na proteção e promoção da saúde de todos os brasileiros.

---

332 Sobre o tema que não teremos condição de desenvolver aqui, vide a excelente obra: DIAS, Maria Tereza Fonseca. **Terceiro Setor e Estado – Legitimidade e Regulação: Por um Novo Marco Jurídico.** Belo Horizonte: Fórum, 2008.

333 Com razão aqui Virgílio Afonso da Silva, por exemplo, quando propõe esse parâmetro de atuação do Judiciário. Nesse sentido, vide: SILVA, Virgílio Afonso da. **O Judiciário e as Políticas Públicas: Entre Transformação Social e Obstáculo à Realização dos Direitos Sociais. IN:** SOUZA NETO, Cláudio Pereira e SARMENTO, Daniel.(Coordenadores). **Direitos Sociais: Fundamentos, Judicialização e Direitos Sociais em Espécie.** Rio de Janeiro: Lumen Juris, 2008, p. 587 a 599.

O grande paradoxo no Brasil é que os políticos, gestores públicos, Judiciário, doutrina e a população em geral tentam unir dois modelos inconciliáveis no tocante ao direito a saúde: o modelo do resgate, já que pretendem custear todo e qualquer tratamento, em nome do direito a saúde e, ao mesmo tempo, o seguro prudente, pois percebem que a comunidade não tem condições financeiras para custear todo e qualquer tratamento, pois deve também realizar os demais direitos. Já passa da hora de realizarmos um debate mais sério e responsável sobre a questão, sob pena de continuarmos a não levar a sério o direito a saúde em nosso país.

Bibliografia

ABBOUD, Georges. **Jurisdição Constitucional e Direitos Fundamentais.** São Paulo: Editora Revista dos Tribunais, 2011.

ACCA, Thiago dos Santos. **Teoria Brasileira dos Direitos Sociais.** São Paulo: Saraiva, 2013.

ALBUQUERQUE, Antônio Armando Ulian do Lago. **Multiculturalismo e Direito à Autodeterminação dos Povos Indígenas.** Porto Alegre: Sérgio Antônio Fabris Editor, 2008.

ALEINIKOFF, T. Alexander. **El Derecho Constitucional en la Era de la Ponderación.** Lima: Palestra Editores, 2010.

ALEXY, Robert. **Teoria dos Direitos Fundamentais.** São Paulo: Malheiros, 2008.

ALMEIDA, Andréa Alves de. **Espaço Jurídico Processual na Discursividade Metalinguística.** Curitiba: Editora CRV, 2012.

ALVES JÚNIOR, Luís Carlos Martins. **Direitos Constitucionais Fundamentais: Vida, Liberdade, Igualdade e Dignidade.** Belo Horizonte: Mandamentos, 2010.

AMARAL, Gustavo. **Direito, Escassez & Escolha: Critérios Jurídicos para Lidar com a Escassez de Recursos e as Decisões Trágicas.** 2ª edição, Rio de Janeiro: Lumen Juris, 2010.

ARENDT, Hannah. **Responsabilidade e Julgamento: Escritos Morais e Éticos.** São Paulo: Companhia das Letras, 2004.

ÁVILA, Gustavo Noronha de. **Falsas Memórias e Sistema Penal: A Prova Testemunhal em Xeque.** Rio de Janeiro: Lumen Juris, 2013.

BANDEIRA DE MELLO, Celso Antônio. **O Conteúdo Jurídico do Princípio da Igualdade.** 3ª edição, São Paulo: Malheiros, 2012.

BANDEIRA DE MELLO, Celso Antônio. **Curso de Direito Administrativo.** 30ª edição, São Paulo: Malheiros, 2013.

BAPTISTA, Patrícia. **Transformações do Direito Administrativo.** Rio de Janeiro: Renovar, 2003.

BARBI, Celso Agrícola. **Do Mandado de Segurança.** 12ª edição, Rio de Janeiro: Forense, 2009.

BARCELLOS, Ana Paula de. **A eficácia jurídica dos princípios constitucionais: O princípio da dignidade da pessoa humana.** 1ª edição, Rio de Janeiro: Renovar, 2002.

BARROSO, Luís Roberto. **A Dignidade da Pessoa Humana no Direito Constitucional Contemporâneo: A Construção de um Conceito Jurídico à Luz da Jurisprudência Mundial.** Belo Horizonte: Fórum, 2012.

BARSTED, Leila Linhares. **Direitos Humanos e Descriminalização do Aborto.** *IN:* SARMENTO, Daniel e PIOVESAN, Flávia.(Coordenadores). **Nos Limites da Vida: Aborto, Clonagem Humana e Eutanásia sob a Perspectiva dos Direitos Humanos.** Rio de Janeiro: Lúmen Júris, 2007, p. 93 a 110.

BELLINTANI, Leila Pinheiro. **Ação Afirmativa e os Princípios do Direito: A Questão das Quotas Raciais para Ingresso no Ensino Superior no Brasil.** Rio de Janeiro: Lúmen Júris, 2006.

BERTÚLIO, Dora Lúcia de Lima. **Enfrentamento do Racismo em um Projeto Democrático.** *IN:* SOUZA, Jessé.(Org.). **Multiculturalismo e Racismo: Uma Comparação Brasil –Estados Unidos.** Brasília: Paralelo 15, 1997, p. 189 a 208.

BIGNOTTO, Newton. **Pensar a República.** Belo Horizonte: Editora da UFMG, 2002.

Bibliografia

BIGNOTTO, Newton. **As Aventuras da Virtude: As Ideias Republicanas na França do Século XVIII.** São Paulo: Companhia das Letras, 2010.

BIGNOTTO, Newton. **Matrizes do Republicanismo.** Belo Horizonte: Editora da UFMG, 2013.

BINENBOJM, Gustavo. **Uma Teoria do Direito Administrativo: Direitos Fundamentais, Democracia e Constitucionalização.** Rio de Janeiro: Renovar, 2006.

BOBBIO, Norberto. **A Era dos Direitos.** 2ª tiragem, Rio de Janeiro: Elsevier, 2004.

BONAVIDES, Paulo. **Curso de Direito Constitucional.** 10ª edição, revista, atualizada e ampliada. São Paulo: Malheiros, 2000.

BONAVIDES, Paulo. **Do Estado Liberal ao Estado Social.** 11ª edição, São Paulo: Malheiros, 2013.

BRANDOM, Robert. **La Articulación de las Razones: Una Introducción al Inferencialismo.** 1ª edição, Madrid: Siglo XXI, 2002.

BRANDOM, Robert. **Hacerlo Explícito.** 1ª edição, Madrid: Herder, 2005.

BULOS, Uadi Lâmmego. **Curso de Direito Constitucional.** 2ª edição, São Paulo: Saraiva, 2008.

BÜLOW, Oskar von. **Teoria das Exceções e dos Pressupostos Processuais.** 2ª edição, Campinas: LZN, 2005.

BUENO, Cássio Scarpinella. **A Nova Lei do Mandado de Segurança.** 2ª edição, São Paulo: Saraiva, 2010.

CANOTILHO, José Joaquim Gomes. **Direito Constitucional e Teoria da Constituição.** 2ª edição, Coimbra: Almedina, 1998.

CASTRO JÚNIOR, Roberto Apolinário de. **Eficiência Jurisdicional: A Razoável Duração dos Procedimentos Frente as Garantias Fundamentais.** Belo Horizonte: Arraes Editores, 2012.

CATTONI, Marcelo. **Direito Processual Constitucional.** Belo Horizonte: Mandamentos, 2001.

CHAMON JÚNIOR, Lúcio Antônio. **Teoria Constitucional do Direito Penal.** Rio de Janeiro: Lúmen Júris, 2006.

CHAMON JÚNIOR, Lúcio Antônio. **Teoria da Argumentação Jurídica.** 2ª edição, Rio de Janeiro: Lúmen Júris, 2009.

CHEVALLIER, Jacques. **O Estado de Direito.** 1ª edição, Belo Horizonte: Fórum, 2013.

CINTRA, Antônio Carlos de Araújo, GRINOVER, Ada Pellegrini e DINAMARCO, Cândido Rangel. **Teoria Geral do Processo.** 21ª edição, São Paulo: Malheiros, 2005.

CORDERO, Franco. **Procedimiento Penal.** Tomo 1. Santa Fé de Bogotá: Temis, 2000.

COSTA, Emília Viotti da. **O Supremo Tribunal Federal e a Construção da Cidadania.** São Paulo: Unesp, 2006.

COSTA, Sérgio. **Dois Atlânticos: Teoria Social, Anti-Racismo, Cosmopolitismo.** Belo Horizonte: Editora da UFMG, 2006.

COUTINHO, Jacinto Nélson de Miranda. **Introdução aos Princípios Gerais do Direito Processual Penal Brasileiro.** IN: Revista de Estudos Criminais. Porto Alegre, n. 1, 2001, p. 26 a 51.

COUTINHO, Jacinto Nélson de Miranda. **Um Devido Processo Legal(Constitucional) é incompatível com o sistema do CPP, de todo inquisitorial.** IN: PRADO, Geraldo e MALAN, Diogo(Coord.). **Processo Penal e Democracia: Estudos em Homenagem aos 20 Anos da Constituição da República de 1988.** Rio de Janeiro: Lumen Juris, 2009, p. 253 a 262.

Bibliografia

COUTINHO, Jacinto Nélson de Miranda. **A Contribuição da Constituição Democrática ao Processo Penal Inquisitório Brasileiro.** *IN:* MACHADO, Felipe Daniel Amorim e OLIVEIRA, Marcelo Andrade Cattoni de(Coord.). **Constituição e Processo: A Contribuição do Processo ao Constitucionalismo Brasileiro.** Belo Horizonte: Del Rey, 2009, p. 221 a 231.

CRUZ, Álvaro Ricardo de Souza. **Hermenêutica Jurídica e(m) Debate.** Belo Horizonte: Fórum, 2007.

CRUZ, Álvaro Ricardo de Souza. **Um Olhar Crítico-Deliberativo sobre os Direitos Sociais no Estado Democrático de Direito.** *IN:* SOUZA NETO, Cláudio Pereira e SARMENTO, Daniel.(Coordenadores). **Direitos Sociais: Fundamentos, Judicialização e Direitos Sociais em Espécie.** Rio de Janeiro: Lumen Juris, 2008, p. 87 a 136.

CRUZ, Álvaro Ricardo de Souza. **O Direito à Diferença.** 3ª edição, Belo Horizonte: Arraes Editores, 2009.

DE GIORGI, Raffaele. **A Memória do Direito.** *IN:* Revista Latino-Americana de Estudos Constitucionais. Número 2, julho/dezembro de 2003, p. 59 a 77.

DIAS, Maria Berenice. **União Homoafetiva: O Preconceito e a Justiça.** 5ª edição, São Paulo: Editora Revista dos Tribunais, 2011.

DIAS, Maria Berenice(Coordenação). **Diversidade Sexual e Direito Homoafetivo.** 1ª edição, São Paulo: Editora Revista dos Tribunais, 2011.

DIAS, Maria Tereza Fonseca. **Terceiro Setor e Estado – Legitimidade e Regulação: Por um Novo Marco Jurídico.** Belo Horizonte: Fórum, 2008.

DIAS, Ronaldo Brêtas de Carvalho. **Responsabilidade do Estado pela Função Jurisdicional.** Belo Horizonte: Del Rey, 2004.

DIAS, Ronaldo Brêtas de Carvalho. **As Reformas do Código de Processo Civil e o Processo Constitucional.** *IN:* DIAS, Ronaldo Brêtas de Carvalho e NEPOMUCENO, Luciana Diniz(Coordenadores e Co-autores). **Processo Civil Reformado.** Belo Horizonte: Del Rey, 2007, p. 217 a 252;

DIAS, Ronaldo Brêtas de Carvalho. **Processo Constitucional e Estado Democrático de Direito.** Belo Horizonte: Del Rey, 2010.

DINAMARCO, Cândido Rangel. **A Instrumentalidade do Processo.** 10ª edição, São Paulo: Malheiros, 2002.

DUARTE, Bernardo Augusto Ferreira. **Direito à Saúde e Teoria da Argumentação: Em Busca da Legitimidade dos Discursos Jurisdicionais.** Belo Horizonte: Arraes Editores, 2012.

DUARTE, Luciana Gaspar Melquíades. **Possibilidades e Limites do Controle Judicial sobre as Políticas Públicas de Saúde: Um Contributo para a Dogmática do Direito à Saúde.** Belo Horizonte: Fórum, 2011.

DWORKIN, Ronald. **O Império do Direito.** São Paulo: Martins Fontes, 1999.

DWORKIN, Ronald. **Uma Questão de Princípio.** São Paulo: Martins Fontes, 2000.

DWORKIN, Ronald. **Levando os Direitos a Sério.** São Paulo: Martins Fontes, 2002.

DWORKIN, Ronald. **O Domínio da Vida: Aborto, Eutanásia e Liberdades Individuais.** 1ª edição, São Paulo: Martins Fontes, 2003.

DWORKIN, Ronald. **A Virtude Soberana: A Teoria e a Prática da Igualdade.** São Paulo: Martins Fontes, 2005.

Bibliografia

DWORKIN, Ronald. **O Direito da Liberdade: A Leitura Moral da Constituição Norte-Americana.** São Paulo: Martins Fontes, 2006.

DWORKIN, Ronald. **La democracia posible: Principios para un nuevo debate político.** Barcelona: Paidós, 2008.

DWORKIN, Ronald. **A Justiça de Toga.** São Paulo: Martins Fontes, 2010.

DWORKIN, Ronald. **Justiça para Ouriços.** Coimbra: Almedina, 2012.

FARIAS, Edilsom. **Liberdade de Expressão e Comunicação: Teoria e Proteção Constitucional.** São Paulo: Editora Revista dos Tribunais, 2004.

FAVOREU, Louis e LLORENTE, Francisco Rubio. **El Bloque de la Constitucionalidad.** 1ª edição, Madrid: Editorial Civitas, 1991.

FAZZALARI, Elio. **Instituições de Direito Processual.** 1ª edição, Campinas: Bookseller, 2006.

FERNANDES, Bernardo Gonçalves e PEDRON, Flávio Quinaud. **Poder Judiciário e(m) Crise: Reflexões de Teoria da Constituição e Teoria Geral do Processo sobre o Acesso à Justiça e as Recentes Reformas do Poder Judiciário à Luz de Ronald Dworkin, Klaus Günther e Jürgen Habermas.** Rio de Janeiro: Lumen Juris, 2008.

FERNANDES, Bernardo Gonçalves. **Curso de Direito Constitucional.** 4ª edição, revista, ampliada e atualizada. Salvador: JusPodium, 2012.

FERNANDES, Bernardo Gonçalves. **Curso de Direito Constitucional.** 5ª edição, revista, ampliada e atualizada até a EC 71 de 29/12/2012 e em consonância com a Jurisprudência do STF. Salvador: JusPodium, 2013.

FERRAZ, Sérgio. **Mandado de Segurança**. 3ª edição, São Paulo: Malheiros, 2006.

FISS, Owen. **A Ironia da Liberdade de Expressão:** Estado, Regulação e Diversidade na Esfera Pública. Rio de Janeiro: Renovar, 2005.

FOUCAULT, Michel. **Os Anormais**. 2ª edição, São Paulo: Martins Fontes, 2010.

FRASER, Nancy. **Escalas de Justicia**. 1ª edição, Barcelona: Herder, 2008.

FREIRE, Alonso Reis Siqueira. **A Arguição de Descumprimento de Preceito Fundamental no Processo Constitucional Brasileiro: A Abertura Estrutural dos Parâmetros e a Determinação Processual do Objeto do Instituto**. Belo Horizonte: Programa de Pós-Graduação da Faculdade de Direito da UFMG, Dissertação de Mestrado, 2005.

FREUD, Sigmund. **O Mal-Estar na Civilização**. 1ª edição, São Paulo: Penguin – Companhia das Letras, 2011.

GABBAY, Daniela Monteiro e CUNHA, Luciana Gross.(Organizadoras). **Litigiosidade, Morosidade e Litigância Repetitiva no Judiciário: Uma Análise Empírica**. São Paulo: Saraiva, 2012.

GARCÍA DE ENTERRÍA, Eduardo. **Democracia, Jueces y Control de la Administración**. 6ª edição, Navarra: Civitas, 2009.

GARGARELLA, Roberto. **As Teorias da Justiça Depois de Rawls**. São Paulo: Martins Fontes, 2008.

GIUMBELLI, Emerson. **O Fim da Religião: Dilemas da Liberdade Religiosa no Brasil e na França**. Rio de Janeiro: Attar Editorial, 2002.

GOMES, Joaquim Barbosa. **Ação Afirmativa & O Princípio Constitucional da Igualdade**. 1ª edição, Rio de Janeiro: Renovar, 2001.

Bibliografia

GONÇALVES, Aroldo Plínio. **Técnica Processual e Teoria do Processo.** 1ª edição, Rio de Janeiro: Aide Editora, 1992.

GUIMARÃES, Antônio Sérgio Alfredo. **Preconceito e Discriminação: Queixas de Ofensas e Tratamento Desigual dos Negros no Brasil.** 2ª edição, São Paulo: Editora 34, 2004.

HABERMAS, Jürgen. **Facticidad y Validez: Sobre el Derecho y el Estado Democrático de Derecho en Términos de Teoría del Discurso.** 4ª edição, Madrid: Editorial Trotta, 1998.

HABERMAS, Jürgen. **Era das Transições.** Rio de Janeiro: Tempo Brasileiro, 2003.

HABERMAS, Jürgen. **Entre Naturalismo e Religião.** Rio de Janeiro: Tempo Brasileiro, 2007.

HABERMAS, Jürgen e PUTNAM, Hilary. **Normas y Valores.** 1ª edição, Madrid: Trotta, 2008.

HASENBALG, Carlos A. **Discriminação e Desigualdades Raciais no Brasil.** 1ª edição, Belo Horizonte: Editora da UFMG, 2005.

HOFBAUER, Andreas. **Uma História de Branqueamento ou o Negro em Questão.** São Paulo: Unesp, 2006.

HOLMES, Stephen e SUNSTEIN, Cass R. **El Costo de los Derechos: Por Qué la Libertad Depende de los Impuestos.** Madrid: Siglo XXI Editores, 2011.

JOBIM, Marco Félix. **O Direito à Duração Razoável do Processo: Responsabilidade Civil do Estado em Decorrência da Intempestividade Processual.** 2ª edição revista e ampliada, Porto Alegre: Livraria do Advogado, 2012.

JUSTEN FILHO, Marçal. **Curso de Direito Administrativo.** 8ª edição, Belo Horizonte: Fórum, 2012.

KYMLICKA, Will. **Ciudadania Multicultural.** Barcelona: Paidós, 1996.

KYMLICKA, Will. **La Política Vernácula: Nacionalismo, Multiculturalismo y Ciudadania.** Barcelona: Paidós, 2003.

KYMLICKA, Will. **Filosofia Política Contemporânea.** São Paulo: Martins Fontes, 2006.

KYMLICKA, Will. **Las Odiseas Multiculturales: Las Nuevas Políticas Internacionales de la Diversidad.** Barcelona: Paidós, 2009.

LEAL, André Cordeiro. **O Contraditório e a Fundamentação das Decisões no Direito Processual Democrático.** Belo Horizonte: Mandamentos, 2002.

LEAL, André Cordeiro. **A Instrumentalidade do Processo em Crise.** Belo Horizonte: Mandamentos, 2008.

LEAL, Rogério Gesta. **Condições e Possibilidades Eficaciais dos Direitos Fundamentais Sociais: Os Desafios do Poder Judiciário no Brasil.** Porto Alegre: Livraria do Advogado, 2009.

LEAL, Rosemiro Pereira. **Teoria Processual da Decisão Jurídica.** São Paulo: Landy, 2002.

LEAL, Rosemiro Pereira Leal. **Teoria Geral do Processo: Primeiros Estudos.** 8ª edição, Rio de Janeiro: Forense, 2009.

LEAL, Rosemiro Pereira. **Processo como Teoria da Lei Democrática.** Belo Horizonte: Fórum, 2010.

LEAL, Rosemiro Pereira. **O Due Process e o Devir Processual Democrático. IN:** SOARES, Carlos Henrique e DIAS, Ronaldo Brêtas de Carvalho(Coordenadores). **Direito Processual Civil Latino-Americano.** Belo Horizonte: Arraes Editores, 2013, p. 1 a 13.

Bibliografia

LEAL, Rosemiro Pereira. **A Teoria Neoinstitucionalista do Processo: Uma Trajetória Conjectural.** Belo Horizonte: Arraes Editores, 2013.

LEIVAS, Paulo Gilberto Cogo. **Teoria dos Direitos Fundamentais Sociais.** Porto Alegre: Livraria do Advogado, 2006.

LEIVAS, Paulo Gilberto Cogo. **O Direito Fundamental à Saúde Segundo o Supremo Tribunal Federal.** *IN:* SARMENTO, Daniel e SARLET, Ingo Wolfgang.(Coordenadores). **Direitos Fundamentais no Supremo Tribunal Federal: Balanço e Crítica.** Rio de Janeiro: Lumen Juris, 2011, p. 635 a 648.

LIMA, Maria Rosynete Oliveira. **Devido Processo Legal.** Porto Alegre: Sérgio Antônio Fabris, 1999.

LIMA, Venício Artur de. **Regulação das Comunicações: História, Poder e Direitos.** São Paulo: Paulus, 2011.

LIMA, Venício A. de. **Liberdade de Expressão X Liberdade de Imprensa: Direito à Comunicação e Democracia.** 2ª. edição, revista e ampliada, São Paulo: Publisher Brasil, 2012.

LOBO, Bárbara Natália Lages. **O Direito à Igualdade na Constituição Brasileira: Comentários ao Estatuto da Igualdade Racial e a Constitucionalidade das Ações Afirmativas na Educação.** Belo Horizonte: Fórum, 2013.

LOPES, Carla Patrícia Frade Nogueira. **O Sistema da Cotas para Afrodescendentes e o Possível Diálogo com o Direito.** Brasília: Edições Dédalo, 2008.

LOPES JÚNIOR, Aury. **Direito Processual Penal.** 10ª edição, São Paulo: Saraiva, 2013.

LOREA, Roberto Arrida.(Organizador). **Em Defesa das Liberdades Laicas.** Porto Alegre: Livraria do Advogado, 2008.

LUHMANN, Niklas. **La Costituzione como Acquisizione Evolutiva.** *IN:* ZAGREBELSKI, Gustavo, PORTINARO, Pier Paolo e LUTHER, Jörg. **Il Futuro della Costituzione.** Torino: Einaudi, 1996, p. 83 a 128.

LUHMANN, Niklas. **Los Derechos Fundamentales como Institución(Aportaciones a la Sociología Política).** México: Universidad Iberoamericana, 2010.

MACHADO, Jónatas E.M. **Estado Constitucional e Neutralidade Religiosa: Entre o Teísmo e o (Neo)Ateísmo.** Porto Alegre: Livraria do Advogado, 2013.

MADEIRA, Dhenis Cruz. **Processo de Conhecimento & Cognição: Uma Inserção no Estado Democrático de Direito.** Curitiba: Juruá, 2008.

MARINONI, Luiz Guilherme e ARENHART, Sérgio Cruz. **Manual do Processo de Conhecimento.** 3ª edição, São Paulo: Editora Revista dos Tribunais, 2004.

MARTEL, Letícia de Campos Velho. **Devido Processo Legal Substantivo: Razão Abstrata, Função e Características de Aplicabilidade.** Rio de Janeiro: Lumen Juris, 2005.

MATTA, José Eduardo Nobre. **Habeas Data.** Rio de Janeiro: Lumen Juris, 2005.

MAURÍCIO JR., Alceu. **A Revisão Judicial das Escolhas Orçamentárias: A Intervenção Judicial em Políticas Públicas.** Belo Horizonte: Fórum, 2009.

MAUS, Ingeborg. **O Judiciário como Superego da Sociedade.** Rio de Janeiro: Lumen Juris, 2010.

MAZZUOLI, Valério de Oliveira. **Tratados Internacionais de Direitos Humanos e Direito Interno.** São Paulo: Saraiva, 2010.

Bibliografia

MEDAUAR, Odete. **Direito Administrativo Moderno.** 17ª edição, São Paulo: Editora Revista dos Tribunais, 2013.

MENDES, Gilmar Ferreira, COELHO, Inocêncio Mártires e BRANCO, Paulo Gustavo Gonet. **Curso de Direito Constitucional.** 5ª edição, São Paulo: Saraiva, 2010.

MEYER, Emílio Peluso Neder. **Ditadura e Responsabilização: Elementos para uma Justiça de Transição no Brasil.** Belo Horizonte: Arraes Editores, 2012.

MOREIRA, Adílson José. **União Homoafetiva: A Construção da Igualdade na Jurisprudência Brasileira.** 2ª edição, Curitiba: Juruá, 2012.

MÜLLER, Friedrich. **Discours de la Méthode Juridique.** 1ª edição, Paris: PUF, 1996.

MÜLLER, Friedrich. **Quem é o Povo? A Questão Fundamental da Democracia.** São Paulo: Max Limonad, 2003.

MÜLLER, Friedrich. **Fragmento(Sobre) o Poder Constituinte do Povo.** São Paulo: Editora Revista dos Tribunais, 2004.

MÜLLER, Friedrich. **Métodos de Trabalho do Direito Constitucional.** 3ª edição, Rio de Janeiro: Renovar, 2005.

MÜLLER, Friedrich. **Teoria e Interpretação dos Direitos Humanos Nacionais e Internacionais – Especialmente na Ótica da Teoria Estruturante do Direito.** *IN:* CLÈVE, Clèmerson Merlin, SARLET, Ingo Wolfgang e PAGLIARINI, Alexandre Coutinho. Coordenadores. **Direitos Humanos e Democracia.** Rio de Janeiro: Forense, 2007, p. 45 a 52.

MÜLLER, Friedrich. **O Novo Paradigma do Direito: Introdução à Teoria e Metódica Estruturantes do Direito.** São Paulo: Editora Revista dos Tribunais, 2007.

NAGEL, Thomas e MURPHY, L. **O Mito da Propriedade.** São Paulo: Martins Fontes, 2005.

NERY JÚNIOR, Nélson. **Princípios do Processo na Constituição Federal: Processo Civil, Penal e Administrativo.** 11ª edição, São Paulo: Editora Revista dos Tribunais, 2013.

NEVES, Marcelo. **Entre Hidra e Hércules: Princípios e Regras Constitucionais.** São Paulo: Martins Fontes, 2013.

NUNES, António José Avelãs e SCAFF, Fernando Facury. **Os Tribunais e o Direito à Saúde.** Porto Alegre: Livraria do Advogado, 2011.

NUNES, Dierle José Coelho. **Direito Constitucional ao Recurso: Da Teoria Geral dos Recursos, das Reformas Processuais e da Comparticipação nas Decisões.** Rio de Janeiro: Lumen Juris, 2006.

NUNES, Dierle José Coelho. **Processo Jurisdicional Democrático: Uma Análise Crítica das Reformas Processuais.** Curitiba: Juruá, 2008.

NUSSBAUM, Martha C. **Libertad de Conciencia: Contra los Fanatismos.** 1ª edição, Barcelona: Tusquets Editores, 2009.

OLIVEIRA, Marcelo Andrade Cattoni de. **Tutela Jurisdicional e Estado Democrático de Direito: Por uma Compreensão Constitucionalmente Adequada do Mandado de Injunção.** Belo Horizonte: Del Rey, 1999.

OLIVEIRA, Marcelo Andrade Cattoni de. **Teoria Discursiva da Argumentação Jurídica de Aplicação e Garantia Processual Jurisdicional dos Direitos Fundamentais.** *IN:* CATTONI, Marcelo.(Coordenação). **Jurisdição e Hermenêutica Constitucional.** Belo Horizonte: Mandamentos, 2004, p. 189 a 225.

Bibliografia

OLIVEIRA, Marcelo Andrade Cattoni de e PEDRON, Flávio Quinaud. **O que é uma decisão fundamentada? Reflexões para uma perspectiva democrática do exercício da jurisdição no contexto da reforma processual civil.** *IN:* BARROS, Flaviane de Magalhães e MORAIS, José Luís Bolzan de.(Coordenadores). **Reforma do Processo Civil: Perspectivas Constitucionais.** Belo Horizonte: Fórum, 2010, p. 119 a 152.

OMMATI, José Emílio Medauar. **A Igualdade no Paradigma do Estado Democrático de Direito.** Porto Alegre: Sérgio Antônio Fabris Editor, 2004.

OMMATI, José Emílio Medauar. **O Direito Fundamental ao Aborto na Constituição Federal de 1988.** *IN:* MINAHIM, Maria Auxiliadora, FREITAS, Tiago Batista e OLIVEIRA, Thiago Pires(Coordenadores). **Meio Ambiente, Direito e Biotecnologia: Estudos em Homenagem ao Prof. Dr. Paulo Affonso Leme Machado.** Curitiba: Juruá, 2010, p. 533 a 543.

OMMATI, José Emílio Medauar. **O Direito Fundamental ao Aborto no Ordenamento Jurídico Brasileiro.** *IN:* FABRIZ, Daury Cesar, PETER FILHO, Jovacy, FARO, Júlio Pinheiro *et.al.* (Coordenadores). **O Tempo e os Direitos Humanos.** Vitória e Rio de Janeiro: Editoras Acesso e Lúmen Júris, 2011, p. 551 a 562.

OMMATI, José Emílio Medauar. **Liberdade de Expressão e Discurso de Ódio na Constituição de 1988.** Rio de Janeiro: Lumen Juris, 2012.

OMMATI, José Emílio Medauar. **Teoria da Constituição.** 2ª edição, Rio de Janeiro: Lumen Juris, 2013.

OST, François. **O Tempo do Direito.** Bauru : EDUSC, 2005.

OTERO, Paulo. **Legalidade e Administração Pública: O Sentido da Vinculação Administrativa à Juridicidade.** 1ª reimpressão, Coimbra: Almedina, 2007.

PACELLI, Eugênio. **Curso de Processo Penal.** 17ª edição, São Paulo: Atlas, 2013.

PAIXÃO, Cristiano e BIGLIAZZI, Renato. **História Constitucional Inglesa e Norte-Americana: Do Surgimento à Estabilização da Forma Constitucional.** Brasília: Editora UnB, 2008.

PATAKI, Tamas e LEVINE, Michael P.(Organizadores). **Racismo em Mente.** São Paulo: Madras Editora, 2005.

PEDRON, Flávio Quinaud. **Mutação Constitucional na Crise do Positivismo Jurídico.** Belo Horizonte: Arraes Editores, 2012.

PETTIT, Philip. **Republicanismo: Una Teoría sobre la Libertad y el Gobierno.** Madrid: Paidós, 1999.

PETTIT, Philip. **Teoria da Liberdade.** Belo Horizonte: Del Rey, 2006.

PIMENTEL, Sílvia. **Um Pouco de História da Luta pelo Direito Constitucional à Descriminalização e à Legalização do Aborto: Alguns Textos, Várias Argumentações.** *IN*: SARMENTO, Daniel e PIOVESAN, Flávia.(Coordenadores). **Nos Limites da Vida: Aborto, Clonagem Humana e Eutanásia sob a Perspectiva dos Direitos Humanos.** Rio de Janeiro: Lúmen Júris, 2007, p. 159 a 181.

PIOVESAN, Flávia. **Temas de Direitos Humanos.** 6ª edição, São Paulo: Saraiva, 2013.

PIOVESAN, Flávia. **Direitos Humanos e Justiça Internacional.** 4ª edição, revista, ampliada e atualizada. São Paulo: Saraiva, 2013.

POCOCK, J.G.A. **Linguagens do Ideário Político.** São Paulo: Edusp, 2003.

POCOCK, J.G.A. **El Momento Maquiavélico: El Pensamiento Político Florentino y La Tradición Republicana Atlantica.** Madrid: Tecnos, 2008.

Bibliografia

QUEIROZ, Cristina. **Direitos Fundamentais Sociais: Funções, Âmbito, Conteúdo, Questões Interpretativas e Problemas de Justiciabilidade.** Coimbra: Coimbra Editora, 2006.

QUEIROZ, Cristina. **O Princípio da Não Reversibilidade dos Direitos Fundamentais Sociais: Princípios Dogmáticos e Prática Jurisprudencial.** Coimbra: Coimbra Editora, 2006.

REISSINGER, Simone. **Aspectos Controvertidos do Direito à Saúde na Constituição Brasileira de 1988.** Belo Horizonte: Programa de Pós-Graduação em Direito da Pontifícia Universidade Católica de Minas Gerais, Dissertação de Mestrado, 2008.

RIOS, Roger Raupp. **A Homossexualidade no Direito.** 1ª edição, Porto Alegre: Livraria do Advogado, 2001.

RIOS, Roger Raupp. **O Princípio da Igualdade e a Discriminação por Orientação Sexual.** 1ª edição, São Paulo: Editora Revista dos Tribunais, 2002.

RIOS, Roger Raupp(Organizador). **Em Defesa dos Direitos Sexuais.** 1ª edição, Porto Alegre: Livraria do Advogado, 2007.

RIOS, Roger Raupp. **Direito da Antidiscriminação: Discriminação Direta, Indireta e Ação Afirmativa.** 1ª edição, Porto Alegre: Livraria do Advogado, 2008.

ROCHA, Cármen Lúcia Antunes. **Princípios Constitucionais da Administração Pública.** Belo Horizonte: Del Rey, 1994.

RODRIGUES, Éder Bomfim. **Ações Afirmativas e o Princípio da Igualdade no Estado Democrático de Direito.** Curitiba: Juruá, 2010.

RODRIGUES, Lêda Boechat. **História do Supremo Tribunal Federal. Tomo I: 1891-1898. Defesa das Liberdades Civis.** 2ª edição, Rio de Janeiro: Civilização Brasileira, 1991.

ROSA, Alexandre Morais da e SILVEIRA FILHO, Sylvio Lourenço da. **Para um Processo Penal Democrático: Crítica à Metástase do Sistema de Controle Social.** 3ª tiragem, Rio de Janeiro: Lumen Juris, 2011.

ROSA, Alexandre Morais da. **Guia Compacto do Processo Penal Conforme a Teoria dos Jogos.** Rio de Janeiro: Lumen Juris, 2013.

ROSENFELD, Michel. **Les Interprétations Justes.** Paris e Bélgica: Bruylant L.G.D.J., 2000.

SÁ, Maria de Fátima Freire de. **Direito de Morrer: Eutanásia, Suicídio Assistido.** 2ª edição, Belo Horizonte: Del Rey, 2005.

SAMPAIO, José Adércio Leite. **Direitos Fundamentais: Retórica e Historicidade.** Belo Horizonte: Del Rey, 2004.

SÁNCHEZ, José Acosta. **Formación de la Constitución y Jurisdicción Constitucional.** Madrid: Tecnos, 1998.

SANTIAGO NETO, José de Assis. **Estado Democrático de Direito e Processo Penal Acusatório: A Participação dos Sujeitos no Centro do Palco Processual.** Rio de Janeiro: Lumen Juris, 2012.

SARAPU, Daniel Vieira. **Direito e Memória: Uma Compreensão Temporal do Direito.** Belo Horizonte: Arraes Editores, 2012.

SARLET, Ingo Wolfgang. **Direitos Fundamentais, Reforma do Judiciário e Tratados Internacionais de Direitos Humanos. IN:** CLÈVE, Clèmerson Merlin, SARLET, Ingo Wolfgang e PAGLIARINI, Alexandre Coutinho.(Coordenadores). **Direitos Humanos e Democracia.** Rio de Janeiro: Forense, 2007, p. 331 a 360.

SARLET, Ingo Wolfgang. **A Eficácia dos Direitos Fundamentais: Uma Teoria Geral dos Direitos Fundamentais na Perspectiva Constitucional.** 11ª edição, Porto Alegre: Livraria do Advogado, 2012.

Bibliografia

SARLET, Ingo Wolfgang, MARINONI, Luiz Guilherme e MITIDIERO, Daniel. **Curso de Direito Constitucional.** 1ª edição em e-book baseada na 2ª edição impressa, São Paulo: Editora Revista dos Tribunais, 2013.

SARMENTO, Daniel. **Livres e Iguais: Estudos de Direito Constitucional.** Rio de Janeiro: Lumen Juris, 2006.

SARMENTO, Daniel. **Por um Constitucionalismo Inclusivo.** Rio de Janeiro: Lumen Juris, 2010.

SCHWARTZ, Roberto. **Ao Vencedor as Batatas.** 5ª edição, São Paulo: Editora 34, 2000.

SILVA, José Afonso da. **Curso de Direito Constitucional Positivo.** 25ª edição, revista e atualizada, São Paulo: Malheiros, 2005.

SILVA, José Afonso da. **Curso de Direito Constitucional Positivo.** 36ª edição, São Paulo: Malheiros, 2013.

SILVA, Rosemary Cipriano da. **Direito e Processo: A Legitimidade do Estado Democrático de Direito através do Processo.** Belo Horizonte: Arraes Editores, 2012.

SILVA, Sandoval Alves da. **Direitos Sociais: Leis Orçamentárias como Instrumento de Implementação.** Curitiba: Juruá, 2007.

SILVA, Virgílio Afonso da. **A Constitucionalização do Direito: Os Direitos Fundamentais nas Relações entre Particulares.** São Paulo: Malheiros, 2005.

SILVA, Virgílio Afonso da. **O Judiciário e as Políticas Públicas: Entre Transformação Social e Obstáculo à Realização dos Direitos Sociais. IN:** SOUZA NETO, Cláudio Pereira e SARMENTO, Daniel.(Coordenadores). **Direitos Sociais: Fundamentos, Judicialização e Direitos Sociais em Espécie.** Rio de Janeiro: Lumen Juris, 2008, p. 587 a 599.

SILVA, Virgílio Afonso da. **Direitos Fundamentais: Conteúdo Essencial, Restrições e Eficácia.** 1ª edição, São Paulo: Malheiros, 2009.

SOARES, Carlos Henrique. **O Advogado e o Processo Constitucional.** Belo Horizonte: Decálogo, 2004.

STANCIOLI, Brunello. **Renúncia ao Exercício de Direitos da Personalidade Ou Como Alguém se Torna o que Quiser.** Belo Horizonte: Del Rey, 2010.

STEINMETZ, Wilson. **A Vinculação dos Particulares a Direitos Fundamentais.** São Paulo: Malheiros, 2004.

STRECK, Lênio Luiz. **O que é isto? Decido conforme minha consciência?** Porto Alegre: Livraria do Advogado, 2010.

STRECK, Lênio Luiz. **Hermenêutica Jurídica e(m) Crise: Uma Exploração Hermenêutica da Construção do Direito.** 10ª edição, revista, atualizada e ampliada. Porto Alegre: Livraria do Advogado, 2011.

STRECK, Lênio Luiz. **Compreender Direito: Desvelando as Obviedades do Discurso Jurídico.** São Paulo: Revista dos Tribunais, 2013.

STRECK, Lênio Luiz. **Jurisdição Constitucional e Decisão Jurídica.** 3ª edição, São Paulo: Revista dos Tribunais, 2013.

STROPPA, Tatiana. **As Dimensões Constitucionais do Direito de Informação e o Exercício da Liberdade de Informação Jornalística.** Belo Horizonte: Fórum, 2010.

SUNSTEIN, Cass R. **A Constituição Parcial.** Belo Horizonte: Del Rey, 2008.

Bibliografia

TASSINARI, Clarissa. **Jurisdição e Ativismo Judicial: Limites da Atuação do Judiciário**. 1ª edição, Porto Alegre: Livraria do Advogado, 2012.

TAVARES, Fernando Horta. **Tempo e Processo**. *IN*: TAVARES, Fernando Horta.(Coordenador). **Urgências de Tutela, Processo Cautelar e Tutela Antecipada: Reflexões sobre a Efetividade do Processo no Estado Democrático de Direito**. Curitiba: Juruá, 2007, p. 111 a 118.

TEJADA, Javier Tajadura. **El Preámbulo Constitucional**. Granada: Editorial Somares, 1997.

TORRES, Ricardo Lobo. **O Mínimo Existencial como Conteúdo Essencial dos Direitos Fundamentais**. *IN*: SOUZA NETO, Cláudio Pereira e SARMENTO, Daniel.(Coordenadores). **Direitos Sociais: Fundamentos, Judicialização e Direitos Sociais em Espécie**. Rio de Janeiro: Lumen Juris, 2008, p. 313 a 339.

TRINDADE, André Fernando dos Reis. **Os Direitos Fundamentais em uma Perspectiva Autopoiética**. Porto Alegre: Livraria do Advogado, 2007.

WEINGARTNER NETO, Jayme. **Liberdade Religiosa na Constituição**. Porto Alegre: Livraria do Advogado, 2007.

WITTGENSTEIN, Ludwig. **Investigações Filosóficas**. 2ª edição, Petrópolis: Vozes, 1996.

ZOLO, Danilo e COSTA, Pietro.(Organizadores). **O Estado de Direito: História, Teoria, Crítica**. 1ª edição, São Paulo: Martins Fontes, 2006.